新型城镇化中的财政支出责任

Government Responsibilities for Fiscal Expenditure in China's New-Type Urbanization

主　编　刘尚希
副主编　傅志华

经济科学出版社
Economic Science Press

城镇化的风险与成本：一个基本分析框架

（代序）

刘尚希　傅志华

转换成经济学概念，城镇化的风险主要体现在城镇化成本的大小。城镇化既是一个个体行动的过程，也是一个集体行动的过程，这个过程是否顺畅取决于成本高低。对于农民来说，进城的成本太高，就会打消农民进城的意愿；对于政府来说，城镇化的成本过高，就会抑制地方政府的积极性，或者扭曲城镇化过程。地方政府规避人口城镇化而热衷于土地城镇化，其原因就在于人口城镇化的成本高。在城镇化过程中的行为主体，总是在计算其相应的成本，选择一种低成本的方式。但许多成本是不确定的，一旦发现成本高于承受能力，城镇化就会被扭曲变形，由此构成妨碍城镇化的风险。因此，弄清楚城镇化成本的产生及其来源，是防范和化解城镇化风险的一个重要条件。

一、对已有研究成果的简要评述

近年来，关于城镇化及其成本问题的研究很多。特别是新一届中央政府提出加快新型城镇化建设战略以后，相关部门和研究人员陆续就城镇化成本问题展开研究和测算。有专家说，新型城镇化主要是解决那些已转移到城市的农民工如何享受与市民平等公共服务的问题，因此成本“并不高”。也有人强调这是一个需要巨大投入的问题，提出未来若干年我国城镇化率若达到70%，需要的总投资有数十万亿元之巨。从已有文献看，相关数据各异，研究测算农民市民化的单位成本在六七万元到二三十万元不等。

建设部调研组在2006年提出，每新增一个城市人口需要增加市政公用设施配套费小城市为2万元，中等城市为3万元，大城市为6万元，特大城市为10万元（不含运行和管理成本）。云南大学张国胜（2008）认为东部沿海地区第一代农民工与第二代农民工市民化的社会成本分别约为10万元与9万元，内陆地区的第一代农民工与第二代农民工市民化的社会成本分别约为6万元与5万元。①

国务院发展研究中心“促进城乡统筹发展，加快农民工市民化进程的研究”课题组（2010）经过分项核算得出重庆市每一个代表性农民工转换为市民总成本为8万元。而中国发展研究基金会（2010）认为中国当前农民工市民化的平均成本在10万元左右。

周向东（2012）认为，农民工市民化转型的公共成本包括：城市基础设施建设成本、社会保障成本及随迁子女义务教育差异成本。通过相关数据分析和测算，得出每使一个重庆农民工转为市民，其成本在11万元左右。②

赵韩（2013）认为，以农民工转移为例，至少需要覆盖住房、社会保障、随迁子女教育和其他公共服务等四个方面成本，按人均成本10万元推算，我国每年至少要花上万亿元。③ 甄延临等（2005）测算出天水市城镇化经济成本为4.27万元/人。④ 高红艳（2010）测算出贵阳市城镇化经济成本为17.15万元/人。⑤

中国社会科学院《2009年中国城市发展报告》给出了农民工市民化的总成本为9.8万元/人，包括公共成本7.35万元和个人成本2.47万元。按此推算，未来50年我国将增加4亿~6亿城市人口，按2006年不变价格计算，城镇化所需社会总成本将达到43万亿元。

陈锡文调研测算指出，北京市对50个城乡结合部的村庄改造，二三万农

---

① 张国胜：《中国农民工市民化——社会成本视角的研究》，人民出版社2008年版。

② 周向东：《重庆市农民工市民化转型成本测算及分担机制研究》，重庆工商大学硕士学位论文2012年。

③ 《推动城镇化成本多大钱从哪来》，新华每日电讯，2013年3月10日。

④ 甄延临等：《城镇化的经济成本测算——以甘肃天水为例》，载于《现代城市研究》2005年第10期。

⑤ 高红艳：《贵阳市城市化经济成本研究》，西南大学博士论文，2010年。

民要变成市民，政府平均每人要投入100万元，也就是需要2亿~3亿元的支出。中小城市以一个农民进城成本在10万元左右，若未来十年2亿农民进城计，需要支付的成本是20万亿元。①

国家行政学院冯俏彬等的研究报告，以2011年不变价格计算，将现有15 863万已在城市居住的农民工市民化的总成本时点值为18 091.58亿元。其中，随迁子女教育成本和社会保障成本共计4152.83亿元，社会救助、保障性住房成本共计13 938.75亿元。如果到2020年完成这部分农民工市民化任务，各级政府每年为此新增的财政支出为2261.45亿元。②

2012年8月，中国社科院公布的《中国城市发展报告（2012）》（2012版城市蓝皮书）认为，未来15~20年内，中国将整体迈入中级城市型社会；按这个速度，需要付出40万亿~50万亿元的成本来完成4亿~5亿进城农民的“市民化”。③

中国社科院发布的2013年《城市蓝皮书》论及中国城镇化成本时指出，在2030年前，我国还有3.9亿农民需要市民化，农民工市民化的人均公共成本约13.1万元，市民化所需公共成本约51万亿元。该项研究比以往一般论述更深入和具体，强调农业转移人口到城镇定居生活并获得相应福利待遇和均等化公共服务，需要进行各种经济投入。这种市民化成本主要包括公共成本（政府成本）和个人成本两部分。他们测算表明，目前我国农业转移人口市民化的人均公共成本，东、中、西部地区分别为17.6万元、10.4万元和10.6万元。在全国人均公共成本中，需要在短期内集中投入的约2.6万元，长期投入的每年约2400元。个人成本约为人均每年1.8万元，另外还需要集中支付一笔购房成本，约为人均10.1万元。

总体看来，这些研究大多是在思路并不清晰的前提下忙于算账。我们要实施的城镇化，其内涵、外延有何特征？这是首先要搞清楚的问题。一些研

① 《陈锡文：一亩地补偿农民15万转手可卖150万》，载于《南方都市报》2012年3月8日。

② 《农民工市民化成本1.8万亿　财政每年须增2000亿》，载于《经济观察报》2013年5月10日。

③ 人民网，2012年8月15日。

究实际上是简单地、想当然地把城镇化与城市建设、城市发展等同起来。在关于城镇化及其成本的范畴、内涵构成、表现形式等基本概念不甚明晰的情况下，所谓的成本测算结果自然也就五花八门。或者只算表面上的资金投入账，甚至只算城市发展中的固定资产投入账，而忽视“软环境”建设的投入需求，忽视城镇化进程所固有的社会转型成本；或者只算静态的成本，忽视动态成本，更忽视城镇化进程中的摩擦成本及其带来的社会风险。至于成本消化的来源，单纯归咎于政府投入。

凡此种种，均源自对城镇化本质以及城镇化成本要素的片面理解。我们认为，对城镇化成本研究和测算，必须建立在经济学、管理学和社会学理论基础之上。将城镇化放在生产和生活方式转变、经济社会转型以及全球化视野中，多角度、多维度考察，才有可能得出科学、全面的城镇化成本概念与数据。如此研究和测算出来的城镇化成本结论，还可反过来指导新型城镇化实践：既考虑不同方式下城镇化成本特点，以降低城镇化成本失控带来政府负担和经济风险，又充分考虑新型城镇化的全成本因素，避免城镇化成本因素估计不足引发的社会风险。

二、城镇化成本的内涵及多视角考察

（一）城镇化成本的定义与内涵

城镇化的成本与城镇化的实质内涵相关。以前，我们更多地关注的是土地城镇化。而在土地城镇化视角下，人们考虑的只是征地拆迁、市政基础设施建设和扩大城市地盘。这样的城镇化，其成本似乎很低，甚至从眼前看政府部门还能获得可观的卖地收入。但实际上这种城镇化的成本被掩盖起来，以风险形式后移了。现在我们强调新型城镇化，其核心是以人为本的城镇化，是在经济社会转型背景下追求可持续发展的城镇化。相对于土地城镇化下其成本局限于物的建设投入，在人口城镇化视角下，城镇化成本是围绕人（农民）的身份转化而产生的各种经济投入与制度变革所形成的综合成本。简单地说，新型城镇化的成本就是农民变为市民的成本。

城镇化成本不是经济投入与制度变革的简单相加，二者之间又互为条件，互相影响。经济投入离不开制度变革，制度变革本身也需要经济投入。若以 *ei* 表示城镇化所需的经济投入，*ic* 代表城镇化背景下的制度变革，则城镇化成本 C_U 可用 *ei* 和 *ic* 之间的函数关系表示：

$$C_U = f(ei, ic)$$

理论假说1：如果分别来看，随着经济投入的增加，在投入达到一定临界值之前，城镇化的边际成本为正，也就是说经济投入增加带来城镇化的总成本（及平均成本）在上升，但是当投入达到一定临界值（ei^*）后，投入的规模经济效应开始显现，经济投入的边际成本为负，城镇化的总成本（及平均成本）就会开始下降，也就是经济投入的边际成本不断下降。

理论假说2：制度改革也同样，随着制度改革推进不断逼近改革深水区（临界值 ic^*）之前，因为要攻坚克难打破各种障碍城镇化的成本（及平均成本）会不断上升，制度化的边际成本为正，但是一旦制度改革到位后，再进行制度改革，制度化的边际成本为负，城镇化的成本（及平均成本）就会开始下降。

也就是说有以下关系成立：

$$\frac{\partial^2 C_u}{\partial ei^2} < 0, \frac{\partial^2 C_u}{\partial ic^2} < 0$$

经济投入、制度化的边际成本：

$$MC_{ei} = \frac{\partial C_u}{\partial ei}, MC_{ic} = \frac{\partial C_u}{\partial ic}$$

理论假说3：经济投入和制度改革之间对城镇化成本的影响存在交叉效应，也就是说随着经济投入增加，制度化的边际成本在下降，同样随着制度化改革推进经济投入的边际成本也在不断下降。用公式表示如下：

$$\frac{\partial MC_{ei}}{\partial ic} < 0, \left(\text{或} \frac{\partial MC_{ic}}{\partial ei} < 0 \right),$$

城镇化总成本曲线、边际成本曲线见图1、图2。

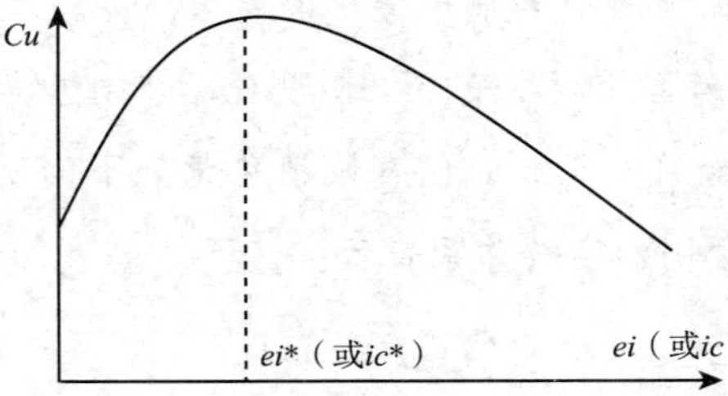

图 1　城镇化成本

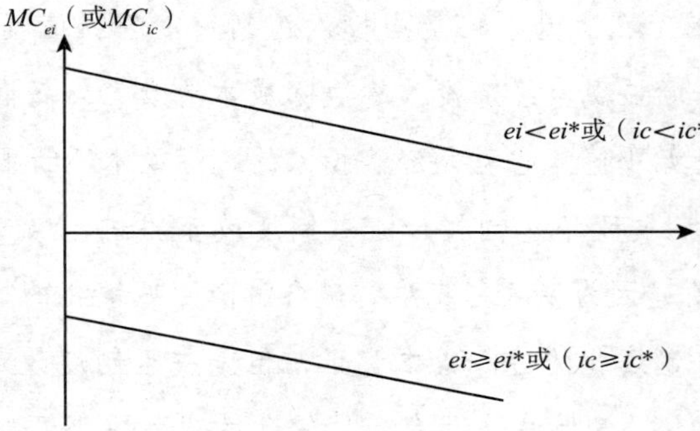

图 2　城镇化边际成本

农民变为市民蕴含两个过程：微观个体过程，农民进城打工、定居；宏观整体过程，经济社会转型和制度变革。微观个体过程寓于宏观整体过程之中，宏观整体过程会促进、引导微观个体过程。科学把握二者之间相互影响、相互促进的有机统一关系，是准确理解城镇化成本内涵的关键。在此基础上，我们把农民变为市民的成本内涵划分为四个方面：

——转型成本（C_T）：包括经济成本、社会摩擦成本以及生态环境成本等。经济成本如基础设施的建设等，是相对确定的；社会摩擦成本指农民变为市民过程中的矛盾、冲突导致的成本，具有不确定的；生态环境成本，如空气污染等，即生态和环境变化带来的成本。

——改革成本（C_R）。农民市民化过程本身就是一种经济社会转型，其关键在于深化改革，这就带来了需要通过改革建立健全相关制度的成本。这涉及与人的基本权利、交往方式相联系的各项经济社会制度变革，如建立全新的社会保障制度，推动社会自治组织建设等。

——学习成本（C_L）。这是个人成本。成为市民，不仅仅是身份的变化，更是个人素质与技能提升的过程。由从事传统农业“靠天吃饭”的农民转换为非农产业劳动者，为适应新的生活、工作需要而提高个人能力，需要付出学习成本。

——迁徙成本（C_M）。即安家落户的成本。无论是就地非农化的失地农民，还是外来进城农民工，都将伴随“进城”带来迁徙安置成本。

城镇化成本是这四项之和：

$$C_U = C_T + C_R + C_L + C_M$$

可见，城镇化的成本不单是可计量的资金投入耗费，更是经济社会制度转型的总体付出概念。

（二）从多维度、多视角认识城镇化成本

——资金投入成本与制度转型成本。从全成本视角看，城镇化的成本不仅包括资金投入成本，也包括制度层面的转型成本。人们更多地关注的是前者，即看得见、可计量的资金投入成本，而往往忽视制度转型的改革成本问题。事实上，城镇化本身蕴含着发展、改革、转型的全面要求，实际上它涵盖了城乡一体化过程、基本公共服务均等化以及缩小差距的过程，其核心目的是逐步实现全体国民的共同富裕。所以，城镇化进程离不开发展理念的转变和各项体制改革的深化，包括经济发展方式的转变、注重生态环境保护、提升人民的幸福指数，以及收入分配制度改革、户籍制度改革等。

——一次性成本与经常性成本。从投入方式看，包括一次性成本与经常性成本。前者包括一次性建设投入成本，主要是基础设施的投入，具有明显的阶段性特征；后者包括基础设施的运行维护成本，经常性的社会管理成本等，具有明显的刚性支出特征。

一般来说，一次性成本的具体范围相对明确，也易于测算；而经常性成本的具体范围、数额测算都可能是动态的。

——静态成本与动态成本。城镇化的静态成本指一定价格下就某个时点计算出来的成本；动态成本则要考虑一段时期内价格变化因素（包括劳动力成本、基本建设材料价格、公共服务成本变化等）带来的城镇化建设整体成本的变化。从现实来看，我国城镇化动态成本具有明显的上升特征。

——经济成本与社会成本。城镇化成本根据构成性质可分为经济成本（或称硬件建设成本）和社会成本（或称软件建设成本），在具体的成本测算上二者各具特点：前者有一个折扣系数，后者有一个膨胀系数。

建设成本的折扣系数：城镇化建设过程中，一些基础设施的建设成本会因为规模效应而出现边际成本递减，即建设成本会出现一个折扣系数。社会成本的膨胀系数：城镇化建设中的社会成本则相反，由于人口居住由分散转向集中、社会由"二元"变为"一元"而形成社会摩擦成本加大、社会风险聚集，形成边际成本上升的现象，即要考虑社会成本的膨胀系数。综合考虑这两个特征，在理论上就存在一个最优城市规模问题。

——摩擦成本与社会风险。摩擦成本实际上是上述社会管理成本中的组成部分，在经济社会转型、工业化快速发展背景下的城镇化进程中，关注社会摩擦成本具有特殊重要的意义。当今中国的城镇化，实际上伴随着制度（民主化、法治化）、文化、社会的全面转型，社会摩擦成本上升将是常态。而社会摩擦成本上升必然引发社会风险的加剧，这是我们应当特别关注的。

城镇化作为一种生产、生活方式巨大改变，政府在其中承担主要责任，其刚性化的成本上升，在很大程度上将加剧政府财政支出负担，以致造成财政风险扩张的局面。

（三）城镇化成本大小取决于诸多因素

城镇化成本的内涵相对固定，但成本大小却是可变的，它取决于多种因素。

影响城镇化成本的因素中，有些是相对确定因素的，包括国家发达程度、所处发展阶段、城市规模等。

从世界各国来看，城镇化成本与国家发达程度及所处发展阶段有关。在当今的发达国家和发展中国家，城镇化成本必然有大的差距。在一个国家内，不同发展阶段的城镇化成本也不一样。在不同发展阶段，人们的收入水平、福利期望值、权利意识等不同，政府的财政能力（包括财力能力和财政制度能力）也不同，城镇化的成本也会有差别。可以确定的是，随着发达程度和发展阶段的提高，城镇化成本必然呈上升趋势。

具体到我国，各地处于工业化、城镇化的不同阶段。所处区域的不同，包括按照东、中、西部的划分，沿海与内地的不同，发达地区与欠发达地区的不同等，其城镇化成本不同。所以，我国城镇化成本与所处区域有关。发达地区外来人口的城镇化压力大于欠发达地区，其城市建设水平、居民福利水准以及相关社会管理成本也相对较高。

城镇化包括大中小城市、乡镇乃至农村社区的建设与发展，城镇化成本与城市规模相关。城市规模上的差异决定了城镇化的成本——农民变市民的成本不同。一般来说，城镇化成本与城市规模正相关：城市人口规模越大，城镇化单位成本越高。

也有许多不确定性因素影响着城镇化成本。一是推行城镇化的方式选择问题。城镇化的具体方式可能不同：有城郊失地农民就地城镇化，有外来农民工的异地城镇化，不同方式的城镇化成本有明显差异。二是农民的期望值差异。在不同经济、社会背景下，在不同的民主法制环境下，在不同的自愿程度（如主动、积极的城镇化，被动、消极的城镇化）下，农民对自身利益的保护能力、谈判能力不同，他们对就业、收入、福利改善的期望值会有大的差距，从而影响到城镇化的成本，比如目前各地广为关注的房屋拆迁成本。三是城镇化的速度。城镇化速度越快，一定时期内的成本就会越高。

三、城镇化的公共成本与私人成本及其分担

尽管可以从多维度分类，但从成本负担角度来看，城镇化所有成本可分为两类：

一是公共成本。需要以集体方式承担的成本。公共化程度、公共风险，决定公共成本。其规模取决于二者的变化。城镇化是公共化程度提高的过程，

也是公共风险扩大的过程，工业事故、生态环境风险、社会风险等。

二是私人成本。个体家庭可以也应承担的成本。这主要是学习成本和迁徙成本。

城镇化的公共成本与私人成本的边界并非泾渭分明，一成不变，而可以在时间和空间上相互转化。这与城镇化所处发展阶段以及城镇化的方式等诸多因素有关。一个典型的例子：失地农民集中居住进入高楼大厦后，水电费和物业费由谁承担的问题。一种情况，理所当然地由居民（农民）自己承担，这是纯粹的私人成本；另一种情况，鉴于上楼农民没有习惯、没有能力支付这些居住费用，全部（或部分）由农村集体组织甚至乡镇政府财政承担，它便具有了公共成本性质。再有一种情况，先由政府或者集体承担，一定期限（如五年）后转为居民承担，即由公共成本逐步转化为私人成本。

划分公共成本和私人成本，目的是要解决城镇化成本由谁承担的问题。城镇化的总成本最终要在政府、企业（社会）、居民个人之间的分担。所以，需要探讨城镇化成本分担的原则以及分担的方式等问题。

1. 分担原则：能力原则、风险原则、公平原则。政府应承担的成本，取决于政府在城镇化中的职责和作用，关键是政府在其中的角色定位。政府最基本的角色定位——保住底线公平。

城镇化建设中政府支出责任范围的确定，必须强调客观、科学、合理。否则，政府支出责任过大和过小都有可能扩大风险，而不是化解风险。

在政府应分担的城镇化成本中，还存在不同级次政府责任划分的问题。所以，要逐步构建中央政府与地方各级政府在城镇化建设过程中的成本负担机制。

城镇化过程即公共化过程，公共风险增加，政府的公共职责扩大，这意味着政府承担的总成本、人口边际成本都是上升的。这会推升城市政府的财政规模。

2. 分担方式。按照成本性质，政府是公共成本的主要承担者，但不排除市场和社会；个人是私人成本的主要承担者，但不排除政府辅助。

政府承担城镇化成本的方式。政府承担城镇化成本的范围确定后，具体的承担方式选择同样重要。这需要全面考虑城镇化的特征、政府财政能力以及改革深化的大环境。承担方式如果不当，同样会增加风险。

政府承担城镇化成本的具体方式包括：通过政府财政支出直接承担；出台相关政策（土地、税费等）间接承担；通过公私合作（PPP）等方式分担等。

3. 分担时间。包括一次性与经常性投入成本的划分，以及具体成本项目的先后顺序。

4. 政府之间的分担。这涉及中央与地方及地方各级政府间的事权划分。

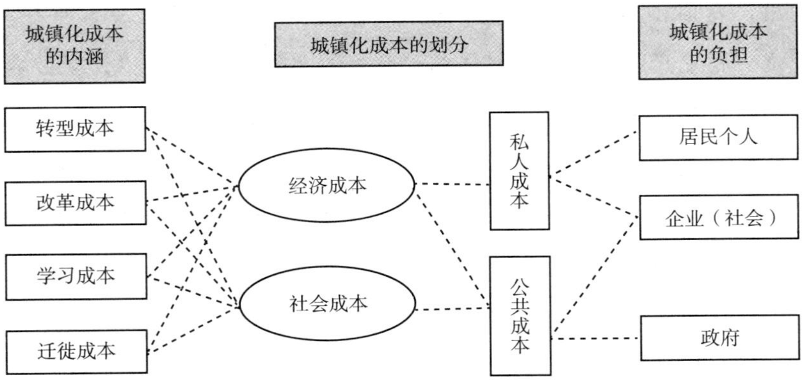

图 3　城镇化成本分析框架图

四、如何控制城镇化的成本

城镇化成本最小化，就是要根据国情区情，选择适合的城镇化方式，在规模上需求大中小城市和乡镇的匹配效应。城镇化方式应因地制宜，避免贪大求洋，避免单纯追求城市规模、“摊大饼式”的城市建设之路。在建设大城市、特大城市的同时，要更多地关注中小城市、特色小镇甚至乡村社区等层面的发展。

要把握合理的城镇化速度。从总体上说，城镇化本身不是发展的目标，而是发展的结果，是一个国家和地区工业化发展的必然产物。具体来讲，城镇化又与工业化互为基础，互为动力。因此，任何违背规律的人为加速和延缓城镇化，都会增加成本，加剧风险，导致低效。

要关注和预警城镇化过程中的各种不确定因素和风险，因为城镇化进程中的风险都会转化为成本。靠大量的投资投入和大量的土地投入“堆砌”出来，按照工业化做法大搞“开发区”式的城镇化，效率低下且容易滋生房地产泡沫、激化社会矛盾等问题，必终将使城镇化成本失控。

五、城镇化成本的对冲

这要靠城镇化的“收益”来实现。从财务的角度来看，城镇化成本有些属于费用，是消耗性的，有些属于投资。从整体看，城镇化成本都是一种广义的投资，都能产生收益，关键是这种广义投资带来应有的“宏观效益”。

利用城镇化带来的效率对冲城镇化成本，首先要重视改革红利的转化，要分享城镇化进程中人力资本提升带来的红利，也就是充分挖掘城镇化内涵的经济潜在增长率。城镇化必然扩大社会资本活力，制度变革带来机会公平更会激活社会活力。

对冲城镇化成本的有效消化是城镇化健康发展的关键。从发展经济学角度看，城镇化是工业化的必然趋势，是现代化的必由之路。城镇化成本的消化寓于发展之中——在经济社会的可持续发展中推进城镇化，通过城镇化的健康发展推动国家走向现代化。

任何成本都需要弥补或收回，城镇化成本也是如此。否则，城镇化就不可持续。成本总是相对于收益而言，成本的消化靠收益来弥补。从总体看，城镇化的成本同样要依靠城镇化的收益来消化。城镇化收益——健康、持续、包容的经济增长。在现阶段，中国新型城镇化发展的收益体现在它所带来的最大的发展红利和改革红利上。通过深化改革，让社会成员共享发展成果，是新型城镇化建设所追求的根本目标，城镇化的成本正是由这种巨大收益所消化。如果城镇化成本不能有效消化，说明城镇化的路子出了问题，与国家发展战略和经济社会转型不合拍。

总体看，城镇化成本要靠产业支撑，即靠经济增长。

公共成本的消化无疑要靠政府收入，包括各类税收收入、公共产权收益以及政府的融资。说明各级政府财政在城镇化成本消化方面责任重大。

至于私人成本的消化，要靠进城农民个人的能力培养与素质提高，特别是就业创业能力的提高。农民市民化的个体成本主要靠就业，即充分的、稳定的、高质量的就业。私人成本的消化实际上体现在进城农民能与城市居民一样，正常地在城市生存与发展，而不致沦为城市贫民。否则，说明城镇化的私人成本无法消化。

城镇化成本消化的微观基础是企业效率的提高、产业质量的提高、产业支撑和企业效率是城镇化的微观基础。企业承担城镇化成本，要靠效率。靠政府扶持和挤压劳动力成本来维持企业生存和发展，企业不可持续，更谈不上承担城镇化成本。

城镇化要和个人能力提升、企业创新意识和能力增强、经济持续健康增长形成良性循环。只有这样，城镇化成本才能最终消化。

目　录 Contents

上　篇
新型城镇化对财政体制的挑战

在市场化改革导向下，工业化和城市化的相互推进保障了中国经济三十多年的高速增长。然而，相对于工业化而言，城市化难度较大，开放条件下工业化所需的诸要素可以快速地汇集并能弹性地组织实施，而城市化所需的软硬件要素则需要经过漫长的积累方能达到。这是中国工业化和城市化未能同步发展的原因所在。上述二者长期的异步发展带来了一系列错综复杂的经济社会问题，最典型的就是两亿多农民工的“半城市化”问题。破解这一难题的前提是要充分发挥财政在促进城市化科学发展中的核心作用。就城市化所需的硬件而言，基础设施是城市的实物形态和物质平台，可以说，离开了完善的基础设施，城市也将不复存在。具有公共物品和准公共物品性质的基础设施主要靠财政来提供。就城市化所需的软件而言，教育、医疗和养老保障等，基本的和主要的也是由财政来提供。因此，结合中国具体国情，探索全面深化财政体制改革背景下，积极运用财政政策大力促进新型城镇化科学发展的途径和方式，十分必要。

我国城镇化对财政体制的“五大挑战”及对策思路*

自20世纪90年代中期以来，我国城镇化建设进入了快速推进阶段，取得了长足进展，但也面临着诸多深层次的制约因素和公共风险，并对财税体制提出了新的挑战。如何应对这一挑战、化解相关风险，对于我国城镇化健康发展至关重要。

一、城镇化是“六化”的有机统一

城镇化是经济结构与社会结构相互叠加的复合转型，涉及生活方式、生产方式、社会文明等诸多方面的重大转变，因此，我们不能孤立地分析、讨论城镇化，而应从整体、系统的视角审视这一现象。城镇化是集中化、组织化、规模化、公共化、便利化和人性化等“六化”的有机统一。这“六化”紧密相连，共同构成了城镇化的基本内涵。

1. 集中化。从空间上来看，城镇是各类生产要素和产业最为集中的地方，城镇化就是资本、资源、技术、劳动力、人口、文化等多种生产要素和社会要素向城镇集聚的过程。生产要素和产业的集中，使得生产成本下降，效率提高。社会要素的集聚，使得社会成本提高，风险扩大。

2. 组织化。城镇化不仅是多种生产要素集聚的过程，也是人口、经济、环境、资源协调发展的过程，也是经济组织化和社会组织化的过程。在这一过程中，既有市场和社会的自组织行为，也有政府的统一规划和组织，如统

* 本文作者：刘尚希，原载于《地方财政研究》2012年第4期。

一规划交通设施、产业园区和居民社区等，实现城镇的有序扩张。缺少组织化，将会导致城镇化过程无序，使集中和积聚起来的经济要素和社会要素陷于“原子化”状态。

3. 规模化。规模化是集中化和组织化的反映。这主要体现在经济的规模化和公共服务提供的规模化两个方面。城镇化，一方面由于生产要素的集中和产业的积聚，产生规模经济效应，降低经济运行成本，提高资源配置效率；另一方面，由于公共服务以集中、组织化的方式提供，必然会产生相应的供给规模效应，从而提高服务质量，降低供给成本。

4. 公共化。从相对于个体而言，城镇化实质上就是公共化的过程，或者说是群体化和集体化的过程。在这个过程中，会产生大量的公共问题和公共事务，如公共空间、公共文化、公共设施、公共服务、公共话语、公共决策等，都会相伴而生。城镇功能是否健全，其衡量的标志就是公共化的体现程度。例如，农民进城进镇，为其居住、入学、医疗、养老等提供条件和服务，就是一个公共化的过程。

5. 便利化。便利化是公共化的必然结果。城镇化不只是意味着城镇空间的外延式扩展，更为重要的是意味着居民幸福指数和生活质量的提高，而这又必须以生活的便利化为前提条件。便利化要求完善公共交通、医疗、供排水、供电供气、垃圾处理等基础设施，给人们的生活提供便利的服务。

6. 人性化。城镇化的本质是人的城镇化，是人的生产生活方式的不断升级，是在更大程度上使人摆脱了自然的约束。也可以说，城镇化是大自然的不断人性化。人的生活水平和生活质量的提高，应该作为城镇化的出发点和最终归宿。这就不仅要求改善人们的居住和生产环境，建立宜居、人性化的城镇，而且还要考虑满足居民的多样化需求，使其有充分选择的空间。不能满足人性化要求的城镇化是毫无意义的；不能体现“以人为本”的理念，仅仅为了 GDP 的城镇化，那不是我们所需要的，这样的城镇化只能称之为“伪城镇化”。

二、我国城镇化进程的特点

从实际情况来看，我国的城镇化进程具有以下四个方面的特点：

（一）城镇化慢于工业化

城镇化、工业化是每一个社会必经的发展过程，二者紧密相连。在不同的发展阶段，二者发展的重点和先后次序是不同的，并且受区域特点、社会经济环境、体制背景以及历史条件等因素影响，表现出较为明显的时空差异。从我国目前的情况来看，二者的关系表现为城镇化慢于工业化，即先有产业，后有城镇化。当前学术界常常把这一特征，作为一个问题看待。实际上，城镇化慢于工业化不一定有问题，而且符合城镇化初期和中期阶段的特征。一般而言，在城镇化的初期和中期阶段，工业化往往是城镇化的主要动力。工业生产规模的扩大、产出总量的增加，必然促使工业增加劳动力需求，带动农业劳动者由农业向工业部门转移、由农村向城镇流动，从而推动城镇规模不断扩大。因此，在这一阶段，工业化率一般高于城镇化率。随着城镇化的进一步推进、工业化的升级以及工业结构调整，二者的时空差异将会不断缩小，并逐渐达到一种协调发展的状态。我国此前的城镇化进程，基本上符合这一演进特征。当然，城镇化慢于工业化也是有限度的，如果滞后幅度过大，则就可能转变成一个问题，相互牵制，对二者的健康发展形成阻碍。

（二）人口的城镇化慢于土地的城镇化

虽然人口的城镇化慢于土地的城镇化存在一些问题，但更表现为我国城镇化推进的一个特点。这种情况实际上是城镇化自然过程的体现，也合乎我国的国情。特别是作为一个人口大国，我国农村人口数量非常庞大，在这一条件下，人口的城镇化慢于土地的城镇化，有利于农村人口有序地向城镇流动。相反，如果人口的城镇化快于土地的城镇化，则出现的矛盾可能会更尖锐。大量的农村人口涌入城镇之后，如果城镇空间狭小，住房、学校、医院、交通等城市设施解决不了，与之配套的就业、失业救济、社会保险等也很难跟上，势必会出现“贫民窟”等城市病，影响社会和谐与稳定，这与推进城镇化的目标相悖。至于有的地方为了 GDP 和土地收入而大肆推进土地的城镇化，忽略人口的城镇化，进而导致不少失地人口“两不靠”的情况，则另当别论。

（三）人口城镇化的流动性强

我国人口城镇化不是一下子沉淀下来，而是一个不断尝试的“试错”过程，呈现出较强的流动性。最典型的例子是农民工进城打工。农民工进城以后，在不断流动中寻找适合自己，同时也被城市认可的固定职业，以渐渐适应社会地位、生活方式等方面的变化。在没有找到固定职业之前，就会在城乡之间来回流动，从而为城镇化提供了一种弹性，降低了城镇化过程中的公共风险。这是有别于其他国家城镇化的一个显著的特点。在西方无弹性的城镇化过程中，容易造成大量既无土地、又无职业的贫民，带来了很多的社会问题。而我国采取的这种试错法的人口城镇化，实际上是一种富有弹性的自然渐进过程，是农民与城镇之间一种相互选择与不断适应的过程。是当农民，还是作市民，应允许看，允许等，不搞强迫的“被城镇化”。这种弹性政策有利于降低城镇化的风险。

（四）城镇化发展的不平衡、差异化

城镇化进程具有很强的区域性特征，资源和环境条件构成了城镇发展的刚性约束，这意味着其模式设计必须考虑到自身的资源条件和环境基础。由于我国不同区域间在资源约束、经济社会发展水平和工业化程度等方面都存在很大差异，因此，不宜实行全国统一的城镇化模式，也不能要求在城镇化的指标上齐步走。从各地情况来看，我国城镇化基本上是遵循了因地制宜的原则，结合各自的经济社会发展水平以及资源、人口、地理环境的实际状况，合理确定城镇化的方向和路径，呈现出不平衡、差异化的特点。但是，在实践中也有一些地方没有充分考虑自身条件，盲目照搬，甚至贪大求洋，动辄提出建立国际性大都市。这将给城镇化埋下风险隐患。各地的城镇化应立足于发挥各自的独特优势，并将城镇建设与区域产业结构调整有机结合起来，形成差异化基础上的区域特色。

三、降低城镇化过程中公共风险的两个基本条件

在城镇化进程中，必然会引致种种公共风险。要对之进行有效防控，需要两个基本条件，亦即处理好两大关系：一是政府与市场的关系，二是政府与社会的关系。

（一）处理好政府与市场关系

政府和市场都是推动城镇化的基本力量。各国各地情况千差万别，政府和市场发挥什么作用，没有一个固定的界限。目前，我国采取政府主导型的城镇化过程，政府在这一过程中唱主角。的确，对于城镇化发展的方向、战略定位和规划、监督与管理等方面，需要政府发挥主导作用。政府把握城镇化发展的战略定位、方向，有利于引导城镇化向着正确的方向发展，可以少走弯路；政府把握辖区内的产业分工与协作，有利于加快区域内经济结构转变，整合经济资源，为城镇化发展提供动力；政府加强监督与管理，可以为城镇化健康发展提供组织保障。但是，发挥政府的主导作用，并不意味着可以忽视市场在城镇化过程中产生的推动力。在城镇建设投资、公共服务提供、生产要素流动、区域产业发展与升级等城镇化建设的诸多方面，市场具有不可替代的积极作用。

因此，如何处理好政府与市场的关系，是城镇化建设中面临的一个重大课题。在处理二者关系时，要防止“政府大包大揽”和“政府该管不管”这两种倾向。“政府大包大揽”的倾向，一方面，将会越过政府作用的边界。这种倾向是不相信市场的表现，以为政府主导，就是要政府包揽越来越多的事情，包括所有公共基础设施的建设和公共服务的提供。这样做，政府就会挤占该由市场发挥作用的部分空间。事实上，推进城镇化建设，需要采用、借助市场机制和市场运作形式，这样有利于提高城镇化建设的质量和效率。另一方面，政府大包大揽，会超出政府的能力。政府包办太多，超出政府的管理能力和财政能力，尤其是后者，会造成财政风险积聚、扩散，滞延我国城镇化进程。

同时，还要防止“政府该管不管”倾向。这种倾向是不相信政府的表现，放任市场推动，或跟着市场走，也是不行的。如果城镇化的方向、规划及其实施没有把握好，就会走弯路，以后再去纠正、改造，花费的成本就会极高。这在一些地方已经出现，把城镇规划当做摆设，导致了难以弥补的城镇缺陷。同样，如果城镇化中的公共服务和公共设施主要靠市场提供，政府不担相应的责任，将会出现供给不足的问题，导致虚假城镇化。在农民工流入地较多的地方，实际上已经存在这种现象，农民工的就医、子女上学等公共服务在过去几乎都是交给了市场，其产生的风险已经日益显性化。

（二）处理好政府与社会的关系

政府与社会的关系是城镇化过程比较容易忽略的一个重要问题。为什么要处理好这层关系呢？城镇化既是公共化过程，也是社会组织化提高的过程，它与社会的意愿紧密联系在一起的。能否保证城镇化健康发展，不仅需要政府掌控好城镇化的方向、路径，而且还要尊重公众的意见。缺少了公众的支持和认同，城镇化就只是政府的一厢情愿，而不是社会意义上的城镇化，这会引发公共风险。有地方出现“空城”现象，甚至导致巨额损失，这是忽略公众意愿所致。

在城镇化进程中，政府与农民、市民、开发商、社会组织等社会主体都有紧密的联系。在利益相关者众多，社会各利益主体的诉求各不相同的情况下，政府稍有疏忽，就会引发利益冲突，城镇化的不确定性和复杂性前所未有地扩大了。政府一厢情愿、想当然来推动城镇化已经行不通。例如，从前政府征地、拆迁都很容易，手续简单，成本低廉，而现在已经完全不同了，随着各利益主体的维权意识不断强化，政府需要站在公正的立场上来协调并规范各种社会利益关系。这也就是说，必须以民主化的方式推动城镇化，把老百姓的意愿表达出来，让各社会主体参与进来，这样才能减少冲突、化解矛盾，降低风险。而且，这样还可以发挥社会的主动性，增强城镇化的推动力。在当前城镇化过程中，一些地方出现群体性事件，社会公共风险增多，一个重要的原因就是没有正确地处理好政府与社会的关系，没有协调好社会各阶层关系，忽略了社会各方的利益表达和权利诉求，以致产生许多积怨，从而影响了社会稳定和城镇化健康发展。

四、城镇化对我国财政体制提出“五大挑战”

城镇化不仅是一个农村人口转化为城镇人口的过程，同时也是一个制度变迁的过程。城镇化对我国当前的财政体制提出了五个方面的挑战。

（一）城镇化过程中庞大流动人口对财政体制的挑战

城镇化是农民向市民转变，以及不同区域之间人口流动的过程。人口流动改变了财政体制存在的一个假设前提。我国现行的财政体制，无论是收入和支出责任的划分，还是转移支付制度的设计，都是以假定人口不流动为前提的，以辖区的户籍人口为基础。然而，城镇化所带来的人口的流动，要求无论是纵向的，还是横向的财政关系都需要进行调整，尤其是处于流动状态的庞大人口的公共服务的提供，在我国人口不流动的传统财政体制框架中是一个盲区。在这种传统体制框架下，各地政府按户籍人口来提供公共服务。城镇化带来人口的流动，为各地公共服务的供给带来了难题，特别是人口流入较大的地区，流入人口的公共服务面临“两不管”的尴尬境地，即流入地和流出地都不负责其公共服务的供给。目前，虽然一些地方开始重视并着手解决农民工子女上学、就医等问题，但如果体制不变就很难从根本上解决问题。例如，东部发达地区一个城市，每年财政收入可达数百亿元，仅从财政规模来看，有能力为中央财政做出更多的贡献。但从人口规模来观察，该地区的实际人口是当地户籍人口的几倍，甚至十几倍，按照基本公共服务均等化的要求，当地辖区人口都有权享有基本公共服务，当地财政的负担也就随之扩大几倍或十几倍。因此，经济较为发达地区面临相互矛盾的两个方面问题：一方面，中央政府希望发达地区能为中央财政做出更大的贡献；另一方面，由于发达地区吸纳了更多的人口，需要更多的资金解决公共服务问题。随着农村的“空村”现象愈益普遍，城乡之间面临着同样的问题。在这种人口流动导致公共服务供给责任发生了很大变化情况下，如果局限于以前的固有思路，不仅不会解决当前的问题，反而不利于区域之间、城乡之间基本公共服务的均等化。所以，充分考虑城镇化中人口流动对财政体制带来的这种巨大影响，应当调整财政体制下一步改革的设计思路。

（二）城镇化过程中各级政府财政责任划分对财政体制的挑战

财政责任划分是以政府事权划分为基础的。城镇化的推进，必然带来中央以及省、市、县各级政府原有责任的调整。特别是在公共服务的供给方面，城镇建设和人员流动带来政府之间供给责任的变化。在城镇化过程中，不仅出现了“劳动力进城、抚养人口留乡村”这种辖区人口结构变化，也出现了公共服务的双重需求：即在农村有需求，在城镇也有需求，例如住房、教育、医疗、就业服务等。针对农民工的基本公共服务，乡村政府要考虑，城市政府也要考虑。在当前条件下，无法让农民工做“单边选择”。即使有的农村居民全家进入城市打工生活多年，但他在农村的所有权益不能剥夺，还得随时准备着返乡的可能性，而城市政府对在城市工作生活的农村居民也不能撒手不管。这给政府之间责任的划分带来了难题。这些变化，不仅加深了我国财政体制固有的矛盾，如财力与事权（支出责任）不匹配等问题，而且增加了财力、财权与事权等财政体制要素组合的不确定性，这对主要负责提供基本公共服务的基层政府来说，无疑带来了很大的不确定性，也给中央政府的转移支付决策带来两难选择：是更多地面向城镇，还是更多地面向农村，进而增加了城镇化建设的不确定性。这对财政体制的稳定也构成了严峻挑战。

（三）城镇化过程中地方债务融资风险控制对财政体制的挑战

仅仅依靠税收形成的财力显然无法满足城镇化建设中的巨大资金需求。毫无疑问，城镇化离不开债务融资，但是债务融资的风险如何控制，成为城镇化对财政体制提出的又一个重要挑战。当前，我国对债务融资风险的控制，更多的是从微观的角度来考虑。从全国整体角度而言，地方政府债务管理的方式以及宏观管理框架的设计并没有形成一个清晰的思路。然而，如果忽视债务融资宏观方面的管理，必将对国民经济发展产生严重的不良影响。2008年国际金融危机揭示出来的一个深刻的道理——从微观角度而言金融风险看起来控制得很好，但却有可能爆发系统性的危机。因此，在城镇化过程中控制债务融资的风险，不仅要从微观的角度来考虑，而且更应从全国的整体角度来考虑。

进一步看，地方债务融资风险的控制与各级政府财政责任的划分密切相关。如果中央的责任多分担一些，地方的债务融资风险就可能小一些；但如果中央和省级政府把责任都压给基层政府，那么市县债务融资的压力就会变大，风险的控制难度将会增大。在“上级决策，下级执行”的事权划分方式下，债务融资风险的控制是一个从全国的角度、从系统的角度来设计的问题，不能孤立地就债务论债务，仅仅从账面表现出来的现存债务去考虑，而要充分认识风险控制背后的责任分担问题，并对财政体制做相应的调整。如果孤立地就债务本身来做文章，就无法有效化解城镇化过程中的债务融资风险。

（四）城镇化过程中收益与风险成本的分享共担问题对财政体制的挑战

在城镇化过程中毫无疑问的要产生收益、发生公共风险，收益与风险成本该如何分享、共担是一个复杂的问题。

城镇化会带动经济增长，税收增多。同时，还会带动土地增值，农用地转为建设用地，土地资本化收益十分可观。土地还可以成为政府的融资杠杆，大大扩增政府可支配的经济资源。除了政府、农民和市民以及开发商等多方利益主体在横向上参与城镇化收益的分享外，还存在中央与地方之间纵向的收益分享。由此带来的税收，是按照分税制原则分享的。土地资本收益名义上主要由地方政府支配，但中央政府也可以对土地资本化过程做出限制，从而减少土地收益。例如，现在土地拍卖不是价高者得，而是价中者得。中央为调控房地产市场，希望通过禁止“地王”，避免地价推高房价。这相当于中央政府拿一部分土地收益补贴房价，实际上也是在参与土地收益的分配。对于土地收益的使用，也可以作出各种规定。例如，建设保障房、发展教育、加强农村水利等，都要求从土地收益中划一个百分比，切出一块财力用于这些方面。而这些方面的支出属于中央出台政策引致的，从本质上看，也相当于中央参与土地收益分享。总体来看，城镇化产生的收益在现行体制下会产生自动的分享结果。

同时，城镇化也会导致风险成本。例如环境变差、生态变坏、资源消耗引发的自然风险，以及农民进城带来的基础设施、公共服务的供应压力，还有征地、拆迁中的利益冲突引发的社会风险，如可能发生的群体性事件、大量上访等，都属于城镇化过程中的风险成本。此外，中央出台政策，地方负责执行，一旦财力不够难以执行到位，则会产生民众不满的风险。或者勉强为之，举债融资，则会带来财政风险。而这些公共风险成本，在现行财政体制下，都是由地方政府来独自承担的。只有当这些公共风险成本超出地方政府能力的条件下，才会向中央政府转嫁，由中央政府分担。

我国现行的财政体制，考虑的基本面是收益的分配，没有形成一个全盘统筹考虑的收益分享与风险成本分担机制。如税收的划分，是没有考虑其背后的成本的，发展总部经济得来的税收，其社会成本低廉，而开矿、发展制造业得来的税收，其风险成本却很高。产生的收益有明确的体制安排，而公共风险成本却没有纳入财政体制，总是等到难以为继、快要爆发危机的情况下才会被迫分担。这很容易导致城镇化进程中的公共风险不断累积，无法及时地化解。显然，如何防控城镇化中的公共风险并对其成本做出明确的体制安排，是对财政体制提出的新挑战。

（五）城镇化过程中城乡公共服务供给的动态协调对财政体制的挑战

从整体视角来看，坚持城乡公共服务供给的均等化、一体化的大方向是正确的，但是在城镇化过程中，可能会出现就城镇考虑城镇，或就农村考虑农村的现象，没有充分考虑城乡公共服务供给的动态协调问题，从而导致公共服务的供应与需求脱节，同时造成大量的资源浪费。例如，在新农村建设以及解决“三农”问题时，如果按照静态的传统思路去考虑提供各种各样的公共服务和设施，若干年后随着城镇化的发展，农村人口逐渐流入城镇，出现空村现象，原有的公共设施就会出现闲置、浪费。同样，城镇建设过程中，若没有充分考虑农民进城以及跨城镇流动人口的需求，仅局限于城镇户籍人口，城镇运转就会陷入拥挤脏乱无序的状态。

因此，在公共服务提供上，要充分考虑到城镇化过程中人口的流动及变化，考虑到农民变市民节奏的变化。如果忽视城镇化所引起的人口、劳动力以及家庭的变化，以静态的思维来追求公共服务的均等化和一体化，就有可能造成公共服务在供应上成绩显著，而城乡居民对公共服务的需求是否得到满足则被忽略，导致公共服务的供应与需求两张皮。不言而喻，这不只是造成巨大的资源浪费，更重要的是会引发民众的不满和社会对政府的不信任。

服务是跟着人走的。在大量人口、劳动力和家庭处于不断流动变化状态的情况下，如何使公共服务的提供适应这种城镇化、工业化过程中人口大流动的新情况，对各级政府的公共服务供应是一个很大的挑战。

五、应对挑战，推动城镇化健康发展的对策思路

应对城镇化对财政体制的“五大挑战”，必须运用动态的系统性思维，既要看到当前财政体制原有的不完善之处，又要看到城镇化对财政体制带来新的要求。具体而言，可从以下几个方面来考虑：

（一）充分认识城镇化过程中的公共风险，建立风险评估机制

城镇化建设中，既有资源、环境等因素带来的自然风险，也有利益冲突带来的社会风险，其中后者最为关键。由于在一定程度上，政府、开发商与农民、市民的利益并非完全统一。如果强调保护农民的利益，满足其过高的愿望，可能会加大城镇化的难度，影响城镇化的进程；但如果强调开发商、政府的利益，把其重要性提高到不恰当的位置，必然损害农民的利益，引发社会矛盾。城镇化建设中，必须充分认识利益冲突的风险。如果看不到这些风险，不仅加大城镇化进程的不可预测性，而且会危及经济发展、社会稳定。

因此，需要建立城镇化的公共风险评估机制。这种评估机制，不仅仅是对某一个项目做评估，而是要立足于全局，对整个城镇化过程做系统性评估。通过这种评估机制，全面了解自然资源环境对城镇化的承载状况，掌握利益冲突的风险点，及时制定各种预案和防范措施，并对财政体制做相应的调整，保障城镇化建设顺畅进行。

（二）因地制宜，把握城镇化快慢节奏，促进走新型城镇化的道路

所谓因地制宜，就是指在城镇化建设时，必须立足当地的资源环境承载能力，结合区域的主体功能定位，确定城镇化目标，选择符合自身特点的推进路径，避免“一刀切”。例如，工业区和产粮区城镇化的要求和目标不一样，东部和西部的城镇化条件、力度也各不相同。所谓把握城镇化快慢节奏，就是指城镇化建设要以各地的产业发展和就业为基础，充分考虑到资源环境的短板因素，不能单纯的“造城”，不能搞城镇大跃进，而要按照经济和社会发展的要求，结合产业演进的特点和规律，控制好城镇化的推进节奏。否则，脱离了自身资源约束和发展水平的城镇化，就会面临很大的风险。走新型城镇化的道路，就是指以建设和谐城镇为目标，实现人与自然的和谐、城乡之间的和谐、城市文明与乡村文明的和谐，特别是要处理好不同于传统自然经济下的乡村文明如何与城市文明共存、发展的问题。财政体制的设计，应该充分考虑这三方面的要求，在收支内容和公共服务供给上，各地应该适当把握、灵活安排，保证城镇化实现差异化发展。

（三）明晰各级政府的财政责任，建立财力与事权动态匹配的机制

结合城镇化中各级政府事权的调整，构建一种使各级政府财力与事权实现动态匹配的机制，这是应对挑战的关键所在。对每一级政府而言，最重要的不是事权、财权和财力这体制三要素形成固定的刚性组合，而是体制要素的组合是否能够形成动态匹配。如果财力和事权都毫无关联地处于高度不确定性状态，则城镇化建设就不能稳步推行。建立财力与事权动态匹配的机制，需要以明晰各级政府的财政责任为前提。

首先，要明晰在城镇化过程中各级政府的事权（支出责任），特别是要对共担的新事权做出更为细致的规定。这就需要政府部门之间建立一种协调机制，尤其是要在拥有事权调整权力的非财政部门和拥有财权、财力调整权力的财政部门之间，建立中短期的动态协调机制。

其次，在中央、省、市政府承担起“财力与事权相匹配”的辖区财政责任前提下，合理确定财权，加大财力跟进的动态调整力度。建立辖区财政责

任机制，就是要求政府不仅要承担起本级政府的财政责任，而且也要对所辖区域的财政负有纵向平衡和横向平衡的责任。例如，省级政府，对于省、市、县、乡之间的纵向财政平衡和各个市（地、州）之间的横向财政平衡负有明确的责任；到市一级也应是如此。在这一前提下，改革部分税收收入的分配方式，探索税权的适度分权，为地方政府因地制宜筹集收入，从源头上遏制土地城镇化过分超前的外延扩张行为，促进新型城镇化。

（四）建立风险责任机制，防控地方债务融资风险

城镇化的快速发展，必然对基础设施投资产生较大需求。政府通过债务融资的形式筹集部分基础设施建设资金，可能是一个常态。但如何控制债务融资风险，是城镇化建设中面临的一个重要问题。控制地方政府性债务融资风险，关键在于控制债务增量带来的风险。债务增量的风险不只是限于微观层面有无现金流，或者有无偿债的资金来源，更重要的是债务与地方经济增长是否形成良性循环。如果新增债务有助于增强地方经济增长的后劲，从而为地方政府财源和财力提供了基础和保证，那么，从整体来看，地方政府性债务风险就会趋于收敛。否则，风险状况就会恶化。控制地方政府性债务融资风险，还要特别注重风险的转化。由于政府责任不明确，以及风险与利益不对称，容易导致风险“大锅饭”，并发生风险转嫁。例如，下级政府的风险转嫁给上级政府；上一届政府的风险转嫁给下一届政府；融资平台的风险转嫁给政府等。为此，需要建立风险责任机制，明晰各个风险责任主体，把各个环节的责任放到全局之中来加以明确并制度化。例如，融资、投资、建设、管理等各个环节的责任主体要清晰；政府各个部门、政府各个部门与投融资公司、投融资公司内部各个方面的责任也都需要明确。在明确责任的基础上，建立健全地方财政风险的管理框架，加大对负有直接或间接偿还义务的各类债务的监控力度，并把债务风险纳入这个整体框架之中，避免碎片化管理。

（五）构建三元共存的公共服务供给体系，协调好公共服务的差异化供应

三元共存是指城、镇、乡共存。城是指城市，镇是指小城镇，乡是指乡村。构建城、镇、乡三元共存的公共服务供给体系，意味着要在统筹管理之

下，采取差异化供给的方式，协调好公共服务的提供，实现基本公共服务在满意度上的均等化。

差异化供给主要是指两个方面：一是供给内容的差异化。公共服务均等化、一体化，不等于公共服务的一样化。因生活生产环境和需求状况的差异，各地对公共服务的需求也不完全相同。这不仅体现在城市与乡村之间的不同，也体现在大中小城市之间、乡村之间的不同。实现基本公共服务均等化，不是强迫公众接受均等的结果，而是让公众自由选择合意的公共服务。同时，公共服务均等化也不是限定于各个区域的特定群体，而是以自由流动为基础的。例如，政府为农民提供基本公共服务，就不能将其锁定在农村，以固化的城乡居民群体来追求公共服务的均等化。否则，即使让农民享受的公共服务达到城市的水平，农民也未必会满意。因此，在对公共服务均等化、一体化设计时，需要考虑供给内容的差异化。二是供给方式的差异化。从总体上而言，城镇化中公共服务的供给，应该采用政府与市场相结合的方式来提供。政府与市场相结合，一般可采取政府规制、政府付费和政府自己生产等方式来实现。政府采取何种形式并非固定，可以依据具体情况来抉择。因此，城、镇、乡在供给方式上面临着多种方式的排列组合，呈现出差异化供给状态。在这种多元共存的一体化设计、差异化提供下，如何协调城、镇、乡三元供给，成为一个重要的问题。协调三元供给，一个重要的方面就是对财政体制做相应调整，使其财力与事权相匹配，满足基本公共服务差异化供给的需要。

对城镇化要有新认识*

我国要走新型城镇化道路，必须先对城镇化有一个新的认识。城镇化是一个经济、社会复合转型的过程，是人类社会文明进化的一个必经阶段。如果把人类社会比作一个有机体，那么城镇化就不只是社会这个有机体发生的种种物理性变化，如空间状态的改变，而且还包含着种种聚合、分解和再聚合的类似化学变化的过程，会给这个社会带来许多不曾有的新东西，包括经济的、社会的、文化的、生活的、交往的、观念的各式变化。

改革开放以来，市场化和工业化推动了劳动力向城镇流动

农业社会基本上是一个静态社会。土地是基本生产资料，各种生产要素都以土地为中心，附属于土地之上，包括劳动力在内。土地的基本属性是不能流动，能变化的只是其所有权或产权。除非出现重大自然灾害、战争，人口与劳动力的分布因依附于土地而定格。

改革开放之前，我国实行了由国家推动的工业化，但由于采用计划经济体制，工业化并未引发劳动力和人口的自由流动，城乡之间、区域之间的生产要素流动，包括劳动力在内，都是由国家计划控制。以农民为主的社会结构，再加上实行计划经济，使得整个社会的人口流动处于凝固状态。改革开放之后，由市场推动的工业化完全改变了这种状况。尽管户籍制度30多年来未有变化，但劳动力和人口的流动性已极大地增强了。现在规模达到2亿多人的农民工，成为我国社会最大的流动群体。从人口规模来看，这相当于世

* 本文作者：刘尚希，原载于《北京日报·理论周刊》2012年10月15日。

界上一个大型国家在不停地漂移。

市场化和工业化推动的主要是作为生产要素的劳动力在流动，其目的打工赚钱，然后回家盖房子、添置新家具，改善全家人的生活。东部沿海地区快速推进的工业化引发了大量劳动力需求，中西部农村甚至包括一部分城市的大量劳动力，源源不断地流向沿海地区。珠三角、深圳是我国最典型的由流动劳动力支撑的发达地区。市场化、工业化带来的是要素流动，劳动力也只是其中一种，以家庭为中心的人口布局依然是原有的格局。农民工只身外出打工这类属于经济要素的流动，尽管也给社会管理带来了许多难题，但以家庭户籍为基础的整个社会体制，尤其是公共服务的供应体制并未受到严重的冲击。

我国城镇化进入一个新阶段：作为生产要素的劳动力城镇化转向以人口、家庭为主的城镇化

随着劳动力流动的深度、广度不断强化，人口的流动、家庭的迁徙，就日益成为越来越多农民工的迫切要求。对农民工而言，城镇不仅是打工的目的地，而且成为生活定居的目的地。这给按照户籍人口来提供公共服务的体制带来巨大挑战。随着以城镇为定居目的地的人口以及家庭流动的到来，真正的城镇化拉开了大幕。其背后的真正导演是第二代农民工，他们不再想继续父辈候鸟式的生活。第一代农民工提高了统计意义上的城镇化率，他们中的大多数并未想异地安家落户，落叶归根是他们大多数人的想法，未曾奢望打工地的城镇政府能给他们提供公共服务。30 多年来日渐扩大的农民工潮，在不断地冲击着以静态人口分布为基础设计的体制，也冲击着过去那种主要由作为工业化要素的农民工构成的“半拉子”城镇化。

我国的城镇化进入了一个全新的阶段：作为生产要素的劳动力城镇化转向以人口、家庭为主的城镇化。这意味着新阶段的城镇化，不只是要提供劳动岗位，更要提供作为城市居民生活的所有条件和公共设施以及公共服务，包括住房、学校、医疗机构以及社会保障等。农民不只是为打工而进城，而

是举家迁徙进城，正式成为城镇居民，这才是真正的城镇化，也是我国30多年来的新城镇化的开始。

城镇化导致社会动态化、复杂化

从过去的静态社会变成一个动态社会，使经济、社会的复杂性、不确定性呈指数化扩大，蕴含着各种各样的公共风险。

从经济领域来观察，劳动力在城乡之间、区域之间的流动性增强，使劳动力市场的不确定性扩大。与其他要素市场相比，劳动力市场的自由化程度在我国是最高的，无论是存量劳动力，还是新增劳动力，几乎完全由市场来调节。这扩大了劳动者的个体自由，但劳动力供应与需求之间的不确定性也就随之扩大了。农民进城找工作，往往是盲目的，主要的信息来源是同乡，事先能否找到工作并不确定，工作是否如意、薪酬是否如愿更是不确定。对于招工的企业来说，也不知道是否能有合适的人应招，企业需要的劳动力实际上也处于不确定状态。在劳动力供应十分充足，且产业层次低，对劳动力素质要求不高的情况下，也许问题还不明显。而一旦劳动力供应减少，而企业恰巧又要转型升级，需要高素质工人、技术工人，在这种情况下，企业招工难就会凸显出来。

如果产业结构的调整变化受制于劳动力，则会带来双重风险：产业转型升级受阻和出现结构性失业。这会给城镇化带来双重压力：产业支撑力弱导致的经济压力和失业人口增加导致的社会压力。这很可能把城乡二元化转变为城市居民的二元化，进城农民变成城市贫民，甚至由此出现城市贫民窟。在印度、巴西等发展中国家，这种城市二元化已成为前车之鉴。

再从社会的视角来观察，人口流动、家庭迁徙，农民变市民过程中导致的不确定性会进一步放大。农民变市民，有点类似于化蛹为蝶的蝶化过程，其中有太多不确定性和风险。这不仅对农民个体来讲是如此，对整个城镇化而言，也是如此。因不确定性和种种风险，会使这个过程变得十分复杂，非常艰难。不难想见，城镇化较之于工业化，其不确定性、复杂性以及风险都要大得多。

我国的城镇化实际上走了一条双轨制之路。因户籍的不同，在城镇生活和工作的人被人为地划为两类：非农人口与农业人口。即使是一个家庭，也可能出现“一家两制”。在公共服务的待遇上，如上学、就医、社保、就业、失业等方面，都是两种待遇。在城镇人口的统计上看不出来的差别，在现实的城镇化过程中一直存在。随着城镇化率的不断提高，享受不同待遇的两类城镇人口规模都在扩大，尤其是属于农业户籍的城镇人口规模更是显著增加。2011 年城镇人口规模 6.9 亿人，城镇化率达到 51.27%，而其中属于农业户籍的城镇人口大约有 2 亿人。按照现行的公共服务供应体制，他们只属于统计意义上的城镇人口，仍不是真正的市民。这种状况再延续下去，城镇化将会复制城乡的二元化，社会摩擦和冲突将会不断增加。城乡二元化，若是再叠加城市二元化，社会领域的公共风险将会显著扩散。

城镇化是经济、社会发展的机遇，更是对公共治理能力的挑战

我国的城镇化不是“单边选”，要么彻底进城，要么留在农村，而是“双边选”，既期盼城镇的公共服务，也舍不得农村的土地和财产。一些地方政府为了加快城镇化速度，实行农民放弃土地、宅基地换取市民身份等政策。这也可能加剧社会公共风险。在允许农民进城进行“尝试性”反复选择的过程中，土地制度如何改革面临一系列的难题。如果农民不放弃土地、宅基地进城，城镇化空间将受到限制；若是农民“裸身”进城，即使是拿到了一笔丰厚的补偿金，一旦社会保障、就业服务等公共服务跟不上，则会导致城镇人口的分化，形成新的社会鸿沟，影响社会稳定。

而农民变为市民不只是空间上的、制度上的，更需要观念、行为方式、生活方式上的转变，这样才能融入城市文明。而这个过程恐怕不是一代人能完成的，也许要经历两代、三代。就此而言，城镇化不是靠政府努力就可以加快的，有一个自然的过程。

城镇化使社会日益复杂化、动态化，不确定性和公共风险也由此扩大。

各种体制的改革以及各项改革之间的衔接匹配，资源、环境的承载能力，以及与社会大众的期待相吻合，如此等等，任何一个方面出现偏差或不到位，都将使城镇化走向反面。

在 21 世纪，中国的城镇化是改变世界的重要力量。对我国而言，城镇化是经济、社会发展的机遇，更是对公共治理能力的挑战。

以城镇化为基点推进公共治理体制建设*

推进整体改革，一个重要任务是建立社会主义公共治理体制

我国过去30多年的改革是围绕建立社会主义市场经济体制而展开的。尽管这项改革还没有完成，但现在仅仅着眼于市场经济体制已经远远不够了。党的十八大报告提出的“五位一体”的建设，实际上就是在超越经济建设和市场经济体制。如果用一个概念来概括，“五位一体”的建设可以表述为社会主义公共治理体制的建设。

公共治理，或说国家治理，本意就涵盖了经济、政治、社会、文化和生态文明等各个方面。下一步改革，就应当是整体的改革，而不是某一方面的改革。“顶层设计”的内涵不在“设计”而在“顶层”，即以系统思维、从整体出发来协同推动改革。如何推进改革，建立社会主义公共治理体制？我的看法初步归纳为：以城镇化为基点，以财税改革为突破口，建立社会主义公共治理体制。

当前建设公共治理体制的基点：城镇化

人口的城镇化、家庭的城镇化，也就是现在讲的农民变市民这个过程，不只是经济过程，更是社会要素重新组织的社会过程。进一步说，是公共化过程，是分散、个体化的农耕文明向集中、公共化的城市文明过渡的过程。要使这个过程顺畅、顺利，需要解构以城乡分治为基础的传统公共治理方式，重构适合城市文明的新的公共治理方式。

---

* 本文作者：刘尚希，原载于《北京日报·理论周刊》2013年4月22日。

这涉及一系列体制改革，不只是户籍变更，还需要巨额财力支撑。这涉及财税问题，涉及产业支撑问题，也涉及这部分人就业能力问题。从城镇化这个角度看，作为一个基点，所辐射的问题不仅仅是经济问题，而是包括民主参与、文化调适、生态文明、社会理性等方方面面属于公共治理的内容。所以，从现阶段国情来看，以建设社会主义公共治理体制为方向的新时期改革，应以城镇化为基点。

改革公共治理体制的突破口：财税体制

对财税的认识，我觉得要把它当成公共治理的基本制度。它涉及公共资源配置的规则问题，关乎民众利益，既是一个资源配置问题，也是一个利益分配问题。

这里有几个问题需要展开来谈。

一是财政沟通。财政沟通应当是一个制度，是政府和百姓之间互动的一个制度。虽然参与式预算、听证会、与人大代表座谈等也是财政沟通的一些形式，但缺乏完整的制度安排。没有足够有效的沟通，财政透明度再高，其成效也是有限的。同样的数据为什么会有不同的结论？因为理解不一样。要减少老百姓与政府在利益问题上的误解，就需要有效的财政沟通。二是公共产权的改革。公有制为主体是基本经济制度的内容，那么，这个公有制在财政上应该有所体现。我们的财政收入里主要是税，规模巨大的公共产权的收益到哪儿去了？公共资源收益怎么共享？这个问题没有破题。例如自然资源，包括矿产、土地、森林、水体、滩涂等，这些资源的收益应当通过财政让百姓共享。但在“国家所有，分级管理”的原则下，变成了部门所有、分级所有，百姓难以享受公共的自然资源收益，更不要说其他的国有资产了。三是国家预算。现在的预算是政府管钱的工具，而不是约束政府的工具。专项转移支付各个部门都想多要，就是因为预算起不到约束政府部门的作用，无法把各个部门手里的钱变成一种面向人民的“责任”。所以现在的预算改革，就是要把预算的本来面目给恢复了。四是财政体制。在财政体制改革问题上，简单地把财政联邦主义的思路拿过来，想分级吃饭，分家自治，这是不现实的，是不可能的。我们现在最主要的任务，是约束各个部门，避免各个部门自行其是、政出多门。当前财政体制改革的方向应当是建立符合国情的辖区财政责任机制，而不是分级自治的财政联邦主义体制。五是结构性减税。结构性减税现在全面推进，今年“两会”以后，应该会有很大进展。小微企业的减税应是重点，城镇化离不开小微企业。大幅度减轻小微企业税负，鼓励自主创业、就业，创业积极性高了，城镇化的产业支撑就有了基础。光搞大型的“铁公基”来提供城镇化的产业支撑、解决就业，是不现实的。

社会主义的本质要求是走向共同富裕，在多元互动条件下，实现社会的公平正义。所以，完善社会主义制度，并不是有社会主义市场经济体制就够了，还需要建立社会主义的公共治理体制，而后者是比前者更艰巨、更复杂的任务。

当前建设公共治理的重点：法治

公共治理涉及很多问题，当下最重要的是法治。有了法治，才有稳定、公平正义可言。

建立法治经济，这是完善市场经济体制的基本方向。市场化改革，就是向市场放权，强化市场的自组织能力，在配置资源中发挥基础性作用。

建立法治社会，这是改革社会体制应遵循的基本方向。社会改革，就是向社会放权，强化社会的自组织能力，让社会去配置社会资源。但现在更多的是从社会管控角度来看这个问题。

建立法治政府，这是政府改革的方向。这就要求用法治的思维来推进政府改革，用规则约束政府行为。规则意识，应首先在政府中树立起来。政府有了规则意识，就会带动全社会。当前最大的问题是公共部门内部缺乏规则意识。

如果有了法治经济、法治社会、法治政府，我觉得社会主义公共治理体制也就差不多到位了。先把这些现实问题一个一个解决好，再往前走就有了后劲。按照中国国情踏踏实实走下去，就会走出一条“中国道路”，那将是对人类的巨大贡献。

城镇化发展首先要评估和预防风险*

城镇化到底存在什么样的风险，怎么去规避，怎么去管理这些风险，都是探索性的课题。当前对城镇化对经济的影响，从正面的角度看问题的多，认为城镇化将带来诸多好处。而对城镇化可能产生的风险考虑得少。经济学家们考虑城镇化会带动经济增长，尤其在经济下行的情况下，城镇化是一个重要的抓手，推动城镇化，有利于防止经济进一步的下滑。社会学家认为，城镇化是优化社会结构的一个机会。而实际上，城镇化是非常复杂的一个复合过程，里面有很多不确定性因素，有很多风险。搞好了，中国的发展进入到新境界，搞不好，带来的问题可能不仅是经济层面，甚至是社会、政治层面。所以，城镇化要纳入到国家发展视角来看。

大家都谈到，城镇化是城乡一体化的过程，这里头核心的问题实际上是城乡发展机会的平等化。要理解城镇化的本质问题，实际上是解决城乡发展机会平等化，而不是一个结果，让农民住上城市一样的房子，享受城市一样的公共服务，都是从结果的角度去理解。最核心的东西，实际上就是让农村获得平等的发展机会，这样经济也好，社会也好，才能有活力。考虑城镇化的问题，最终是落到人上头来。

现在城镇化面临风险挑战。我国的发展，正在从过去工业化带动城镇化转换到以城镇化为中心，带动工业化发展的路径。这个路径的转换面临很多不确定性，因为我国已进入到中等收入阶段，而这个阶段面临不确定性是最大的。

---

* 本文作者：刘尚希。系作者参加发展中国论坛（CDF）与国家行政学院新型城镇化研究中心共同主办的“第三届中国新型城镇化峰会”的演讲内容。相关报道见《经济参考报》2014 年 7 月 10 日。

在中等收入阶段我们会面临一些过去没有出现过的问题。生态环境问题、贫富差距问题，除了这些问题，还有社会结构问题、城乡体制问题、体制改革问题等，我们过去改革仅仅是经济改革，现在不仅仅是经济改革，社会改革、政治改革、文化改革等，各个方面都得改，怎么一个改法？这些都是一些不确定性的问题。世界范围来看，真正从低收入国家到高收入国家的只是少数国家，大多数国家到中等收入以后，就没后劲了，基本上停滞不前。

中国是拥有 13 亿人口的大国，要从中等收入跨越到高收入国家，所面临的这些问题，在其他国家都没有经历过，这些事情很多是不确定性的，没有现成的东西可以照搬。经济、社会、资源、环境等多领域风险叠加，是在扩散的。在这种情况下，我们面临着两个风险：一个是发展的风险，另一个是改革的风险，两个风险同时叠加在一起。发展的风险和改革的风险，两类风险实际上也是相互影响的。

城镇化面临的最大风险是什么？实际上简单回顾一下工业化所造成的风险或许可以找到答案。搞工业化之前，人们没意识到工业化会带来风险，现在看来，最根本的风险就是人与自然的对立。从工业化再看现在的城镇化，最大的风险是什么？我认为，实际上是人与人的对立。是不同阶层的对立，不同群体的对立，我认为在城镇化的过程里头，这是最应该要避免的。城镇化的本质实际上就是发展机会的均等化，如果这种机会不均等，很自然地会造成人与人的对立。

当前尤其要注意两个问题。一个是农民怎么出村。农民属于集体经济组织的成员，他怎么从成员里头出来，现在制度没有出口安排。农民要出来的话，可以放弃所有权利。你的房子不能交易，承包地不能买卖，因为那是集体的土地。所以在现有这种条件下，农民如果出村的话，他很可能就变成一个无产者。这限制了一些农民不愿意进城。另外，农民即使进了城，也可能是二等公民，城乡二元有可能在城市出现，这种二元不仅仅是经济层面的，还有社会层面的。

政府现在推动城镇化，很可能陷入 GDP 陷阱，最终产生一个结果，就是导致经济效率与社会公平同时丧失，国家发展停滞不前，这就是所谓的落到中等收入陷阱。城镇化在不同的国家有不同的条件，有不同的路径。这里头风险是很难预料的。

怎么去治理城镇化的风险？我提出三点建议。

一是城镇化的目标要进一步的明确。首先，不要追求城镇化率，要放弃城镇化率这种指标。像 GDP 增长一样，定一个目标去完成，过去说要必保的，现在是预期性的，也是必须要完成。如果做规划的时候，城镇化率要作为政府必须完成的一个目标的话，就可能会造成人为地去造城，搞成虚假的伪城镇化。其次，城镇化目标不能定位在为了实现经济增长而搞的城镇化，而应该最终定位到人的发展上去，而不是仅仅满足于城镇化本身这么一个结果。从这方面来看，我认为现在城镇化的目标到底是什么，还是应该值得进一步探讨的问题，现在并不十分清晰。

二是现在应当编制城镇化风险规划。当前只有城镇化区域的规划、地理空间规划等，唯独没有一个风险规划。在城镇化推进过程中，可能会出现一些什么样的风险，这些东西是考虑不充分的。如果对这些考虑不充分的话，风险有可能就转化成危机。编制城镇化风险规划目的就是揭示风险。揭示风险干什么？在认识到风险以后，就有所准备，然后去管控、对冲这个风险，并且定期评估城镇化过程里头的风险是什么。

三是通过改革来明晰各方面主体的风险责任。政府与市场，政府与社会，中央与地方，这方面的风险责任要是不明确的话，城镇化的风险就会变成一个“大锅饭”，利益“大锅饭”现在不存在了，计划经济条件下存在，现在风险“大锅饭”没有打破，是责任不明晰导致的，这是城镇化风险非常重要的一个环节。

人口城镇化与财政体制改革*

首先理解人口城镇化。人口城镇化的实质是农民变市民，这是一个常识。农民怎么变市民，得对照的国情来理解，这不仅是一个概念，更是一个实际的过程，这个过程非常的复杂。举例来说，像社会身份的变化，这就涉及户籍制度，但对农民而言，不仅仅是户籍制度转变的问题。农民原来是属于集体经济的一个成员，变成市民以后变成一个社会的成员，相应他的社会权利也会发生变化。过去讲农民变市民，可能仅仅是从一个抽象概念理解比较多。农民是集体经济组织的一员，过去农民公社叫社员，从集体经济组织里头游离出来到城市后，就是一个完全的社会人，变成社会成员，在集体经济组织中他所拥有的权利和进城以后拥有的权利实际上是有区别的。再从职业来说，农民过去是种地的，在农业产业就业，要变为市民就是在非农产业就业。对农民来说，他需要新的劳动技能，他原来从事农业生产的那些技能用不上，他需要非农产业的技能。当然对于新时代农民工，好像并不存在原来种地后来不种地的问题，但是他同样需要新的劳动技能。从宏观上来看，需要给这些变为市民的农民提供非农的就业岗位，这些问题不是农民个人能解决的。再以居住来说，农民原本是分散居住，进城变为市民就需要集中居住，从农民个人而言就要考虑住房，从宏观上来说需要新的居住条件，还需要给排水、供暖、供气、垃圾处理等，这跟以前农民居住的方式完全不同。此外还有子女教育、医疗卫生等公共服务的提供，这些问题在农村是几乎谈不上的。社会保障方面，更重要的是农民变为市民后的社会参与与社会融合。最终的一个标志，农民是不是

* 本文作者：刘尚希，系作者2013年4月27日参加中国（海南）改革发展研究院第77次中国改革国际论坛的演讲记录稿。转自《中国改革论坛网》。

真的变成市民，不是仅把户口改变，而是看是否深刻的融入市民生活中。如果还是“两张皮”，本地人与外地人格格不入，就会出现严重的社会问题。所以说，农民变市民并不是一个简单的事，恐怕也不是一代人的事情，过去讲要变成一个贵族需要三代，农民变为市民恐怕也需要这么长的一个时间。从这个意义上讲，城镇化绝不能搞大跃进，只能是一步一步往前推进。

第二个问题，农民变市民的过程的不确定性及其引发的公共风险。农民变市民，实际上是一个质变，并不仅仅是一个物理空间上、地理空间上的变化，这个变化非常复杂，充满了不确定性，实际上大家都已经感受到这些不确定性。一个是就业上的不稳定，50%进城的农民找工作都是靠自己或者靠老乡，很少通过职业中介去找工作。因而，就业是不稳定的，从而收入不稳定、消费不稳定，是一种漂着的状态、不安定的状态，安家很难。因为安家需要买房子或租房子，或需要保障房，这些对农民工来说都是很难的事情。就学、就医也很难，孩子上学也许要缴赞助费，甚至要找各种关系，这种情况下子女的教育就变成一个非常困难的事情，对农民来说成本很高。就医同样困难，对于农民而言有新农合保险，进城后能否转移到城里，还是未知数。参与社保也很难，因为这需要签订合同，而进城的农民工大多数没有劳动合同，更不要说“五险一金”，这些对农民工来说实际上都是处于一种不确定的状态。尽管有2.6亿农民在城里头工作和生活，但是他们的工作和生活都是高度的不确定，没有安全感和安定感，所以都变得非常艰难。

这些从微观、个体角度所看到的不确定性会演变成什么呢？那就是宏观上的公共风险。第一个公共风险就是农民工全体收入增长缓慢，因为他的工作不稳定，收入不可能快速增长，这样就很容易产生新的城镇内部的二元化，原有的城乡二元化就会复制到城市内部，形成两个不同的群体，本地人和外地人。第二个公共风险是导致扩大内需受阻。2.6亿农民工不是一个小的群体，以后还会增加，如果他们的收入没有稳定性，那他们的消费也会处于不稳定状态，低收入带来低消费水平，从而消费结构难以升级，对扩大内需产生不利的影响。第三个公共风险就是宏观经济效率难以提升，劳动力流动性过大，从而其自身素质难以提高，很难变成一个熟练的劳动力或技术工人。对企业来说，劳动力流动性大，致使企业招工成本很高，企业的发展也很难有一个稳定的预期。现在的“民工荒”就制约了一些企业的发展，更别提产业升级了。此外，本地人与外地人之间的融合比较困难，需要相当长的时间，这样社会冲突就会增加，即社会领域的公共风险。这些问题导致经济领域和社会领域都产生风险，继而辐射到各个层面。

财政体制改革是化解这些公共风险的必要的宏观条件。第一，财政是降低不确定性和防范公共风险的基本手段，要解决上述公共风险问题离不开财政。第二，社会人口的流动实际上需要公共服务提供方式发生一个大的转变，也就是要“让公共服务跟着人走”。我们过去的公共服务是“让人去找公共服务”，现在需要“让公共服务跟人走”，人到哪儿公共服务到哪儿，不能说公共服务在农村而人在城里，这样的话人与公共服务就脱节了。第三，意味着各级政府的责任尤其是财政责任要做一个重新调整，事权、财权要做一个重新组合。各级政府的财政责任需要分配，城市政府的责任加大了，农村政府的责任跟以前也不同了。第四，财政体制改革的要点是建立辖区财政责任制度，如果没有辖区责任，各级财政都强调本级财政责任，这些事情都会一层一层往下推，农民就没有办法变成市民，因为财政上无法承受，财力和事权不匹配，没法去做，所以建立辖区财政责任是前景。事权要重新划分，有些事权要上移，有些上移到中央，有些上移到市。像基本养老应该由中央负责比较好，像农民的新型农村合作医疗至少要上移到市，这样便于农民在本省范围内进城。财权的划分，过去财权以常住人口为依据，现在要重新界定，基本公共服务均等化也要重新定义。我们过去讲的基本公共服务均等化是一个地域的概念，都是按照户籍人口的静态人口分布来考虑，但是现在要从人的角度来考虑，尤其要从全体角度，要重新定义基本公共服务均等化的问题，不能按照地域、空间这么一个静态的概念去搞。再就是转移支付的依据要调整，过去是按户籍人口，现在必须要按常住人口，这是一个很大的变化，这给财政体制改革带来严峻的挑战。

城镇化建设的两大突出问题：半城镇化人口与土地使用*

一、要从中国社会发展的历史高度看待不断增加的半城镇化人口问题

改革开放以来，我国城镇化水平由1978年的18%上升到2010年的50%，城镇人口由1.7亿人增加到6.6亿人，这是中国社会发展取得的巨大成就。但在快速城镇化进程中，逐渐形成了一个半城镇化人口群体：他们与同在一个城镇有本地户籍的居民相比，未享受到同等的社会福利和政治待遇。① 半城镇化人口迅速增加，目前已达2.6亿人之多，在传统的城乡差别之外又形成一个新的社会群体，已使我国社会结构产生了重大变化。② 对此现象，应从我国社会发展的历史高度来认识，通过系统的制度建设和政策调整来化解这一社会变化中蕴涵的社会矛盾，以促进社会长期平稳发展。

（一）把半城镇化人口问题放在我国社会发展进程中认识

从历史角度看，半城镇化人口问题是我国社会发展进程中的必然产物，其实质乃是中国现代社会发展面临的最基本问题，即农民问题。

新中国成立以后，为了集中有限的资源用于工业化建设，我国通过户籍制度，实行城乡居民分治，严格限制农民向城市转移。1952～1978年，农业国民收入占国民收入总量比例由57%下降到28%，但农村人口占总人口比例只下降了不到6个百分点。严格的户籍控制对加快工业化建设和保持社会稳

* 本文作者：傅志华、刘保军、赵大全，原载于《地方财政研究》2012年第4期。

① 资料来源：《2011年中国统计摘要》、《2010年中国统计年鉴》。

② 资料来源：《第六次全国人口普查第一号公报》。

定起到了积极作用，但同时也严重阻碍了社会发展，并累积了诸多社会矛盾。

改革开放以来，工业化和城镇化迅速发展吸纳了大量的农村剩余劳动力，加之放宽了户籍限制，农村居民开始涌入城镇。1978～2010年，农村人口占总人口比例由82%下降到50%，年均降低1个百分点。从农村转移出来的人口，只有一部分真正融合到城镇社会，一多半则处于半城镇化状态。我国当前有2.6亿在城镇居住半年以上的流动人口，与十年前相比增加了80%。

到新中国成立100周年时，我国总人口将达到16亿人，届时农业GDP的比例将下降到3%以下，农业收入比例不断下降迫使大量农民向外转移。按现在的城镇化发展趋势和体制格局，到那时我国半城镇化人口总量将超过5亿人，这个庞大的流动人口群体是加速我国工业化和城镇化进程的巨大推动力，同时，也正在演变成影响我国社会持续稳定发展的最大的不安定因素。对此，我们要从历史的高度加以认识，从长远角度考虑如何化解由此引发的社会矛盾。

（二）化解半城镇化人口问题是我们必须承担的历史责任

在我国工业化起飞和快速城镇化进程中形成的数量如此之大的半城镇化人口，使我国的社会结构发生了深刻变化。这个群体的主要成员是已经离开乡村到城镇就业与生活的农民，其中相当部分是有文化的新一代农村青年。他们从农村出来但不懂农业生产，也不愿再回到农村；他们长年生活在城市，但城市对于他们又毫无归属感：他们在劳动报酬、子女教育、社会保障、住房等许多方面并不能与城镇居民享有同等待遇，在城镇没有选举权和被选举权等政治权利，无法真正融入城镇社会，在快速社会转型中不断被边缘化，对社会的不满情绪不断上升。如果说众多被边缘化人口散居农村，即便心怀不满，也很难有群体性爆发；但他们聚集到城镇后情况就大不一样了，加之现代通讯技术发达，一个偶发事件即可能在极短时间内激起成千上万心怀不满的流动人口群体与政府对抗，引发社会动荡。近年来出现的外来人口与本地居民间的群体性冲突已经为我们敲响了警钟。

积极化解半城镇化人口问题是我们必须承担的历史责任。计划经济时期通过户籍管理严格限制农民进城的办法，现在已经行不通了，那个时期留下来的农民城镇化欠账我们现在要一并归还。改革开放以来我们对农民城镇化问题缺乏深刻认识，思想准备不足，相关政策不配套，各级地方政府采取回避的态度，只看重外来“农民工”、“打工者”为本地创造GDP，而不愿意提供条件帮助农民改变身份。中央政府在领导国家转型过程中，促进多数农民真正城镇化是绕不过去的任务。在未来几十年里，在经济快速发展的条件下，众多农村人口城镇化问题会愈加突出。我们要充分认识半城镇化人口问题是我国未来几十年社会发展面临的主要困难，躲不过去，绕不过去，必须积极面对，主动地承担起解决这个问题的历史责任。

（三）在稳步推进城镇化进程中积极化解半城镇化人口问题

农民城镇化问题将贯穿于整个社会主义初级阶段，我们应在稳步推进城镇化进程中控制半城镇化人口增长速度，通过深化改革减少现有的半城镇化人口，通过城乡协调发展减轻农民向城镇转移的压力，落实中央关于长期平稳和谐发展的总体指导思想。

第一，合理把握城镇化发展速度，避免“大跃进”式的城镇化。我国经济与社会发展已经到了一个新的阶段，在取得巨大成就的同时也孕育出了各种不和谐因素，众多的半城镇化人口问题是其中最大的一个。我国农村人口城镇化是个长期任务，不可能在几十年内完成，对此必须有清醒认识。要改变过去单纯追求城镇化速度、不顾城镇化“深度”，只热衷于土地城镇化而不管人口城镇化的做法。在充分认识城镇化发展本身的客观规律，并把它与中国现实国情有效结合起来的基础上，实行稳步推进的城镇化发展战略，把不正常的高速度降到合理范围以内；真正按照以人为本的要求提高城镇化质量，从而防止由于半城镇化人口增长过快而导致的灾难性后果，促进社会平稳和谐发展。

第二，深化改革，在调整利益分配格局的基础上化解现有半城镇化人口过多问题。解决半城镇化人口问题，说到底是一个利益分配格局的调整问题，包括在城乡关系中、不同地域人口关系中调整城镇居民、本地居民的既得利益。一要深化户籍制度改革。计划经济体制留下的户籍制度是阻碍农民真正城镇化的一道障碍，要通过改革，逐步消除由于户籍不同引起的社会身份、地位和享受社会公共福利权利的差别。二要深化社会管理体制改革，使地方政府逐步把工作重点转移到为本地全体居民提供公共服务和对社会进行统一管理上来。扭转以前地方政府只关注本地经济增长和本地居民福利，只要农民的土地，只要农民到城镇里干活，只要农民为城镇提供廉价的农产品，最后不要农民的倾向。三要深化政治体制改革，保障外来人口参与本地社会管理的权利，约束地方政府管理部门歧视外来人口的行为，促进外来人口与本地居民的融合，消除来自不同地区的人口之间的潜在冲突。四要深化收入分配改革，使不同地区，不同身份，不同阶层的公民都能合理地享受到改革发展取得的重大成果，缓解潜伏于不同社会群体间的社会冲突。

第三，坚持发展城镇化与建设社会主义新农村的“双轮驱动”模式，加大政府“三农”投入，在促进城乡一体化的基础上适当减轻农村人口向外转移的压力。由于农业 GDP 的比例远低于农村人口的比例（如 2010 年 50% 的农村人口只占有 10% 的 GDP），由土地价值转化和农村劳动力积累形成的社会财富又大都集中在城镇里，迫使农民大量向城镇里转移，加快了半城镇化人口的增长速度。为了缓和矛盾，国家应不断加大对“三农”的支持力度，不断加大对农村公共服务设施建设的投入，不断提升农民养老保险、医疗保险的标准。通过城乡和谐发展，充分发挥广大农村对稳定社会的缓冲器作用，适当减缓农民向城镇转移的速度，减轻半城镇化人口快速增长带来的社会压力，促进社会长期稳定和谐发展。

二、要统筹兼顾地认识和解决土地使用过程中相关问题

土地是我们赖以生存的基础，与土地有关的问题都事关重大。在革命战争年代，由于中国共产党提出了正确的土地政策，激发了我国广大农民的革命热情，大大地加快了革命进程。新中国成立以后，国家限制私人占有土地，防止了土地兼并，为社会的长治久安奠定了坚实基础。人多地少是我国的基

本国情，是我国社会发展面临的基本困难。当前与土地有关的重大问题涉及多个方面，我们必须系统深入地认识这些问题，统筹兼顾地把握好与土地相关的各个方面的政策，促进社会和谐稳定，促进经济长期平稳较快发展。

（一）土地稀缺引出的五大问题

“人多地少”这一基本国情引发的与土地有关的问题有以下五个大的方面：一是为了保证众多人口的吃饭安全，必须实行最严格的耕地保护制度；二是由于实行严格的耕地保护制度，导致城市化住房用地供应紧张；三是耕地保护造成经济建设用地供应也十分紧张；四是用地供应紧张造成土地出让价格不断上涨，巨额的土地出让收益分配已引起有关方面的利益冲突；五是由于土地价格不断上涨，以土地价值为基础的不动产价格也不断上涨，极易造成泡沫经济，再通过汇率变化，引发金融危机，进而导致经济危机。

要充分认识上述五个方面问题的整体性、严重性、长期性和解决问题的艰巨性。第一，由人多地少的基本国情派生的诸多困难是一个统一的整体，各个问题之间紧密联系，互相制约，如不统筹兼顾，往往会顾此失彼。第二，众多人口的粮食安全如果得不到很好保证，马上会使经济平稳发展遇到困难；住房问题解决不好在城市容易形成贫民带，一些人多占住房而成为食利阶层，导致社会财富分配不公；建设用地保证不了影响经济发展，利益分配不合理激化社会矛盾，经济风险得不到有效控制会引起社会动荡。第三，这些问题不是在短期之内可以解决的，也不是一两届政府可以改变的，至少需要几十年时间甚至更长时间。当人口增长基本稳定，城市化进程大体结束，新能源的利用有突破性的进展从而可以大大地提高土地利用率时，上述各种问题的压力才有可能明显缓解。第四，这些问题不能单靠市场价格机制来解决，以利润最大化为目的的市场价格机制如果得不到政府的有效调节与控制，往往会使问题更加复杂化；主管部门和地方政府自身解决不了这些问题，它们多半从局部利益和短期利益出发，从而不可能很好协调与之有关的各种矛盾；由于我国特殊国情，完全靠传统经济社会发展思路或简单借鉴外国经验也不能很好地缓解我国土地稀缺带来的各种问题。

（二）要从国家层面统筹兼顾地应对问题

第一，制定国家层面的土地利用整体长远规划。土地价值转化是增加财富的最重要途径之一，我国土地供需缺口大，矛盾重重，因而，国家必须制定全局性的土地长远使用规划，兼顾各方面的需要和利益，努力实现综合平衡。

第二，要通过立法维护以土地为基础的全社会整体与长远利益，保证合理合法利用土地。由于土地社会功能（保吃饭）的低收益和出卖土地的高收益之间的巨大利益差别，使很多人不惜违法而去乱占乱用土地。必须通过严密立法、严格执法来保证土地合理合法利用，当前要特别重视以法律形式保护农民利益和约束地方政府在土地问题上的违法行为。

第三，要有一整套的宏观调节控制措施。严格控制总体经济增长速度，保持经济长期平稳较快发展，不给不动产过度投机提供大环境，对不动产行业的资金流入流出实施有效的监管与控制，防止和化解经济风险。

第四，要设立相应的机构来协调各方面利益关系。现在与土地有关的部门有多个，包括国土资源部、农业部、住房和城乡建设部、财政部、国家发改委以及各级地方政府和众多的银行（进行土地和不动产抵押贷款），它们既没有愿望也没有能力通盘考虑上面谈到的问题，必须有更高层次的机构来统筹、协调与监督。

（三）应对土地问题的初步政策建议

1. 保护耕地面积从而保证众多人口的吃饭安全是最重要的。在相当长的时期内，还主要是靠保护耕地面积来保证粮食产量。所以，保护耕地面积是保证粮食产量的基础。由于农业生产比较效益低，出让土地和转移土地用途可以获取巨大的经济收益，乱占乱用耕地的违法现象不断发生。在保护耕地面积问题上要严密立法，严格执法，对全国的每一块耕地都进行编号登记，依法严格管理。

2. 一户一居应是我国城市化进程中基本住房政策。我国长期实行计划生育政策，大大地缓解了人口与土地资源的矛盾。城市化的住房政策应与计划生育政策相统一。土地资源极为稀缺和计划生育政策带来的人口结构等因素决定了我们的住房政策应是一户一居，并且提倡小户型。具体政策：每户一套基本住宅，由于迁徙或调换住房而拥有两套住房的，非基本住房在一定年限内可以免税，第三套住房征税，禁止拥有四套以上的住房。

3. 在工业化和城市化进程中科学合理高效地利用建设用地。在国家每年只能供应有限的建设用地的情况下，建设用地使用必须遵循以下几条原则。第一，对土地投入要进行产出分析，占用同样的土地面积，社会效益好的、对环境友好的、经济效益高并且可持续发展的行业与产业，优先安排。第二，投资者应主要通过自己的产品和服务获取应得的利润，不能主要靠低价用地来获取土地价值市场化而带来的丰厚收益。第三，要通过提倡新文化来减少对土地的需求。第四，要充分利用科学技术成果发展经济，减少对土地的占用，提高土地使用效率。

4. 出让土地的巨额收益应当在农民、土地使用者、地方政府和中央政府之间合理分配。第一，出让土地收益分配要保证农民利益。耕地是农民的最主要的生存资源，出让土地的收益分配应充分保证农民在居住、后续生活来源、养老和医疗保险方面的利益。第二，土地使用单位收益要合理化。前一阶段土地出让时经营者从土地上获得的收益普遍偏高，有很多是获取暴利，不能允许土地使用者将本属于农民和社会公众的收益据为己有。第三，地方政府的土地出让收益应受到限制。地方政府积极卖地的主要原因是直接获取卖地的巨额收益，加快本地经济发展，但把保证吃饭等负担推给了中央政府，这种状况不能长期存在。第四，中央政府要参与出让土地收益的分配，这样做一是可以更好地监督土地出让过程，二是所得收益可以在全国范围内向粮食生产地区补助，三是用于全国性公共工程的移民安置。

5. 要加强防范对以土地为基础的不动产过度投机产生的经济风险。以土地为基础的不动产价格上升有其合理的一面。通过不动产价格上升，使土地价值最大化，从中转化来的巨额资金可以用于其他方面，带动总体经济发展。

但是，如果国内、国际的资本过度投向我国的不动产，容易产生泡沫经济，再通过汇率变化，资金出逃，促成金融危机的爆发，进而引发经济危机。中央政府对此要加强宏观调控，采取得力的防范措施，对资金的流入流出能够有效地监管与控制，防止经济泡沫化，规避经济风险。

城镇化建设与政府财政的关系*

城镇化的发展动力来自于市场和政府两个方面：市场负责有效配置各种资源要素组合，政府负责弥补市场失灵。其中构建制度环境、提供公共服务是政府弥补市场失灵的主要任务。财政既是政府宏观调控的主要工具，也是提供公共服务的投入来源，对于实现城镇化的科学发展具有重要作用。近年来，我国政府积极实施财政政策，有力地支持了城镇化的发展。

一、城镇过程中的财政职能定位

（一）财政与城镇化的相互作用关系

1. 城镇化发展对财政产生重要影响。市场经济需要城镇化，以进行大规模的工业化生产，但是市场并不能充分提供城镇化发展所需的全部外界条件。由于市场失灵的存在，基础设施建设由于投入规模巨大，部分基础设施尤其是农村地区的基础设施具有准公共物品性质，收益甚微，市场配置存在失灵；生态环境保护由于产权界限不清，无法实现供需平衡，市场无能为力；农村剩余劳动力转移到城市，需要就业岗位保障，失地农民失去生产资料，需要就业岗位保障，单单依靠市场调节根本无法满足社会就业需求；城镇化过程中人口实现了从农民到市民的身份转变，但是在养老、医疗、教育等公共服务上市场无能为力，等等。以上提及的存在市场失灵的几个主要领域，都是城镇化的重要组成部分，要求政府能够有所作为，尤其是充分发挥财政政策

* 本文为2012年度中国财政学会与财政部财政科学研究所协作课题“促进城镇化科学发展的财税政策研究”总报告的部分内容。课题由刘尚希担任指导，辽宁省财政科学研究所牵头，陕西省财政科研所、青岛市财政局、潍坊市财政局、江阴市财政局以及财政部财政科学研究所区域财政研究室等单位参加。本文执笔人：王振宇、陆成林，傅志华、石英华等参与修改定稿。

的支持与引导作用，实现城镇化的科学发展。因此，城镇化发展对财政改革提出了新要求，即发挥财政宏观调控作用，对城镇化过程中出现的市场失灵现象实施必要的干预调节。

城镇化具有“集聚效应”，能够将大规模的生产要素特别是劳动力聚集在一起，通过社会化大生产的市场经济方式，社会分工充分，提高了生产效率。这种先进的生产生活方式为提升财政管理水平提供了有利条件。在同等条件下，随着人口的聚集，公共服务在空间意义上的覆盖面变小，信息也会变得更加对称，单位公共产品的提供成本大为降低。财政能够提供更为集中、更为优质的公共服务。

城镇化本身就意味着先进的生产技术和先进的管理经验，有利于产业升级改造，拉动经济增长。规模巨大的农村剩余劳动力聚集到城镇之中，形成了巨大的消费需求，为经济发展提供了长久的动力源泉。同时，城镇化的推进带来了基础设施建设水平和规模的提高，投资需求旺盛，从而带动位于产业链条上游的制造业、建筑业、交通运输业、房地产业等相关产业的需求增长和迅猛发展，引发投资的乘数效应，促进产业链条下游的产业发展。已有的发达国家经济发展历程表明，经济发展水平与城镇化水平关系密切。与现代化和工业化相适应的城镇化对一国的经济增长具有巨大的促进作用。即一国的国家或地区城镇化程度越高，人均 GDP 水平越高。经济发展水平的提高自然也就带动了财政收入的增加，进而提升财政宏观调控能力。

2. 财政支撑能力能够促进城镇化科学发展。城镇化发展，财政支撑能力的高低十分重要。财政改革负有制度创新的职责，对于城镇化科学发展所必需的制度环境构建至关重要。没有财政的制度创新，即使短期城镇化水平有所提高，却难以解决长期积累下来的深层次矛盾，阻碍城镇化的顺利推进，甚至成为发展的桎梏引起城镇化的倒退。财政政策的巨大导向作用可以为城镇化提供良好的制度环境，支撑城镇化发展规划的制定与实施，调整和优化产业结构与区域布局，实现生产要素的集聚整合，支持具有比较优势的特色产业，合理有序地促进城镇化发展，消除发展速度过快带来的后遗症。

城镇化的发展离不开资金支持。财政承担着大部分的经常性支出和资本性支出，财政的资金投入是政府提供公共服务的基础条件。没有财政的资金投入，城镇化就会成为无水之源。城镇基础设施的规划与建设、公共事业的运行与管理是政府公共服务的重要内容，财政还要投入资金解决城镇化过程中出现的交通拥挤、能源紧张等问题。此外，土地的城镇化是城镇化的一个重要方面，城乡土地开发以及相应的土地出让收入是地方政府发展经济的重要资金来源，也是财政收入的重要组成部分，在地方政府可支配财力中的比重很高。管好用好土地出让收入，可以为城镇化筹集资金，满足城镇发展需要。

（二）城镇化过程中的需要财政发挥应有职能作用

城镇化进程的深入推进，要求不断地调整完善财政制度，理顺政府之间、政府与居民之间的财政分配关系。系统完善的财政制度，科学合理的财政分配关系，反过来又有利于城镇化的科学发展。因此，要利用好两者之间的相互作用关系，找准财政的职能定位，坚持“有所为有所不为”，促成城镇化发展与财政改革的良性互动。

1. 完善公共财政制度体系，优化制度环境。改革开放以来，我国确立了市场经济在经济发展中的主体地位。随着市场经济体系不断成熟，社会生活水平不断提高，人们对公共产品的需求会逐渐增加。我国的城镇化进程伴随着市场化和工业化的脚步，促进了包括劳动力在内的各种生产要素向城镇集中，向配置效率更高的地方集聚。由于市场经济过分追求效率，不能充分地保障社会公平，对于公共产品的提供也无能为力。公共财政是与市场经济相适应的财政体制。城镇化要求公共财政框架及相关的制度机制体系的不断完善，充分依靠市场对资源配置的基础作用，逐步退出一般性、竞争性领域，同时对于市场存在缺陷的领域加大财政支持力度，优化城镇化建设的制度环境，实现生产建设型财政向公共财政的转变，有效地满足了城镇化建设对公共服务的需求。

2. 发挥政策杠杆作用，优化资源配置。财政政策是宏观调控的重要手段，具有较强的激励引导作用。城镇化的科学发展需要财政发挥政策杠杆作用，优化劳动力、土地等重要资源的配置，实现资源的有效利用。资源的优化配置，要结合产业结构的调整和区域发展的布局。首先，财政要鼓励企业因地制宜，不去盲目地追求所谓的“高精尖”产业，而是要找准基于本地优势、符合本地特色的优势产业。其次，财政要积极引导区域布局，遵循城市发展客观规律，以大城市为依托，以中小城市为重点，逐步形成辐射作用巨大的城市组群，促进大中城市和小城镇协调发展。通过产业和区域之间的协调配合，促进同一区域内同类产业的壮大融合，引导不同地域之间城镇的产业合理分工。

3. 逐步推进公共服务均等化，统筹城乡协调发展。实现公共服务均等化是构建公共财政的重要目标，也是公共财政理念的切实体现。它通过财政转移支付等方式调整不同区域之间特别是城乡之间的公共服务规模与水平，满足公众的基本公共需求。逐步推进公共服务均等化，有利于突破城乡二元体制，对于缩小城乡差距、调节收入分配以及扩大居民消费需求具有积极作用。因此说，公共服务均等化对于城镇化非常重要。当前，我国财政实力不断增强，有必要逐步为社会公众提供基本的最终大致均等的公共服务，促进城乡统筹协调发展。特别是要保障好农民的切身利益，做好失地农民补偿以及进城农民工就业技能培训，提高乡镇基础设施建设，提高教育、医疗、社会保障等公共服务的保障水平，给予城镇化过程中农民自由选择进城或者返乡的权利。

4. 加强资源环境保护，弥补城镇化建设中的市场失灵。伴随着工业化发展，我国的城镇化建设也得到了快速推进，这对我国的生态环境造成了巨大影响，也对资源环境保护提出了巨大的挑战。资源环境也越来越成为经济社会可持续发展的制约瓶颈。单纯发展经济不顾生态环境优劣的城镇化决不是科学发展的城镇化。因此，财政支持城镇化发展应着力构建起有利于资源节约型和环境友好型社会建设的绿色化的财政体系，通过财政政策手段弥补城镇化建设中的环境污染和资源浪费，加强对资源环境的保护力度，有效地利用生态环境以及其中的自然资源。既考虑当前的发展又考虑未来的持续发展，既满足现在的需求又不对未来需求的满足形成伤害。

二、我国城镇化面临的问题及财税政策缺失

城镇化取得显著进展的同时存在诸多的突出问题，尤其是人口城镇化滞后没有得到较好解决，社会风险与矛盾进一步积聚。各地的实践探索已经证明，财政政策对于城镇化具有重要的促进作用。从财税视角分析城镇化进程中出现的种种问题具有现实意义。

（一）城镇化进程中面临的突出问题

1. 农民向市民转化受阻。当前的城镇化没有解决好人口转移、转化的任务，农民向市民转化的过程并不顺利，在这一过程中积聚了社会风险，阻碍了城乡融合。农民本身来自于发展程度偏低的农村地区，无论是持有资金还是自身技能，都无法和城镇居民相比，在城镇生活中处于弱势地位。农民进城后原本应由政府提供的公共服务只能自己通过市场化方式解决。如果得不到有效的技能培训，进城后农民想要找到合适的工作并不容易。

由于城乡分割户籍制度的存在，多数进城农民难以获得真正的市民身份。即便在统计时被认作城镇人口，但却没有真正享受到教育、医疗、社保等方面的公共福利。如农民工没有纳入城镇养老、医疗等保险范畴，只能参加保障水平偏低、覆盖范围有限、不可转移接续的农民工社保体系，或者干脆未参加任何社会保险。对于失地农民而言，其得到的征地补偿往往标准偏低，更有不少失地农民被边缘化，出现“城乡两不靠”的情况，就业、医疗和教育得不到充分保障。

此外，在小城镇地区，生产力水平尚未达到农业规模化生产的要求，单纯追求住宅集中化的做法违背了小农生产方式，农民住进了楼房，却仍然沿袭着原有的生活习惯，反而给农民生活带来了诸多不便。这种做法并没有真正解决农村城镇化的问题。

2. 土地城镇化矛盾突出。土地与人口是城镇化推进的两个主要方面。当

前，土地的城镇化快于人口的城镇化。据统计数据显示，我国城市建成区面积由 1995 年的 1.9 万平方公里增加到 2010 年的 4 万平方公里，增长 2.1 倍。同期城镇人口从 3.5 亿人增加到 6.7 亿人，增长 1.9 倍。一些城市盲目建设新城区，建成之后却没有相应的产业支持和常住人口，新城却成了空城。

一定意义上，这种情况有助于农村人口有序地向城镇流动，不至于在城市出现大规模的“贫民窟”，但是由于多数地区缺乏科学系统的建设规划，加之地方政府具有开发土地、招商引资进而获取土地收益的扩张冲动，导致人地关系紧张，土地矛盾突出。一是土地开发使用规划水平偏低。部分地区城镇化建设规划水平还不适应新型城镇化发展需要，特别是土地开发规划缺乏科学性，不注重集约高效。从建设布局看，缺乏统筹规划，没有实现全覆盖；从产业布局看，地区之间恶性竞争，重复建设工业园区，阻碍了生产要素的自由流动。二是土地资源利用粗放，耕地保护不力。部分地区在城镇化进程中盲目求大求快，高标准超前建设交通路网、市政设施等，甚至是将优质农田变为城镇建设用地，导致土地资源浪费，低端复制，重复建设。三是土地收益分配不公。城镇化对经济具有拉动作用，特别是土地收益更是早就成了地方政府的主要财源，但是土地管理制度尚不规范，导致收益分配过程存在矛盾。在征地过程中，原本属于农民的农用地被低价收购，绝大多数收入流入地方政府和开发商手中，抛开流入开发商口袋之中的收益不谈只看政府取得的税收收入和非税收入，这些收入多用于城市的基础设施建设以及向市民提供公共服务，反而农民以及村集体作为土地使用权归属没有得到足够的补偿，从而损害了农民的利益，在农民和市民之间出现了分配的不公。同时，地方政府为了出政绩造新城，通常采取财政直接投入以及举债融资等方式向新城投入大量财力，需要依靠老城财政收入来负担，从而在新城和老城之间形成了分配矛盾。

3. 城镇化建设资金不足。财政投入一直是城镇基础设施建设的重要资金来源，但是地方政府特别是基层政府财力薄弱，投入到城镇化建设之中的资金十分有限，虽然地方政府不断创新投融资机制，拓宽融资渠道，引导社会化资金介入城镇化建设，但是与迅速扩大的城镇规模相比，公共服务体系建设与城镇软环境承载能力明显滞后，出现交通拥堵、污染加剧的情况。经验数据显示，每增加1个城镇人口，需要基础设施投入6万元，城镇化率每提高1%，需要增加投资4.1%，城镇地区每建设1平方公里，需要基础设施、公共服务设施至少2.5亿元。据国家统计局监测调查结果显示，2010年全国农民工总数达2.42亿人。① 对于规模如此庞大的进城农民工，如果按照经验数据估算基础设施投入，城镇化建设资金远远不够。

当前，许多省市都提出发展重点中心镇，带动农村城镇化。但是多数中心镇原有基础设施比较落后，需要大量的资金投入，虽然中央以及省市财政都有资金支持，并且大多采取以奖代补的形式，也就是说不搞项目建设就没有资金支持，不自己配套资金就拿不到补助资金。每个项目都要投入配套资金致使基层财力捉襟见肘，一些急需建设的基础设施难以落实，大大制约了小城镇发展。

4. 目标模式上存在认识偏差。本研究在前文提出城镇化应该定位于人的城镇化，并通过提供公共服务保障、发展集约特色产业、推动农村居民向城镇转移加以实现。但是在目前的城镇化实践中，人们对于城镇化的内涵与定位还有待进一步明确。科学发展的城镇化需要有产业的支撑，需要消费需求的拉动，而不是简单地把农村人口变为城镇人口，致使部分地区追求城镇化像追求GDP一样急功近利。对于城镇化科学发展的目标模式存在认识上的偏差，在一定程度上制约了城镇化的发展。一是片面追求土地城镇化，忽视人口城镇化。一些地区出现大规模的“造城运动”，演变成城市对农村、农民的再一次剥夺，土地城镇化速度远远超过人口城镇化速度，与“两个反哺”政策明显违背。城镇化科学发展所需的制度体系有待完善，城市群、大中小城市和小城镇等不同形态城镇的协调发展还远远不够。二是辖区责任划分不清。城镇化进程中各级政府的辖区责任尚无清晰界定。由于中央与地方政府

---

① 叶裕民、黄壬侠：《中国新型工业化与城市化互动机制研究》，载于《西南民族大学学报（人文社科版）》2004年。

之间的事权划分不明，加上基层政府能力有限，出现“中央干，地方看”的情况。地方政府对于辖区内公共服务的承担存在缺位。三是真正的特色产业发展缓慢。在行政区划篱笆下，不同地区各自为战，缺乏统筹规划，恶性竞争导致低水平重复建设，资源浪费严重，无法形成具有自身特色的优势产业群。

5. 城镇化过程中存在公共风险。政绩思维和计划经济体制惯性造成地方政府不顾客观实际与自身能力搞“城镇扩张”，导致“城镇化大跃进”，城镇化进程中出现大量违背社情民意的情况，由此积聚了一定风险。一是影响稳定的社会风险。这包括农民进城带来的基础设施、公共服务的供给压力，征地拆迁中利益冲突引发的群体性事件、群众上访等不稳定因素。二是环境污染的自然风险。城镇化过程是对自然环境彻底改造的过程，工业化生产以及城市生活方式对于资源环境的破坏严重，环境代价沉重，自然风险不断累积。三是政府融资的财政风险。仅仅依靠税收形成的财力显然无法满足城镇化建设中的巨大资金需求。在城镇化的过程中，地方政府通过各种融资平台向社会筹集资金，对债务风险的防范不足。城镇化离不开融资，但其导致的财政风险如何控制，是一个值得重视的问题。

（二）促进城镇化科学发展的财税政策缺失

需要强调的是，城镇化面临的问题具有系统性和复杂性，牵涉范围广泛。1978 年以来，我国采取了渐进式的改革方式，民主监督、城乡二元、收入分配等一些深层次的体制问题还没有得到较好的解决，导致政府职能错位，市场机制失灵，人口城镇化进程缓慢。现行的政绩考核体系将经济增长作为重要指标，促使政府官员热衷于推进土地城镇化，变卖土地招商引资，吹大了经济泡沫，积聚了社会风险。从财税视角出发，城镇化问题背后显现出财政政策的不足，但这并非单纯地来自于财政本身，而是多重利益纠结的结果。

1. 财政管理体制不顺。财政体制，是各级政府之间预算管理的职责权限和预算收支范围的一项根本制度。经过多次改革，我国最终形成了现行的事权下移、财权上移的分税制财政体制。财力的分配过于集中在中央政府，由于信息不对称，中央政府并没有充分地掌握各个地区的全部情况，导致决策制定、实施的实际效果并不理想。地方政府虽然能够获取较为对称的信息，并且承担着社会管理、经济发展等重要职责，却只有有限的财权，财政支撑经济社会发展的压力巨大。一方面，地方政府税收的主要来源是以产业为基础的增值税、营业税，而以人口为基础的所得税和财产税规模很小，缺乏能够获得足够财力的主体税种，也没有税收立法权和地方公债举债权，即使在得到上级政府的转移支付之后，财力仍显不足。财力与事权的不相匹配，导致地方政府特别是处于基层的县乡政府财政运转困难，有限的收入难以满足城镇化在基础设施建设和公共服务提供等方面的资金需要。另一方面，随着市场经济的发展，土地资源的稀缺性越来越明显，土地价格越来越高。地方政府开始转向土地寻求额外收入，通过城镇扩张低价从农民手中征得土地，再以高价出让，以此获得巨额的土地出让收入满足支出需求。

当前，地方政府形成了预算内依靠投资带来的工商企业税收增长，预算外靠“土地财政”的收入格局。土地城镇化导致地方政府财力增加，人口城镇化导致地方政府负担加重，所以在主观意愿上，地方政府更愿意去追求土地的城镇化，不愿意去进行人口的城镇化。

2. 财政支持城镇化的能力有限。现阶段，经济增长是一个硬性指标，在GDP至上的思维惯性下，地方政府对上项目、搞投资拉动经济的发展路径过于依靠，需要财政投入的刚性支出过多，对于本就有限的财力而言，财政对于基础设施投入和公共服务提供就变得很有限，难以满足城镇化发展需要。所以说在客观能力上，地方政府促进城镇化发展的能力不足。

道路交通、供水供电以及垃圾处理等基础设施是城镇化发展的物质基础，通常应由政府财政承担，但是在城镇化过程中，特别是在新建的城镇地区，由于财政投入不足导致这些基础设施并不完善，部分城镇群众生活不便、环境污染严重，不利于城镇化的科学发展。在融资管理方面，基础设施建设还没有从根本上打破“建设依靠财政、经营依靠政府”的局面。财政投入和银行贷款所占投资的比重偏高，市政债券、股票融资所占投资的比重偏低，市场化融资渠道不畅以及特许经营模式还有待完善。

对于居民来说，最重要的就是要享受到合理水平的公共服务。同样，为辖区内的居民提供均等化的合理水平的公共服务，也是政府的重要职责。目前，由于财政能力有限，政府提供公共服务的水平较低，居民享受到的公共服务还有待提高，尤其是不同区域内的居民享受到的公共服务数量和质量差距明显。城市核心区往往集中了丰富的优质的公共资源，小城镇以及农村地区居民生活所需的教育、医疗等公共资源却很有限。

3. 财政政策作用的方向和结构存在偏差。当前，部分地区对自身的经济发展状况和财力水平估计不足，运用财政政策支持城镇化发展的方式上有待改进。在财政政策作用方向上，一些地区盲目快速推进城镇化，财政直接投入实施项目建设，城镇超规模、超水平和超财力发展，造成了资源环境的消耗与破坏，为地方经济的长期发展带来包袱和隐患。为了增加财政收入，地方政府大肆出让土地，导致人地关系紧张，社会矛盾加剧。一些地区由于城镇化建设资金不足，不顾成本和收益是否相当，通过债务融资取得资金，形成了不容忽视的公共风险。

与此同时，财政政策作用结构已存在偏差，主要表现在两个方面：一是“三农”投入仍然偏低。取消农业税后，由于农民承担的流转税用于城市、工农业产品价格“剪刀差”、农民应得土地收益被转移等因素，农民的隐性税收负担仍然很重。据徐同文估算，2006 年农民承担的隐性税费负担至少为 9149 亿元。① 尽管国家财政农业支出不断增加，但在财政支出比重中上升的幅度较小，2010 年为 9%，明显低于发达国家 15% ~30% 的水平。投入资金匮乏，农民得到的公共服务水平远低于城市，城乡差距过大阻碍了城镇化的科学发展。二是社保体系滞后。健全的社会保障制度是公共服务的重要组成部分，有利于城镇化的稳定有序推进。我国社保体系没有实现全覆

① 徐同文：《城乡一体化体制对策研究》，人民出版社 2011 年版，第 95 页。

盖，失地农民和进城农民工尚未完全纳入社保体系之中，对社会稳定构成隐患。

三、促进我国城镇化科学发展的财政政策选择

一直以来，我国经济社会得到快速发展的同时不断有新情况出现。改革没有现成的办法可选，只有不断创新并付诸实践，从而解决发展过程中出现的种种问题。城镇化建设也是一样。对于城镇化过程中出现的问题及其背后显现出来的财税缺失，需要我们运用发展的眼光来看待。这与我国社会主义初级阶段的国情是相适应的，受到整个国民经济发展水平的限制。认识到财政政策在支持城镇化发展上的不足，也就明确了今后财政政策调整完善的方向。财政政策在优化制度环境、干预市场失灵以及提供公共服务等方面对于城镇化具有重要作用，并且通过对国外相关做法的总结分析也可以发现：运用公共政策是政府发挥引导作用促进城镇化发展的重要手段。因此，不断创新财政政策，发挥财政政策作用实现城镇化的科学发展，对于我国当前的城镇化建设具有重要意义。

（一）完善适应城镇化发展的财政制度

站在财税的视角上看，城镇化是不断进行公共化的一项系统工程，具体地说就是在整个国土空间上对全体国民提供大致均等的公共服务。其目标就是对农民和农业进行改造，实现城乡之间在空间功能上的有机互补、在生活方式和生产方式上逐渐趋同。因此说，城镇化目标的实现对公共财政制度体系提出了更高的要求，在政府间责任划分、公共服务供给等方面对公共财政提出了新的挑战，需要公共财政在财政体制等方面加以完善，通过完善财政管理体制形成不同层级政府之间的财政纵向平衡，通过完善转移支付制度形成同一层级政府之间的财政横向平衡，通过加强财政绩效评价对用于城镇化发展相关的财政支出实施考核评价，改变财政体制不顺的局面，提高财政管理水平和财政资金的使用效益，夯实财政的支撑能力，转变财政支持城镇化建设的方式，完成制度的改进，顺应历史发展的潮流。

1. 推进分税制财政体制改革。财政管理体制的完善，可以从纵向的不同层级政府的角度来进行分析。

在纵向上，现行分税制财政体制需要进一步完善，理顺各级政府之间的事权财权划分关系。这包括合理划分各级政府之间的事权、财权以及与事权相适应的财力。事权是一级政府的责任边界。财权则是事权的基础保障，在此基础上形成的财力则决定了政府完成事权的能力水平。正如前文所说的，城镇化是一个公共化的系统工程，涉及政府的职责范围比较广泛，而且不断会有新的状况出现，产生出新的政府责任。因此，应该清晰划分城镇化发展涉及的各级政府事权，特别是对于新生事权进行界定，明确相应的承担主体。例如，流动人口的社会保障，到底是该由流出地政府承担，还是由流入地政府承担？流域上游地区产生的污染随河流影响了流域下游地区的生态环境，其治理责任该由上游地区政府承担，还是更高层级的政府承担？

事权的划分要以对应的公共物品受益范围小于等于一级政府辖区范围为基本原则，如果受益范围超过了该级政府辖区，则应转由上一级政府承担或受益范围之内的多个层级政府共同承担；财权的划分要以保证该级政府拥有与事权匹配的财力支撑其履行职责为原则。具体地说，要进行顶层制度设计，将政府之间的事权合理划分，特别是由多个层级政府或者多个辖区政府共同承担的事权，要在建立协调机制的基础上共同履行相应责任。对照事权，构建与城镇化建设税源结构相适应的财政收入体系，增强地方政府的财政汲取能力。一是以有利于人口城镇化为首要目标确定为地方政府的主体税种，继续完善个人所得税改革，探索开征针对人口的综合财产税等，整合规范原有的针对土地的土地使用税、土地增值税等。二是逐步赋予地方政府发行公债的权力，允许地方运用自身政府信用向社会直接融资。比如，推进地方政府市政债券发行试点，为市政基础设施建设筹集所需资金。三是推进省以下财政体制改革，充分调动基层的城镇化建设积极性。要提高市县政府对共享税的分享比例，使财力向下倾斜。继续推进财政省直管县，减少财政管理层级。逐步推进扩权强镇试点，选取具有发展潜力的乡镇，确定为重点中心镇，赋予更大的财政管理权限。

2. 优化转移支付制度。各级政府有责任实现辖区之内的横向财政平衡，保持辖区之内发达地区和欠发达地区之间大致均等的财力水平，拥有大致均等的公共物品供给能力，进而实现大致均衡的城镇化发展水平。由于不同地区之间的发展状况差距较大，单纯依靠市场手段难以实现平衡，需要通过财政转移支付制度来实现。对于转移支付制度的完善，又可以从纵向的不同层级政府之间的转移支付和横向的同一级次政府之间的转移支付两个角度进行分析。

在纵向的不同层级政府之间，转移支付制度起到了分税制之外第二层次分配财力的调节作用。对转移支付分配公式进行改进与规范，打破基数为重的制度惯性，充分考虑人口、地域、经济发展指标、公共品供给能力等多重因素，特别是要考虑到城镇化进程中的人口流动因素，对某地区由于人口流入而增加的公共服务给予财力补助。对于中央政府而言，需要进一步平衡东部与中西部地区的差距，通过调整优化转移支付结构，提高一般性转移支付比例，实现各个省份之间可支配财力的大致均衡。对于省级政府而言，要运用好专项转移支付资金，进一步扩大财政奖补政策的范围与力度，将转移支付向基层倾斜，使基层政府拥有与城镇化建设相对应的财政实力。

在横向的同一级次政府之间，也有必要构建横向转移支付制度体系，在第三层次上发挥出分配财力的调节作用，以适应城镇化发展的实际需要。我国已经开展了对口支援式的转移支付制度，包括对口援藏、对口援疆等，取得了较好效果。未来应继续实施省级政府之间的对口支援，从制度上明确发达地区对欠发达地区的援助义务。在省级政府的辖区范围内，探索实施市县之间的横向转移支付，由发展较好的市县对发展较差的市县进行转移支付援助。此外，对于市场经济行为而导致的财力转移，也应建立横向转移支付进行利益补偿。例如，税源收入地区应该对税源创造地区进行税收补偿，流域下游应该对流域上游进行生态补偿。

3. 加强财政绩效评价。财政绩效评价是对财政资金使用的效果进行客观公正评价的财政管理活动。城镇化的科学发展除了需要制定好发展规划指导城镇化建设之外，还需要对城镇化的成效进行跟踪问效。城镇化发展的方方面面都离不开财政资金的支持与引导，因此，以财政资金的使用为线索、以财政支出的绩效评价为途径，对城镇化建设实行绩效管理，是实现城镇化科学发展的重要抓手。

运用财政绩效评价促进城镇化的科学发展，需要从以下几个方面着手：第一，不断建立健全财政绩效评价制度。城镇化发展的过程中，财政部门对绩效评价进行了较长时间的实践探索，出台了一系列的管理办法并初步构建起了评价体系。但是仍存在一些难题，这包括全国性的制度办法尚未成形、评价指标体系不够完善、评价结果的实际应用程度低，等等。因此，要不断健全财政绩效评价制度，逐步完善全国性评价办法，将绩效评价贯穿于预算管理全过程，支持城镇化发展。第二，将绩效评价结果应用于城镇化建设。结果应用是绩效评价发挥作用的关键。因此，要将财政资金的使用目标、评价结果与城镇化的发展目标三者有机地结合起来，将实现基本公共服务均等化、促进城乡融合纳入评价体系，将评价结果作为安排城镇化预算资金额度和使用方向的重要依据。

（二）财政政策的作用方向：人口、土地、产业、环境

想要真正发挥出公共财政制度对城镇化科学发展的促进作用，需要着眼于人口的转化、土地的开发利用、产业基础的支撑、自然与人文环境的保护四个主要方面，科学合理地运用多种财政政策工具和手段，把财政政策的推动引导作用落在实处，实现政府职能的切实转变。

1. 积极推进农民向市民的转化，实现公共服务均等化。《中国发展报告2010》指出，今后20年，中国将以每年2000万人的速度，实现农民向市民的转化。但是问题的关键在于怎么才算是真正实现了农民向市民的转化。概括地说，农民变成市民是指传统意义上的农民向城镇转移并在思想行为、生活习惯和就业方式转变为市民。事实上，这一转变是比较艰难的，也无法在短期内完成，需要财政政策在中长期内加以积极的推进，实现全体居民享有

均等化的公共服务。特别是在重点中心镇，要保证农民在各方面均应享有与城镇居民相同的福利待遇。

首先，要对农民提供基本社会福利。以社保、医疗等公共服务为突破口，切实解决农民工实际生活困难，对进城农民给予充分的身份认同。推进城镇保障房建设，将农民工家庭纳入保障范围，对其租住房屋给予一定的货币化补贴。增加财政社保支出，支持农民工参加医疗、失业和养老保险。加大财政教育投入，保障农民工适龄子女享有城镇提供的义务教育服务。同时，要重点解决进城农民的就业问题。就业是农民能够在城镇生存的首要条件，因此要在打破城乡二元户籍限制允许自由就业的基础上，加大对进城农民的人力资本投入，为农民工提供能力培训，提高生存技能。对自主创业的失地农民、劳动力就业培训机构、吸纳农民工就业的中小企业给予财政补贴。加强公共就业服务机构管理，实行职业中介行政许可制度，促进公共就业服务向乡镇、农村延伸。

其次，提高农村公共服务供给水平，继续推进新农村建设。优化配置农村教育资源，完善新型农村合作医疗制度，建立覆盖城乡的养老保险、基本医疗保险、最低生活保障制度，适当提高农村地区公职人员的福利待遇，提供农村休闲娱乐设施，倡导文明向上的生活方式。在提高农村公共物品供给数量与水平的同时，可以遵循农村教育资源集中整合的思路与做法，实现公共资源的适当整合，随着农村人口向城镇转移的步调保持一定的动态，避免出现公共设施闲置、浪费的情况。同样地，城镇地区的公共服务也应保持一定的动态，考虑农村人口的转移因素。但是，也要充分尊重农民的意愿，允许农民有自己的选择权，不能强硬地搞“一刀切”的新农村或城镇化建设。例如，对于不接受“集中上楼”的农民，应当允许其保持传统的居住方式。

2. 重点实施土地集约式发展，完善土地出让制度。土地是城镇化的关键问题之一。土地作为城镇化的空间载体，承载着城镇化所需要的各种建筑物与基础设施，除了自然属性之外，土地还具有经济特性，由于土地资源供给的有限而具有非常高的价值，地方政府高度依赖土地出让带来的收入，进而形成了所谓的“土地财政”。因此，解决土地的问题非常重要。我们应借鉴国外城镇化发展的经验教训，妥善处理好土地城镇化于人口城镇化的相互作用关系，以土地的集约式发展为目标，提高城镇土地的综合承载能力。

第一，土地的开发利用需要进行科学长远的规划布局，否则就会导致资源的浪费与消耗。财政要大力推进城镇化规划的制定与实施，优化空间布局，打造城市群团，大力发展中小城市和小城镇。遵循“总体规划、分步实施、预期推动、重点突破”的要求，高标准规划，高质量推进道路、水利、通信、电力、管网等重点重大基础设施项目改造建设步伐，不断以重点重大项目工程的实施推动城乡面貌的持续改善、建设布局的优化调整和资源要素的集约集聚，改变交通拥堵、环境恶化等城市通病。

第二，依据规划做好城镇基础设施建设。不断优化城镇交通系统。发挥城建投融资平台作用，加大交通投入力度，构建起连接中心城市、县级城市与小城镇的交通网络，为产业发展、居民出行提供最大便利。加快公共基础设施建设。按照适度超前、功能完善、配套协调的原则，集中规划各类医疗、教育、文化、体育等公共设施。要采取多元化的融资方式，筹集基础设施建设所需资金。依托公共资源，成立投融资公司，实行市场化操作，通过存量资产置换、出让公共设施经营权等方式，引导社会资本发展公共事业，提高公共投资效率。

第三，完善土地出让收支管理制度，改变地方政府对土地财政的过度依赖状况，抑制土地城镇化粗放发展。要将土地出让收支全部纳入地方政府基金预算，实行“收支两条线”管理，加强财政监督，强化土地管理政策实施，遏制地方“圈地”和“卖地”的不良倾向。在土地保有环节探索开征物业税，实现土地的集约使用，使房地产价格回落到合理水平。提高失地农民补偿标准，为失地农民提供包括就业培训、养老、医疗在内的全方位的社会保障。综合考虑土地区位、农用地等级、经济发展水平等多方面因素，保护被征地农民的当期权益与长远利益。

3. 支持产业结构调整和优化，实现城镇可持续发展。工业化与城镇化是相互促进、相辅相成的关系。如果说城镇化是工业化的目标，那么工业化就是城镇化的基础。失去了工业化，城镇化也就无从谈起。因此，财政政策要着眼于支持产业结构的进一步调整和优化，推进以高新产业为主导的新型工业化，实现工业化和城镇化的良性互动。

根据不同地区的发展潜力，推进产业特色化发展，利用财政政策杠杆有效引导城际间产业分工与协调。在经济发展方式转变的宏观战略指导下，采取多种财政政策措施，支持产业实现特色化升级，例如，支持中心城市优先发展现代金融、工业设计等生产性服务业，支持工业基地优先发展先进的装备制造业。支持农业条件优越地区优先发展现代农业。

4. 加强自然环境与人文环境的保护，营造宜居生活环境。城镇化需要自然条件的支撑。例如，一个缺水的地区想要实现城镇化是不现实的。城镇化除了经济建设之外，还需要文化建设。保持人文环境的传承和发扬，也是必不可少的。因此，发挥财政政策的促进作用还要着眼于加强城镇自然环境和人文环境的保护，保证城镇化的可持续发展。

一方面，要加大对环境保护的投入力度，创造宜居生活空间。环境污染是工业化和城镇化的副产品。城镇化的科学发展要求加强环境保护力度，通过转变生产方式和生活方式降低对资源和环境的消耗与破坏。应探索开征环境税，建立有效的生态补偿机制，打通更多的环境保护资金投入渠道，改善城乡绿化系统与环卫设施等，治理大气、水体等环境污染，宣传低碳理念，推广清洁能源，运用税收优惠政策支持循环经济发展。

另一方面，要加强城镇文化建设，提升区域品位。我国国土面积广大，每个地区都具有比较独特的历史文化资源。如果对这些文化资源加以挖掘与发扬，有利于打造出具有鲜明特色的区域景观。从城镇空间布局、功能区划，到单个建筑设施，都应体现出区域的发展理念，代表区域内居民的审美情趣。

新型城镇化建设中的事权划分研究*

从政治学和公共管理学的视角来看，新型城镇化实质上就是权力与空间、资本等要素的互动与组合，是公共权力的空间重组。空间是政府权力获取“合法性”的重要场域，也是公共权力实现公共利益和创造公共价值的平台。新型城镇化是一个系统工程，它是一个各方主体都需形成合力的工程。因此，各方主体都应在新型城镇化进程中肩负责任，而政府因其本身所独具的功能，应在新型城镇化进程中优化资源配置，缩小差距，保持新型城镇化进程的持续稳定，降低新型城镇化风险等方面负有主要责任。

一、处理好政府与市场关系是事权划分的前提

从世界范围看，不同城镇化模式下市场与政府的功能定位、分工协调存在着较大的差异。新型城镇化模式需要回归城市发展的本源，充分发挥市场在资源配置中的决定性作用，理清市场与政府的边界，明确市场与政府的职能，协调市场与政府的手段。为了更好地发挥市场与政府在新型城镇化发展中的作用，需要着力推进城镇行政体制改革、加快农民工市民化进程、优化城镇空间布局、完善公平竞争的市场环境。

（一）基于政府与市场关系的不同城镇化模式

根据城镇化发展的动力、路径、方式的差异，世界各国的城镇化大致可以分为欧美城镇化模式、日韩城镇化模式与拉美城镇化模式，不同城镇化模

---

* 本文为财政部财政科学研究所区域财政研究室2014年度计划课题成果。该课题由刘尚希、王朝才指导，课题负责人：傅志华、刘德雄、石英华，课题组成员：马素明、刘保军、李三秀、王向阳、赵大全、孙洁、李靖，本文执笔人：赵大全。

式下市场与政府的功能定位、分工协调存在着较大的差异。

1. 欧美城镇化：市场主导下的政府调控模式。欧美发达国家的城市化是伴随着工业化孕育、发展、成熟的自发演进过程。在两次工业革命之前，欧美主要国家基本确立了市场经济制度的主导地位，形成了自由竞争的产品市场、要素市场。随着两次工业革命的推进，企业自由竞争与要素自由流动启动了欧美各国近现代城市的孕育发展，也重塑了各国城市的结构格局。在工业化与城市化早期，由于奉行自由主义的城市发展政策，以英国为代表的发达国家出现了基础设施匮乏、城市人口膨胀、生活环境恶化、劳动住房短缺、传染疾病蔓延等严重的“城市病”。为此，英国相继制定了《济贫法》修正案（1824 年）、《市政公司法》（1835 年）、《公共卫生法》（1848 年）、《住宅补贴法》（1851 年）、《环境卫生法》（1866 年）、《新城法》（1946 年）、《城乡规划法》（1947 年）等，重点解决城市基础设施、社会保障、公共服务、空间布局存在的问题。而随着工业化与城市化的发展，农业农村衰落是发达国家一度面临的突出问题。为此，以德国为例，从 20 世纪 50 年代开始，德国政府推行城乡等值化建设，让农民在工作条件、就业机会、收入水平、居住环境、社会待遇等方面与享有与城市形态不同类但等值的服务，较好地实现了城乡统筹发展。

2. 日韩城镇化：政府主导下的市场从属模式。日韩政府在国家经济发展战略、宏观调控、区域规划与产业政策等方面发挥主导作用。以韩国为例，韩国实行政府主导性的不平衡增长战略，推进以低工资为基础、轻工业为中心的出口导向型开放政策，吸引了农村人口大规模涌入城市。为了优化城市规模与空间结构，日本吸取欧美国家的经验，较早地出台了《国家首都区域发展法（1956 年）》、《新工业城市建设法（1962 年）》、《中部地区区域发展和调整法（1966 年）》、《全国综合开发计划（1977 年）》等，有效地减少了人口与产业在大城市过度集中的问题。与此同时，政府在推进城乡统筹发展方面发挥了主导作用。从 1970 年开始，韩国启动新村运动，重点是加大农村基础设施建设、改善农民居住条件、实施乡村文化建设、推动农村工业化，为实现城乡统筹发展奠定了基础。从1998年起，韩国又开展了以“生活改革运动”、“构建新的地区共同体”为核心的第二次新村运动，有效推动了城乡统筹发展。

3. 拉美城镇化：政府失位伴随市场失灵模式。第二次世界大战后，拉美国家在形式上实现了经济市场化与政治民主化，但实际上并没有完善的市场机制与有效的政府治理，政府治理失当与市场机制失灵使拉美城市发展与经济发展脱节，引发了严重的过度城市化问题。从城市发展导向来看，主要拉美国家受限于财政收入一般采用不均衡城市发展战略，政府投资的基础设施建设和住房、教育、就业、医疗等公共服务主要集中在少数大城市中，在人口迁移没有限制的情况下诱发了严重的大城市病。城乡发展失衡是拉美城市化发展存在的突出问题。由于工业发展先天不足，主要拉美国家在工业化过程中普遍采用了“以农养工”的战略，在根深蒂固的农村大地产制条件下，农村贫困问题持续恶化。与此同时，政府对农村建设投资少，农村教育、医疗、卫生、水电等条件差，大批农村人口被迫“推向”城市，因此拉美国家的高度城市化是建立在农村经济持续恶化、普通农民大量破产的基础上的。另外，城市规划、建设用地、基础设施、社区发展、公共服务等较少考虑进城农民等低收入者的权益，被迫进城的农民在大城市形成了大量的贫民窟。城乡发展失衡是拉美国家长期重工轻农、重城轻村的政策产物。

（二）我国城镇化进程中的政府与市场关系及其弊端

以计划体制、人民公社、户籍制度为基础形成的城乡二元结构是我国城镇化发展的起点。自党的十一届三中全会以来，植根于计划经济制度向市场经济制度的变迁，我国城镇化得到快速发展，城乡关系从二元分割逐渐向统筹发展转型。不同时期城镇化发展的规模速度、产业支撑、空间布局、政策导向存在着较大的差异，其根源是市场与政府关系的阶段性调适。

1. 我国城镇化进程中的政府与市场关系。1978～1992年是我国城镇化启动时期，此时的政府与市场关系是政府松绑、市场搞活。城乡二元制度的松绑是城镇化恢复发展的直接动力。1984年国务院出台口粮制度改革第一次为农村人口有条件地进入城市开绿灯。1992 年公安部出台户口制度改革对符合一定条件的进城农民以蓝印户口作为从农业户口向正式城镇户口的过渡。在城乡行政体制方面，为了打破城乡行政壁垒，从 1982 年开始推行市管县体制，发挥中心城市对农村发展的带动作用；1984 年国务院发布《关于调整建镇标准的报告》，适当放宽建镇标准，实行镇管村体制，推动小城镇发展；1986 年国务院发布《关于调整设市标准和市领导县条件的报告》，放松了设市标准，城市数量不断增加。1992 ~ 2001 年是我国城镇化快速发展时期，此时政府与市场的关系是政府主导，市场引导。为了适应农村劳动力的跨区流动，城乡二元户籍制度首先在小城镇被打破。1997 年国务院发布《小城镇户籍管理制度改革试点方案》和《关于完善农村户籍管理制度意见》，允许已经在小城镇就业、居住并符合一定条件的农村人口在小城镇办理城镇常住户口。为适应不同类型城市与小城镇的发展，1993 年出台《关于调整设市标准的报告》，进一步完善设市标准。2001 ~ 2013 年是我国城镇化协调发展时期，此时政府与市场的关系是政府调控，市场调节。21 世纪以来，我国城镇化进入统筹发展的新时期，政府与市场关系的调适出现了新的内容。党的十六届三中全会提出五个统筹，标志着我国城镇化发展思路的重新定位，党的十七大进一步提出了“建立以工促农、以城带乡的长效机制，形成城乡经济社会发展一体化新格局”。在此背景下，农村劳动力持续向城镇流转推动了城镇化的稳步推进，与此同时，农民工权益保护及其市民化问题逐渐成为社会关注的焦点。2006 年国务院颁布的《国务院关于解决农民工问题的若干意见》是较为完整的农民工政策体系，各地各部门以此为指导重点解决转移培训、权益维护、社会保险、子女入学等农民工最关心、最直接、最现实的利益问题。从 2003 年中共十六届三中全会以来，国家出台了一系列政策、文件落实放宽中小城市、小城镇特别是县城与中心镇落户条件，部分大城市也制定了放宽进城务工人员落户条件的政策。

2. 我国城镇化进程中政府与市场关系的错位问题。自新中国成立以来，在长期的计划经济条件下形成了城乡分离的二元制度、以行政区划为基础的城市行政体制以及相应的配套政策措施，其特征是政府的有形之手主导城镇化发展，市场机制在资源配置中的作用受到抑制。改革开放以来，尽管市场机制在城镇化发展中发挥着越来越重要的作用，但没有根本扭转城镇化发展中市场与政府关系的失调态势。一是在城乡户籍制度方面，政府为农民工市民化提供基本公共服务的职能缺位。户籍制度是理解我国传统城镇化模式下城乡关系失衡的核心，也是透视传统城镇化模式下市场与政府关系失调的焦点。户籍制度与就业制度、住房制度、教育制度和社保制度等紧密挂钩，进城务工农民在社保、教育、就业、住房、医疗等方面难以平等共享城镇居民基本公共服务。二是在城市行政体制方面，过度行政化限制城市及城市群在市场机制下发育成熟。我国城市行政体制呈现显著的过度行政化特征。各级城市政府之间财权与事权的分配失衡，各级中心城市通过行政资源集中实现行政区域内的垄断式自我扩张，而吸纳大部分农民工就业的中小城市与小城镇则无法获取充足的公共资源。三是在农村土地制度方面，农村土地市场缺失阻碍农民实现合理的土地财产权益。在现行土地制度下，由于农村市场的缺失，农民无法实现合理的土地财产权益，农民进城务工难以通过土地交易获得市民化的发展资金。四是在城镇投融资制度方面，政府与市场在城镇建设中的职责不清影响投融资梗塞。政府与市场的投融资定位较为模糊，没有理清可经营性、准公益性、纯公益性等不同性质的项目，不同层级政府的投融资分工职责不甚明确，过分倚重地方财政资金。五是在产业经济政策方面，政府有形之手越位使得城镇化发展的产业支撑能力不强。要素市场相对扭曲，产业政策有失偏颇，地方竞争尚不规范使得城镇化发展的产业支撑能力不强，政府乱出手在一定程度上阻碍了形成竞争有序的市场经济环境。

二、新型城镇化建设中市场与政府关系的准确定位

新型城镇化是对传统城镇化的一种扬弃，是对传统城镇化的根本超越。新型城镇化是一个市场化过程，其发展过程要遵循市场规律，依靠政府、市场、社会“多元化”合力推进，必须彻底转变政府全面主导推进方式，这是

新型城镇化发展的内在逻辑。

（一）新型城镇化的内涵

从城乡关系来看，新型城镇化强调从城乡二元结构向城乡统筹发展转变，在尊重农村经济社会发展特殊性的前提下着力在城乡规划、基础设施、公共服务等方面推进城乡一体化，促进城乡要素平等交换与公共资源均衡配置，形成以工促农、以城带乡、工农互惠、城乡一体的新型工农、城乡关系。从人地关系来看，新型城镇化强调从重物轻人的导向向以人为本的思路转变，从根本上扭转重基础设施轻公共服务、重城镇建设轻人文关怀、重经济增长速度轻城镇综合承载能力的局面，着力改善城镇常住人口的生产生活条件，重点为农业转移人口提供城镇基本公共服务。从产业支撑来看，新型城镇化强调宏观需求结构从外生型需求主导向内生性需求主导转型、经济增长动力从投资主导向消费主导转型、经济增长方式从粗放型向集约型转变，着力促进产业结构高级化，为城镇常住人口提供有尊严的就业岗位、宽松的创业环境、合理的收入报酬。从空间治理来看，新型城镇化强调从基于行政区划的藩篱式城市格局向以城市群为主体的网络状城市格局转变，着力破除单个城市摊大饼式的扩张、解决大城市病问题，以迅捷化交通网络、无差别公共服务、均等化就业机会为核心，引导大都市区人口与产业向周边城市与小城镇扩散，形成大中小城市与小城镇合理分工、功能互补、协同发展的城市群，在更大范围的城镇区域内提高综合承载能力与治理水平。

（二）新型城镇化模式下市场与政府关系的准确定位

从城市发展起源来看，公共产品供给的规模效益与经济要素集聚的交易效率是城市孕育、发展、成熟的动力，所谓城市是代表着公共产品的“城”与代表着市场交易的“市”的融合，新型城镇化模式需要回归城市发展的本源，以人的城镇化为导向，充分发挥市场在资源配置中的决定性作用，坚持市场主导、政府调控的协同机制，理清市场与政府的边界，明确市场与政府的职能，协调市场与政府的手段。

第一，理清市场与政府的边界：不错位。在全面深化改革的新形势下，新型城镇化模式需要准备理清市场与政府的边界，从城市发展本源来看，政府主要承担城镇公共产品供给，包括水、电、路、气、网等基础设施，教育、医疗、社保、救助、文化等公共服务，以及制定法律法规、政策措施、规划指导等，而人流、物流、资金流、信息流等经济要素在城镇的集聚主要由市场调节，市场主导产业发展、城镇建设等领域，进城农民等个人充分享有的自由迁徙权、择业权、交易权等，国有企业等企业独立开展经营、管理、投资的市场主体地位得到保障。在市场与政府的共同作用下，公共产品供给与经济要素集聚影响着城镇规模、布局及其相互关系，最终决定了新型城镇化模式下的城镇形态。

第二，明确市场与政府的职能：不缺位。在公共领域，政府既不能撒手不管，更不能过度膨胀，各级政府、部门在城镇化发展中的事权、财权与权利、责任的分配需要明确、合理，其运行需要公开、透明，各级政府、部门的行政边界与权责范围既要符合法律法规的规则刚性，也要适应不同地区城镇化发展阶段的差异保持一定的制度弹性。在私人领域，市场既不能放任自由，不能裹足不前，避免出现以拉美为代表的缺乏产业支撑的过度城镇化，围绕农民工市民化这个重点，充分发挥市场机制在提供就业岗位、满足生活需求中的作用，让企业、产业发展交由市场说了算，逐步清理针对企业不合理的税费负担、准入门槛，重点加强对吸纳农民工就业较多的企业、行业的扶持与服务。

第三，协调市场与政府手段：要补位。在理清市场与政府边界、明确市场与政府职能的基础上，也要让市场与政府相互补位、协同作用。对于政府而言，要在市场担任主角的领域做好配角服务，一是对微观主体的市场行为分类予以矫正、引导、扶持；二是对中观产业发展及其布局的规划与引导，在不扭转市场竞争的前提下推进对行业、产业的公益服务，为产业孵化发展导航。对于市场而言，市场机制是提高公共产品供给效率的重要手段，在城镇基础设施建设中引入社会资本、市场主体，形成多主体参与的投资、建设、运营方式，引导以政府采购的方式加大向市场购买公共服务。在综合协调市场与政府手段时，既要避免政府、部门“公司化”对城镇化发展的过度干预，也要避免简单地把城镇基础设施建设、公共服务等推向市场。

（三）新型城镇化模式下政府事权的作用方向及着力点

加快推进改革攻坚的步伐，为新型城镇化发展创造制度动力。从实践来看，推进“以人为核心”的新型城镇化建设，是一场全面而深刻的社会大变革，其承载的含义远远超过经济领域，它已触及到整个社会结构的变革，必须实现生产关系同步调整。当前推进以人为核心的新型城镇化，实现农民市民化面临的最大制度障碍在于现行的户籍制度、土地制度、财税体制、融资制度、社会保障制度。

第一，在清晰界定政府和市场关系的基础上保障公共制度的有效供给。城镇化本身是一个社会变迁和利益协调的过程。政府作为城镇化的有力推手，其根本性的责任就在于：审视和破除现有严重束缚农民工入城的种种藩篱与壁垒，为人的城镇化提供公平的制度保证。由于城乡二元户籍制度的存在，不能享受与市民同等待遇的农民被拒于城市生活之外。因此，作为事关公平正义的改革，废除不合理的户籍和社会管理制度，建立与市场经济相适应的全国统一的劳动力市场，以便利、鼓励劳动力跨区域流动，这是政府不可推卸的责任，更是城镇化有效推进的必要前提。

第二，建立纵向可延展、横向可协同的城镇行政体制。着力改变以行政层级为核心分配财权的体制，改变财力过度上聚的财政体制，给予县级为主的中小城市更大的发展空间和财力，促进城市之间的平等竞争与公共资源的合理配置。优化城市行政区划，实现人口资源空间的优化重组。为了全面推进新型城镇化发展，需要优化城市行政区划，改革设市标准与政策，根据城市经济辐射边界范围实现从地域型行政区向城市型行政区的转变。把常住人口规模作为设市标准和机构设置与人员编制的重要依据，对吸纳人口规模、经济总量达到建制城市标准的强县或强镇转型为省直辖的县级市，并赋予其与管辖人口规模和经济总量相适应的经济社会管理权限。

第三，建立农民工市民化的公共服务均等化体制机制。首先要积极探索财权事权统一的成本分担机制。全面推进农民工市民化，需要依据基本公共服务的外溢性、受益范围和财权与事权相对称原则，合理界定各层级政府为农民工提供基本公共服务的支出责任。其次要建立健全地随人转的城乡土地制度。探索实行城镇建设用地增加规模与吸纳农村人口进入城镇定居规模相挂钩、与吸纳外来人口定居规模相挂钩的政策，保障农民工市民化过程中基础设施、公共服务设施与保障性住房建设的用地需求。再次是推动城乡基本公共服务均等化建设。全面实行流动人口居住证制度，逐步完善大城市、中小城市与小城镇的落户政策，逐步建立统一、开放的人口管理机制，把以农民工为主体的外来流动就业人口纳入人均 GDP、人均财政收入、人均建设用地、人均教育支出、人均卫生支出、人均社会保障费用等指标的统计范畴，农民工公共服务与社会福利支出列入各级城市政府年度财政预算。

第四，建立以城市群为主体形态的网络化城镇空间结构。首先要推进城市群基础工程建设。城市群是我国城镇化空间结构的主体形态，其发展导向是打造中心大城市与外围中小城市、小城镇一体化发展的“城市群共同体”，需要推进资源环境、基础设施、公共服务三个方面的基础工程建设。对城市群内土地资源、水资源、矿产资源开发利用以及生态环境保护等进行统筹规划，优化布局不同类型的环境功能区，搭建环境监管一体化平台，建立同保共育的生态安全体系。以枢纽型、网络化的重大基础设施建设为重点，建设交通、能源、信息等基础设施一体化体系。

第五，建立无差别国民待遇、要素自由流动的统一市场。首先要消除个人身份偏见。新型城镇化的核心是人的城镇化，人口在城乡之间的自由流动与集聚是新型城镇化发展的本质内容。清理对进城务工农民不合理的管理规定及其收费，简化各项管理服务流程，降低相关管理服务费用，对存在困难的进城务工农民予以一定的减免。逐步落实进城务工农民与城镇居民平等共享子女教育、医疗卫生、社会保险、住房保障、就业创业等公共服务与社会福利，推进各项公共服务与社会福利在城乡之间、地区之间的顺畅流转，消除人口自由流动的制度障碍。在进城务工农民集聚的社区加强社区文化建设，引导农民工参与社区事务，消除社会对农民工的身份偏见，促进农民工融入城市生活。

三、新型城镇化建设中事权划分原则与机制构建

从宏观视角来看，城镇化发展是一个非常复杂的大系统，涉及产业布局结构、公共产品布局结构、大中小城镇布局结构和国家基础设施布局结构等综合统筹。因此，城镇化就不单是地方政府自己的事情，地方的城镇化必须纳入国家和区域发展的大局中来谋划。在城镇化进程中，政府必须担当起公共利益维护与公共秩序保障的角色，履行好相应的基本责任，才能更好地破解城镇化中面临的难题，保障人的城镇化的健康发展和顺利推进。

（一）新型城镇化建设中事权划分的原则

第一，全国一盘棋，加强统筹协调。新型城镇化牵涉到人口的空间布局问题。我国的国情是耕地、人口、工业、城市等主要集中在东部，西部广大地区地广人稀，这就是黑河腾冲线（胡焕庸线）所揭示的客观规律。面对这种国情，新型城市化战略需要树立全国一盘棋观念，要从整个国家的角度考虑人口的空间布局。因为东部地区良好的资源禀赋和坚实的经济发展基础，城市化程度较高，人口承载力较大，这就需要国家调整现有政策，让东部良好城市框架基础承载更多的流动人口，而不是让各省各市县各自为战，重打锣另开张，进行所谓的按户籍人口就地城镇化。因为现有的流动人口绝大多数是中部六省的人口，中部六省有一个共同特点就是既是人口大省，又是城镇化率低的省份，同时还是粮食主产区，如果中部六省的流动人口不能在东部沿海现有的打工地安家落户，而是返回既是粮食主产区又是城镇化率低的家乡，进而实现户籍人口的就地城镇化，必然导致东部现有的城市基础设施的浪费，也会造成中部城镇化过程中的大量占用耕地，危及粮食安全。因此，新型城镇化一定要站在全国的角度，树立全国一盘棋的观念，强化中央政府的统筹协调能力。

第二，遵循市场化，调动各方积极性。新型城镇化不是政府大包大揽的

城镇化，也不是政府袖手旁观的城镇化，更不是政府行为扭曲的城镇化，而是要依据公共产品或准公共产品的属性，严格遵守政府与市场的边界，做到不缺位、不越位、不错位。与此同时，还要激发企业和农民参与新型城镇化建设的积极性并承担应有的责任。具体来看，农民工要承担其在城市正常生活的日常开支成本，即在城市生活的人均水、电、气、交通、通讯、食物开支等方面的成本，以及在养老、医疗、失业等社会保障成本中的个人支出部分。农民工所在企业要基于“同工同酬、同工同权”的原则，正视农民工正常的劳动合同、工资待遇、福利保障等基本权利，严格按照国家标准与行业要求，为农民工提供必要的劳动保护条件和职业病防治措施，改善农民工的工作环境，重视企业的人力资本投资，加强农民工的技能培训素质提升，并给予农民工必要的交流与晋升机会，逐步增强农民工的市民化能力。从财政承担的公共成本来看，包括社会保障成本和基础设施成本。社会保障成本是指为保障农民工市民化以后在城镇的基本养老、医疗、工伤等社会保险而必须投入的最低资金。

第三，激励要相容，构建成本分摊机制。构建新型城镇化成本分摊机制是新型城镇化战略顺利实施的中心环节。在构建新型城镇化成本分摊机制的过程中，要严格按照公共产品的属性来区分政府和市场的责任，与此同时，还要区分区域性公共产品与全国性公共产品，进而明确中央政府和地方政府的不同责任。中央政府要对支出压力较大、外部性较强、跨省农民工在城市定居意义重要的领域进行补助，即重点在公共卫生和计划生育、子女义务教育、就业扶持、社会保障等方面，加强对于农民工流入省份的补助，特别要加大对农民工流入集中地区公租房等保障性住房建设的补助。省级政府则重点对省内跨市县迁移的农民工公共服务投入提供支持，加强对农民工流入城市的补助，主要用于支付农民工市民化的医疗、社会保障等成本，重点用于支付农民工廉租房等住房成本支出。流入地城市政府主要承担农民工市民化过程中扩建城市所引致的功能设施、社会设施以及市政基础设施的投资成本，以及本辖区内农民工市民化的公共服务支出，重点负责廉租房等保障性住房建设的大部分投入。

第四，县级是重点，强化赋权与责任。县级政府是新型城镇化战略的具体执行者、县域新型城镇化的规划者、县域经济发展的推动者、县域公共服务的提供者、农民市民化的改造者和县域行政管理体制的改革者，其在新型城镇化建设中发挥着十分重要的作用。作为基层政权，县级政府是管理县域内政治、经济、文化、社会、生态各类公共事务的中枢，确保中央和上级政府城镇化战略的贯彻执行，推动县域城镇化发展是县级政府在城镇化进程中的首要任务。在城镇化进程中，县级政府直接面对城镇和乡村两个城镇化的基本对象，县级政府要做城镇化战略的具体执行者。县级政府由于基层政府的角色，必然要成为县域城镇化的规划者。因为城镇化的基本层面是县域城镇化，县域城镇化的合理布局、城乡统筹直接决定着城镇化的发展水平、速度和质量。县域经济的发展与繁荣是城镇化的重要基础，在推进城镇化进程中，县级政府必须要担负起领导和推动县域经济发展的重要职责。县域公共服务的提供者。县域是城乡的结合体，为城乡居民提供公共服务是县级政府的基本职能，也是推动县域经济发展和新农村建设的关键环节。公共服务是现代政府最重要的一项职能，建设服务型政府也一直是我国政府改革的基本目标。公共管理理论认为，地方政府相对中央政府而言，更了解公众对公共产品的基本需求，同样的公共服务由底层政府提供更有效。

（二）新型城镇化建设中事权的协调与机制构建

农民工市民化问题不仅是农民工的利益和出路问题，更是一个复杂的社会系统工程，它涉及社会经济的全方位的利益关系，如它涉及农民工和农民、市民的利益关系，农村和城镇、农业与工业和整个国民经济的利益关系，农民工迁出地和迁入地的利益关系，以及短期利益和长期利益的关系，经济发展和社会稳定的关系，等等。新型城镇化建设中政府间基本事权的划分不仅要考虑农民工市民化问题本身的解决，更要考虑到城乡关系的调整、国民经济的发展和整个社会的稳定，要从宏观上、全局上分清缓急轻重，统筹兼顾协调各种利益关系。

第一，构建事权责任划分机制。首先要处理好中央与地方的关系。农民工市民化是一个涉及基础设施建设、公共服务供给、社会福利保障的系统工程，需要中央与地方政府庞大的公共财政支出。因此，为了加快推进农民工市民化，亟须合理调整中央与地方政府在农民工市民化中的支出责任。其次要处理好输入地与输出地的关系。为了加快推进农民工市民化，亟须建立健全输入地与输出地之间的利益补偿机制，针对农民工在输出地享受社会保障、子女教育等公共服务的情形，探索输入地对输出地转移支付、对口支援等形式的利益补偿形式，加快推进输入地基本公共服务覆盖农民工群体。最后要处理好一次性成本分摊与连续性成本分摊的关系。农民工市民化成本既包括需要一次性投入的市政、医院、学校、保障房以及相关的公共管理服务设施等，也包括需要按年度支出的社会保障、低保救助、义务教育、卫生保健等。因此，为了加快推进农民工市民化，需要在较长的时间维度里处理好一次性成本分摊与连续性成本分摊的关系，着力实现不同年份之间的平滑分摊，一方面充分利用市场机制、引入社会资本来促进市政、医院、学校、保障房等一次性投入在较长时间内的分摊，另一方面对需要连续支出的公共服务、社会福利等支出项目，需要建立可持续的财政保障机制，把农民工市民化的连续性公共支出项目纳入中长期财政预算框架，并针对需要远期支付的养老保险，将社会统筹基金与个人账户基金实行分账管理，逐步做实个人账户。

第二，稳定预期的制度保障机制。影响农民工市民化的制度性条件不是唯一的，而是“制度集”。从制度本身的内在运作机理上看，农民工市民化的制度性条件包括了农村退出的土地制度、城市进入的户籍制度、城市融合的社会保障制度等，这些制度性条件构成了农民工市民化的“制度集”力量，对农民工市民化进程产生推进或阻碍作用。根据与市民化相关程度不同，可以把制度体系分为核心、相关和配套三个层次。核心层次主要包括土地制度和户籍制度，配套层次包括就业、社会保障、住房和教育等制度，关联层次包括行政规划、产业、税费等制度。其中核心的土地制度和户籍制度与配套的社会保障制度，则构成了农民工市民化的农村退出、城市进入和城市融合的制度条件，对市民化进程产生决定性的影响。

第三，创新资金多元化筹措机制。改革完善财政体制，建立健全城镇基本公共服务支出分担和奖补机制，实现基本公共服务支出持续稳定增长。完善省级财政转移支付办法，建立财政转移支付同农业转移人口市民化挂钩机制，加强城镇基本公共服务财力保障，加大保障性安居工程、义务教育、公共交通、污染治理、就业培训、生活消费服务等方面的投入。拓宽城市建设融资渠道，支持有条件的地方发行市政债券，建立规范的政府举债融资机制。加大国有资源、资产、资金、资本整合力度和运作力度，支持市、县级投融资平台通过财政注资、市场募资、整合存量资产、做优增量资产等多种方式提高融资能力。深化与政策性金融机构的合作，鼓励金融机构对符合政策的重大基础设施建设项目和城市功能区连片开发提供信贷支持，推动重大城镇项目批量化、系统化、整体性开发建设。支持中心城市结合主导产业发展与金融机构联合设立产业投资基金，开展保险资金投资交通等大型基础设施建设试点。创新城市基础设施建设与土地储备相结合的联动机制，探索公益性基础设施建设和商业性开发相结合的长效机制，实现公商协同、以商补公。理顺市政公用产品和服务价格形成机制，发挥省辖市、县主体作用，每年组织筛选一批投资规模较大的城市基础设施项目面向社会推介，利用特许经营、投资补助、政府购买服务等方式，鼓励和吸引民间资本参与建设。

四、新型城镇化建设中政府间基本事权的划分

农民工市民化是农民工职业转化、地域转移、身份转变与农民工的行为方式转变和新市民价值观的形成等“多位一体”目标的实现过程。以上四个方面的转变是相互关系的，它们共同作用的结果，使农民工在市民化的进程中实现了人的现代化。而农民工能否顺利实现上述转变，关键在于教育、就业、医疗、住房和养老等方面的切实需求等到基本满足。因此，各级政府能否有效行使提供上述公共产品或准公共产品的事权，以及这些事权能否恰当地在不同层级政府之间划分，就成为新型城镇化建设成败的关键环节。

（一）新型城镇化建设中教育事权的划分

教育公平是社会公平的核心体现。教育公平成为现代化的基本价值，它能够改善受教育者的生存状态，增进社会的公平，因而也被视为实现社会平等的“最伟大的工具”。如果政府不保障教育的公平，那教育就会成为扩大社会不公平的加速器。政府应充分认识到在市场经济转轨、社会转型发展过程中出现的流动人口子女上学难的问题，应当以满足人们的需要为根本出发点，以追求社会公平和公正为价值取向，在经济的持续发展中解决发展中产生的问题。

合理划分中央政府与地方各级政府之间的教育事权。新中国成立后到党的十一届三中全会前，我国的义务教育投资体制受整个国家计划经济的影响，形成了高度集中、统一计划的鲜明特点。在这种体制下，义务教育基本属于国家包办的。但是党的十一届三中全会以来，我国的教育投资体制发生了很大的转变，建立了新的教育分担机制，1985 年中共中央颁布了《关于教育体制改革的决定》，确定了“低重心”的教育发展战略，改革了教育管理体制，特别是对义务教育开始实行“地方负责、分级管理”，地方政府成为筹措义务教育经费的直接责任者。中央政府在转嫁义务教育负担的同时，以法律的形式对地方政府的教育责任加以确认。在我国现行分税制财政体制下，地方政府不仅无法解决义务教育经费短缺的问题，而且使义务教育经费缺口越来越大，更无法胜任促进义务教育公平、均衡发展的重任，即“以县为主”的义务教育财政体制已无法满足义务教育事业持续发展的需要，作为公共财政体制组成部分的我国义务教育财政体制的改革方向应十分明确，即将义务教育投资主体上移，实行与现行分税制公共财政体制配套的相对集权型模式，实现以中央、省级财政为主的义务教育投入新机制。因此，应改变现在“以县为主”的投资比例，提高中央财政在义务教育中投资的比重，形成中央、省、市、县四级政府共同承担的格局，改善当前义务教育资源不充足的问题。对流动人口所占比重较大的省市，中央政府应该多给予一定的补贴。地方政府要打破户籍制度对学籍的限制，不再以户籍人口的适龄儿童为基数来划拨义务教育经费，以实际在校学生数为基数划拨义务教育经费。

妥善协调人口流入地与流出地政府之间的教育事权。流出地与流入地政府在保障流动人口子女义务教育的过程中都负有不可推卸的责任。在具体的工作中，各地方政府的认识有待进一步提高和统一。地方政府特别是流入地政府应该贯彻中央精神，承担起保障流动人口子女义务教育的主要责任，出台与国家教育部文件相配套的实施细则并贯彻落实，不能以收取借读费为名，将流动人口子女排斥在教育体制之外或以此达到盈利的目的。流出地政府不能以适龄儿童流出到外地为名推卸责任，应与流入地政府合作，对流动人口子女就学问题做长期的考虑和积极的安排。流出地与流入地政府之间应建立一种长效机制，两地政府之间建立信息渠道，及时公布用工需求信息，对农民工的流动进行引导，掌握农民工流动规律，掌握流动儿童的详细教育信息。以流入地和公办学校为主来解决流动人口子女义务教育，流出地政府可以通过财政转移支付和异地资助办学等手段减轻流入地政府的经济负担。

（二）新型城镇化建设中就业事权的划分

增强农业转移人口就业能力是新型城镇化成功的关键。政府部门在公共就业服务中扮演着多重角色。首先，政府要建立统筹协调机制，科学规划管理，推动各地方政府间的合作，使得公共就业服务均等化和就业扶持政策普惠化。其次，不断深化改革，强化依法治理，加强农民工公共就业服务的政策制度保障。改革就是要革除不合时宜的户籍制度，维护社会的公平，从法律层面上保障劳动者平等就业权利。再次，不断优化公共资源的配置，引导和支持社会力量参与到新生代农民工的公共就业服务中来。最后，创新管理机制，采用现代化手段，以增强公共就业服务的供给能力。

政府要坚持公益的理念，按照公共服务均等化的原则，帮助所有新生代农民工尽快实现就业，提升就业质量，维护他们的正当权益，只有这样，才能实现公共就业服务人人享有的目标，达到社会就业更加充分的目标。政府在此方面的事权主要包括：健全城乡统一的就业制度，加快产业发展，积极开发适合农业转移人口的就业岗位，拓展农民就近就地就业空间；整合职业教育和培训资源，全面提供政府补贴职业技能培训服务；完善促进农业转移人口就业的基本公共服务，保障与城镇户籍就业人员同等享有就业与创业政策扶持、信息咨询、培训指导、劳动人事争议调解和仲裁等服务，实现城乡劳动者同工同酬、同城同待遇。就业服务概括为三大方面（见图1）。

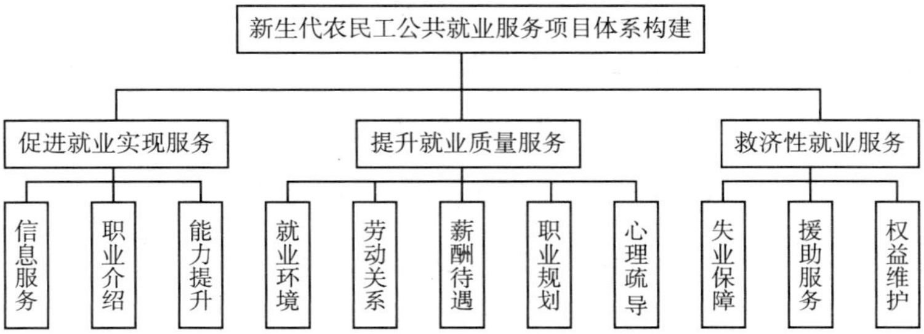

图1

促进实现就业的公共服务；主要是指如何让新生代农民工很快地获得就业岗位，实现就业岗位与新生代农民工更好地对接、匹配。提升就业质量的公共服务。主要是指怎样让新生代农民工稳定就业，从而实现体面劳动的服务与帮助。救济性公共就业服务；主要是指对未能就业和合法就业权益受到侵害的新生代农民如何得到帮助或援助的服务。以上三个方面的内容概括，主要是以当前农民工就业存在的问题为出发点，着眼于农民工如何实现就业、如何提高就业质量和对就业权益受到侵害的农民工如何提供帮助等三个方面。不仅涵盖了农民工就业前、就业中和就业权益的保障等三个环节，而且涉及农民工就业机会的平等，就业技能的提升，劳动关系稳定和享有相应的社会保障等多个方面，主要目的就在于保障农民工能够获得均等的公共服务。促进新生代农民工实现就业公共服务的项目主要包括以下几个方面：

第一，促进实现就业的信息服务。首先，构建综合性信息公共就业服务平台。信息服务是推动市场经济完善的一个重要方面。政府部门在公共资源的占有、支配和使用上具有无可比拟的优势，因此，在信息服务方面，可以充分发挥政府的主导作用。综合性信息平台就是让更多的外出务工人员了解政府政策的走向，以及政府部门所应承担的公共服务责任。电视、网络等传播媒体是农民工们接触的最多、最频繁的信息渠道，政府可以将农民工相关信息通过这两个渠道加以传播。在劳动服务大厅内装备电子显示屏幕和触摸屏，以便农民工查询所需信息。同时，报纸、杂志等传统的传播媒体仍然具有很强的宣传效果。通过创建流动人口专业性报刊，将综合性信息定时定期展现给农民工大众，以避免单纯依靠网络而造成的信息盲区。其次，用工岗位需求与农民工求职专业性就业信息服务。促进农民工就业实现最为相关的信息服务就是为他们提供准确的用工岗位需求信息服务。政府公共就业服务部门应积极搭建具有权威性的就业信息服务网络平台，整合全国各地的就业信息，形成一个全国联网的农民工公益就业信息的一站式专业性服务。

第二，职业介绍及其拓展的公共就业服务。在农民工求职就业过程，各地方公共就业服务机构应该为农民工就业失业实行无差别的登记制度，为他们提供免费的职业介绍服务。实现定向性职业介绍服务常态化，对初次就业者以及易失业的人员进行个别辅导，进行一对一的方式求职服务。通过拓展职业介绍服务的领域，结合所提供的信息服务，可以满足劳动者对相关岗位了解的需求，从而更快更好地从事所应聘的岗位工作。

第三，职业能力提升的公共就业服务。政府履行促进就业的责任可以通过提高劳动者就业能力的方式，来实现劳动力需求与劳动力供给的有效对接，减少结构性失业。提高农民工队伍的素质，提升他们的就业能力对于促进中国就业问题的解决和经济发展具有战略意义。农民工职业能力是一个能力群，职业能力的提升主要包括提高他们的就业能力、工作能力和职业转换能力三个方面。政府部门有针对性的职业教育和培训是不可或缺的。在技能提升服务上还需要政府通过加大投入、整合资源、创新机制来提高培训的实效性和针对性，力促形成一个全方位、多规格、多层次、多渠道的职业技能开发与提升工作服务体系。

第四，救济性公共就业服务是保障基本人权和基本民生的社会托底机制，可以增强劳动者的就业安全感。健全社会保障制度，是救济性公共就业服务的基础。建立社会安全底线，就要妥善解决农民工的社会保障和权益维护问题。而保障农民工合法权益本身是实施民生工程的一项重要举措。救济性公共就业服务能够增强劳动者的就业安全感，促进就业局势的稳定，有助于维护社会的和谐稳定。因此，救济性公共就业服务是健全公共就业服务体系的一个重要组成部分。公共就业服务的功能不仅仅是帮助劳动者实现就业、提升就业质量，还应包括对经济社会发展中的失业者、就业权益受到侵害者提供及时有效的帮助。

中央政府应加大公共就业服务的统筹与协调，整合并加强各级公共服务机构的资源，按照统一规范的要求，督促地方政府全面实施公共就业服务各项制度，以提高新生代农民工公共就业服务的水平。加强各级公共服务机构建设力度，进一步整合公共就业服务的资源。公共就业服务机构的网络体系应该是一个自上而下完整体系结构。不仅有全国性机构是中国人力资源与社会保障部，而且省、市、县三级都应有相应的就业工作机构。在机构改革过程中，根据现实的条件可以设立事业单位性质的公共就业服务局。为了突出农民工公共就业服务，可以专设相应的行政处室或就业服务中心，对新生代农民工开展政策咨询、就业指导、人员招聘培训、劳动保障代理等有针对性的公共就业服务。由于基层服务平台，具有近距离的优势，可以提供契合实际的服务，所以要加强县级以上综合性公共就业服务机构和街道、社区基层工作平台建设。在当前就要结合当前农民工就业变化的特点，大力推进乡镇就业服务平台建设，使得公共就业服务体系能够覆盖城乡的各个角落。要建立健全县乡公共就业服务网络，各级劳动部门应当将当地的用工信息在网上广泛宣传，把劳动力人口建立档案进行跟踪管理。各省、市、县应该将信息网站互联，通过劳动中介结构将求职者和企业紧密联系在一起。

（三）新型城镇化建设中医保事权的划分

我国以城镇职工基本医疗保险和城镇居民基本医疗保险为主体的城镇医疗保障体系以及新型农村合作医疗保障制度，各自实行属地化管理模式，使得城市外来人口的医疗保障处于十分尴尬的境地，日益成为新型城镇化建设中的制度障碍。

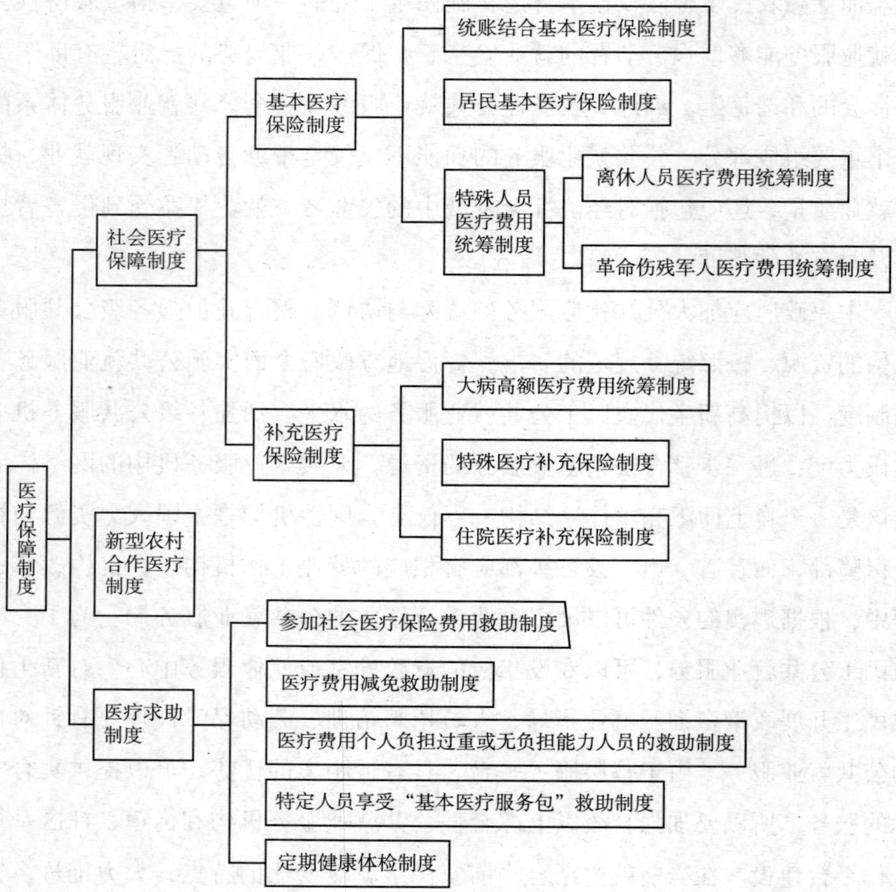

图 2

由于我国城市外来人口中大部分人属于农民工，而且是流动就业，他们所从事的职业基本涵盖了城市各行各业的苦、脏、累、险的工种，因此有资格参加城镇职工基本医疗保险的外来人口是很少的。而由于没有当地户籍，能够参加城镇居民基本医疗保险的外来人口也很少。对于常年在外打工但户籍还在农村的农民工来说，如果参加原籍地的新型农村合作医疗，返回原籍看病或报销在城市花费的医疗费用，都非常复杂繁琐，并且我国目前新农合的保障水平较低，因此农民工参加新农合的比例也很低。从医疗保障水平来看，我国目前的基本医疗保险实行属地化管理，各类医疗保险计划在筹资金额、保障水平等方面存在很大的城乡差异、地区差异以及行业差异，且对于参保人员的异地就诊医疗费用报销补偿以及基金账户的跨地域、跨职业转移都设有诸多的限制。可携带性弱是目前医疗保障制度的明显障碍，这既不利于实现劳动力要素的充分流动，也有悖于社会保险的大数法则，不利于通过社会互济分担风险和医疗保险基金的可持续性。

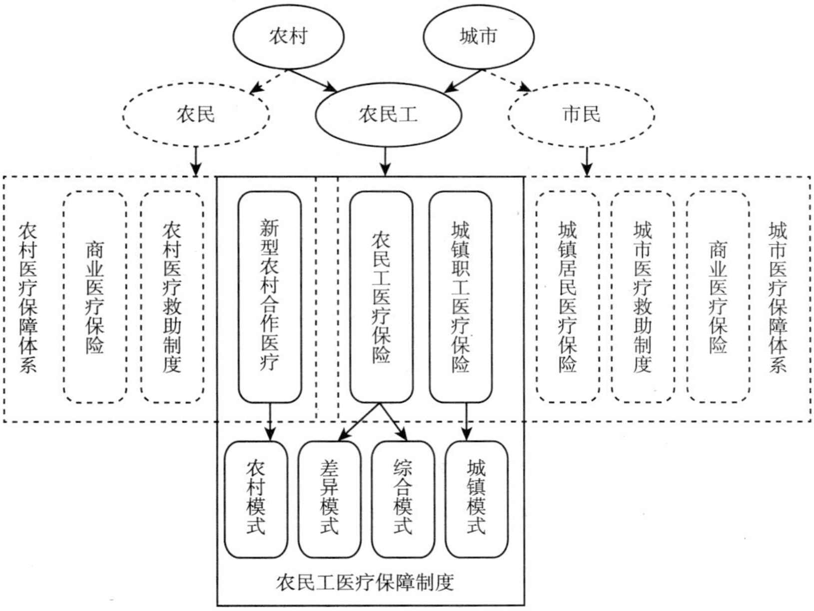

图 3

中央政府要建立农民工医保统筹基金调剂机构。农民工医保领域面临的最大的现实约束就是统筹层次问题。可以说，统筹层次越高，流动就业的农民工医保转移接续问题所面临的阻力就越小，协调与配合的目标越容易实现。在没有实现全国统筹时，虽然现阶段一些经济发展水平相近统筹区域之间已经实行了区域协调与合作，但经济发展水平差异较大的地区仍处于利益分割状态。这样，农民工医保关系转移接续将致使不同统筹区域的地方政府利益受到影响，地方政府于是缺乏配合农民工医保关系跨统筹区域接续的长期动力。目前，解决之道是设立流动人口医保统筹基金调剂机构。近期解决的办法是考虑在国务院建立农民工医保统筹基金调剂机构。这个机构可以作为一个常设机构，主要进行不同区域之间的有关医保资金的结算与划转，同时负责协调各统筹区域之间利益分割与冲突，以实现区域之间利益的有机平衡与协调。

中央政府应主导完善各统筹区域之间合作的医保制度框架。在我国还没有完全实现全国范围内医保统筹的时期，为促进流动就业的农民工医保权益的实现，设计出一套兼顾各地方政府利益、促进各统筹区域之间合作的医保制度框架，尤为重要。一方面，在各个统筹区域的缴费年限还没有得到完全互认的情况下，可以根据农民工在当地所做的贡献程度，采用换算的方法，先认定一部分年限，渐进式发展，逐步实现缴费年限的全部认定。在统筹账户方面，也可以采取先转移部分基金的方式，设计初步转移计划，渐进式地实现统筹基金全部转移。另一方面，从我国各地区经济发展的不平衡情况出发，应考虑跳出现有的地方行政区划界限，在那些经济水平接近且经济合作关系紧密的区域率先实行区域性统筹。同时，逐步完善各统筹区域之间合作的医保制度框架，为实现医保全国统筹摸索经验和奠定基础。

提高农民工医疗保障的统筹层级。城镇职工基本医疗保险除了北京、上海、天津三个直辖市在全市范围内进行统筹外，我国的普遍做法是以市为基本统筹单位。这直接导致城镇居民基本医疗保险和城镇职工基本医疗保险基金的数量达到几百个。更值得关注的是，新型农村合作医疗基金统筹层次是以县级为基本统筹单位的，在统筹层次上是最低的，大概有超过3000多个新农合基金。在这种层级分割的状态下，工作生活的高流动性致使农民工根本无法在某个统筹基金辖区内获得适用的医疗保障。他们有可能还没来得及享受医保待遇，就到了另一个统筹区域内工作。如果想享受医疗保障，除了频繁地退保并参加新的医疗保障外，并无他法。这样，参加最初工作地区的医疗保障就变得毫无意义，农民工参加医保的逻辑悖论由此形成。如此，在制度安排和主观意愿上，都会使农民工参加医保的可能性大大降低。因此，提高流动人口医保的统筹层级，是解决问题的最佳路径。只有流动人口医保的统筹层级得到提高，农民工的医疗保障覆盖范围才会大幅度相应提升，全国各地的医疗保险信息才会统一，流动人口“人人享有医疗保障”的目标才会有望实现。

（四）新型城镇化建设中住房事权的划分

新型城镇化的最大成本是住房，最大难点是住房，最关键环节还是住房。因此，如何准确界定住房在农民市民化过程中承担的责任，并对不同层级政府承担的责任进行合理划分，是决定新型城镇化成功与否的关键环节。

新型城镇化建设中住房保障的政府责任主要包括规划责任、资金供给责任、组织责任、分配责任和监督责任。一是规划责任。它是指政府承担把公共住房建设在城市中的理想位置的责任，保障性住房应靠近医疗、交通、教育等配套性设施健全的地方，以最大限度的方便中低收入家庭的生活。二是资源（资金、土地）供给责任。政府要保障公共住房建设资金和土地的可靠来源以及持续供给。政府承担资金、土地的供给责任主要是通过在财政预算中专门列出公共住房保障的建设财政资金、土地划拨的面积，同时还从其他渠道尽可能地充实资金，如从住房公积金增值收益提取一小部分，计提一定百分比的土地出让金，公共住房保障的出租和出售所收取的少量回流资金，同时还有中央政府转移支付的用于公共住房保障的转向资金。三是组织责任。政府在公共住房保障制度中应发挥的协调作用。政府作为提供公共住房保障的第一责任主体，应该各个主体之间的利益之争对承担组织协调责任，保证公共住房所附带的利益各得其所。四是分配责任。对于不同层次的公共住房哪些中低收入阶层家庭具有相应的申请资格，政府应承担相应的责任。政府除了要对具有本城镇户籍的居民承担公平分配保障性住房的责任，同时也要将这些流动人口的住房问题给予足够的重视，做到与当地居民平等对待。五是监督责任。政府承担的监督责任是指在公共住房的规划、供给、组织、分配等各个环节对各个参与主体行为的合法性和合理性进行判断，并在出现违法和明显不合理时给予行政制裁。保障性住房政策的实施是保障性住房建设过程中最重要的一个环节，建立保障性住房的目标是保障人人有房住，只有政府承担起落实和监管保障政策实施的责任，才能使保障性住房的建设成果最终惠及到最需要住房保障的群体。

中央政府对事关社会稳定与和谐社会建设的公共住房一直非常重视，但相关制度、体制并没有明确提出公共住房为中央事权，也没有明确公共住房事权必须由地方政府承担。这样使得中央政府对公共住房建设责任上存在软约束，地方政府对公共住房建设的积极性也不高。在公共住房保障制度实施的领域中，中央政府以全国的大局为主，不可能对各个省级单位、市级单位甚至县级单位都规定事无巨细的制度，这也是不现实的，但是关于中央政府和地方政府的责任分配应该在中央一级文件中明确列明。而现实中，这些关于中央政府和地方政府责任分配的制度规定却是模糊不清。

相对于事权责任的分配不明确而言，中央政府和地方政府在对公共住房保障制度中的分配则表现出不平衡的特征。公共住房保障这项工程十分浩大，需要持续的、强大的国家财政资金的支持才能顺利实施，甚至财政资金的注入还是该项工程的主流。在历年的有关公共住房制度中，都规定了公共住房资金的来源有：财政资金的预算安排、住房公积金增值收益、社会捐赠的资金等。明显可以衡量出政府财政资金对于公共住房保障的落实的至关重要性。与中央与地方财政收入分配状况截然相反的是，财政部在 2009 年才开始在中央与地方财政支出项目中专门列出“公共住房支持”项目，2007 年和 2008 年公共住房包括在了“社会保障与就业”项目中，2006 年以前包括在了“社会保障补助支出”项目中。“公共住房支持”从保障性事业支出中分流出来，可见国家对公共住房建设的重视以及总体上增加财政支持的倾向。可以预见在以后的几年，地方政府财政在公共住房支持方面会比中央财政投入的更多，差距更加明显。公共住房保障制度对全体国民都具有普惠性，中央政府从此角度出发更应该承担比地方政府更多的责任，以免造成地区之间的住房条件不平衡，最终反而会造成不公平的恶果，影响民生事业的长远发展。

（五）新型城镇化建设中养老事权的划分

获得养老保障权是城市农民工的基本权利，也是新型城镇化建设中政府的重要事权和责任。养老保障权是社会保障权的重要组成部分。农民工享有基本的养老保险待遇，是农民工作为公民的基本权利，也是国家和政府肩负的责任，农村劳动力向城市的转移就业是工业化和非农化过程中人力资源优化配置的必然结果，也是每个国家城市化现代化的推动力量。

新型城镇化建设中养老保障的事权包括：扩大社会保障覆盖面。以增强公平性、适应流动性、保证可持续性为重点，全面建成覆盖城乡的社会保障体系。在继续扩大各项社会保险覆盖范围基础上，着力解决城乡社会保障制度衔接问题，尽快实现各类参保人员在地区之间、制度之间顺畅转移和衔接，加快社会保障卡在各类社会保险中的广泛应用。稳步提高各项社会保险统筹层次。完善不同群体参保政策，强化多缴多得、长缴多得激励机制，引导农业转移人口及早在城镇参保并连续参保。强化企业缴费责任，提高农民工参加城镇职工工伤、失业保险比例，继续扩大高风险行业、小微企业参加工伤保险覆盖面。适时调整最低生活保障标准，逐步将农民工及随迁家属纳入城镇社会救助、医疗救助、养老服务范围。推进公办养老机构示范工程建设，支持社会力量举办大型连锁养老机构，使居家养老、社区养老服务网络覆盖所有城镇社区。

合理划分各级政府的事权是妥善解决农民工市民化的关键。中央政府以全国范围内的政治稳定、社会繁荣和经济持续发展为基本目标，是全国统一性制度的最终责任承担者，它兼顾政治、经济、社会、文化等领域的综合运行与发展状况。中央是制度的设计者和决策者，在制度变迁过程中起主导作用。地方作为制度的执行者，在制度变迁过程中有落实制度内容、反馈制度效果的作用。地方要将无形的制度转化成有形的实践，并在实践中寻找制度的缺陷并反馈给中央，在中央的政策调整中实现制度创新。地方具备关于中央制度框架和农民对制度反应的知识，因此称地方为“在场者”，即同时在农民的生活场域中和中央的制度设计场域中，地方作为制度中的承上启下者，其作用非常重要。

要加强输入地与输出地政府之间的协调。地方政府出台农民工养老保险政策的初衷，很大程度上是想通过城镇职工基本养老保险制度的扩面，来缓解城镇养老保险制度空账运转的压力。因此，对于输入地的地方政府而言，农民工养老保险政策最敏感的部分就是资金的筹集和异地转移，特别是输入地企业缴纳的社会统筹部分，如果随着农民工的流动而异地转移，就等于把本地的社会保障资金无偿出让给了另外的地区，在分税制的财税体制和地方政府负责本地社会保障事业的情况下，输入地政府并不情愿农民工把企业缴纳的社会统筹金带走，而是通过地方性法规和政策来予以各种各样的限制。输入地政府的这种行为，在保护了本地利益的同时，客观上极大地损害了农民工的利益和阻碍了城乡一体化的社会保障制度的建设。相对于输入地政府的强势地位，农民工输出地的地方政府在建立农民工养老保险政策上的作用微乎其微。迄今为止，无论是扩面型还是仿城型的农民工养老保险模式以及综合保险型农民工保障模式，几乎都是沿海发达地区的政策实践。当然，对于输出地政府而言，是非常希望建立农民工养老保险政策的。因为一旦农民工返回家乡，可以带着养老基金返回，大大缓解输出地政府的养老负担和财政压力。而且，养老基金形成的购买力，对扩大输出地的内需和繁荣地方经济也会带来很大的促进作用。但是，由于经济发展上的不均衡，输出地政府在试图和输入地政府建立某种联系，或者就某个问题进行协商的时候，总是处于弱势的位置，因此，在促进农民工养老保险关系异地转移的方面，输出地政府的作用仍显得非常微弱。

运用政府和社会资本合作模式（PPP）支持我国城镇化发展问题研究*

党的十八大以来，中央把推进城镇化放在更加突出的位置，做出了一系列安排部署，稳步推进城镇化是现阶段我国改革与发展面临的重要任务。作为政府配置资源、调控经济的重要手段，财政在推进新型城镇化进程中担负着重要责任。围绕“人的城镇化”，新型城镇化建设既涉及基础设施建设，也涉及公共服务提供、民生改善，方方面面对资金的需求都很大。在当前财政运行呈现收入低增长、支出压力加大的背景下，单靠政府财政投入，难以满足城镇化推进过程中的巨量资金需求，迫切需要拓宽资金来源，创新资金投入机制和公共物品供应机制。基于此，报告在概要分析推进新型城镇化过程中财政支出责任的基础上，对利用政府和社会资本合作模式（PPP）支持我国城镇化发展的必要性、具体领域及优先领域，总体思路与路径安排进行系统分析。

一、稳步推进城镇化是现阶段我国改革与发展面临的重要任务

党的十八大以来，中央把城镇化建设确定为经济建设“新四化”的重要内容，强调要走集约、智能、绿色、低碳的新型城镇化道路，提高城镇化的质量。深刻认识新型城镇化的内涵，准确把握政府在新型城镇化推进中的作用，明确财政应有的责任与任务，是稳步推进新型城镇化过程中首先需要解

---

* 本文为财政部财政科学研究所区域财政研究室 2013 年度计划课题成果。课题由刘尚希担任指导，课题组负责人：傅志华、刘德雄、石英华，课题组成员：刘保军、李三秀、王向阳、赵大全、孙洁，主要执笔人：石英华、孙洁。

决的认识问题。

（一）新型城镇化及其背景

改革开放后，我国的城镇化进程进入加速阶段。根据国家统计局的报告，截至2012年年底，我国的城镇化率达52.57%，城镇人口首次超过了农村人口。城镇化的推进，初步显现了集聚效益，对我国经济社会发展发挥了积极的促进作用。但是，传统城镇化模式带来的矛盾和问题日益显现。一些地方出现的政府主导下的城市规模快速扩张，“以地谋发展”、“要地不要人”的城镇化带来了一系列负面影响。党的十八大报告指出，未来我国将坚持走中国特色新型城镇化道路。新型城镇化具有如下要点：一是在战略定位上强调推进城镇化的战略意义。将城镇化定位为拉动我国经济增长的新动力，是着力解决制约经济持续健康发展的重大结构性问题的重点之一。二是在推进路径上强调工业化、信息化、城镇化、农业现代化“四化同步”。三是在发展成效上强调提高城镇化的质量，强调“人的城镇化”。从以上要点出发，当前和今后一段时期，推进新型城镇化，应政府引导，多方参与，以产业发展为支撑，围绕人的城镇化，逐步弥合城乡二元经济，实现城乡发展一体化。

（二）城镇化在现阶段我国改革发展中的科学定位

当前，我国推进新型城镇化，不仅是城市化发展一般规律的要求，也是着力解决制约经济持续健康发展的重大结构性问题、拉动未来中国经济增长、实现国家现代化建设战略的现实需要。（1）城镇化是我国现代化建设的载体。城镇化是一个国家工业化、现代化的重要标志。我国要实现从经济大国向经济强国迈进，必然应遵循城镇化发展规律的内在要求，努力推进新型城镇化，进而实现国家的现代化。（2）城镇化是拉动中国经济未来增长的新动力。城镇化从需求和供给两个方面作用于经济增长。从需求层面看，随着新型城镇化的推进，农民变市民后，会带来城镇相关的基础设施和住房的大量需求，带来这部分新市民及其家庭的大量消费需求，整个社会消费需求的明显提升将会拉动经济增长。从供给层面看，城镇化的推进有利于规模经济的产生和人力资本的积累，城镇化过程伴随着产业结构和就业结构的变迁，农村中从事农业的人口流向城市从事第二、第三产业，有利于推动生产率的提升，带动未来我国经济增长。（3）城镇化是我国经济社会实现长远发展的重要途径。“三农”问题是制约我国经济社会发展的重要问题。只有解决好“三农”问题，破解城乡二元结构，才能实现我国经济社会的长远发展。推进新型城镇化，是推动城乡发展一体化的重要方面，是解决好“三农”问题，实现我国经济社会长远发展的重要途径。

（三）政府在城镇化发展中应有的职能和作用

准确把握政府在城镇化发展中的职能与作用，需要正确处理好政府与市场的关系，以及政府与社会的关系。在充分发挥市场作用、尊重百姓意愿的前提下，政府应在战略、规划、营造公平的制度与环境等方面发挥作用，引导和扶持城镇化稳步发展。（1）结合国家主体功能区规划，因地制宜地做好相关战略、规划制定以及相应的监督执行工作。（2）在基本公共服务方面积极投入，逐步弥合城市居民、进城农民工以及农村居民之间的公共服务和福利差距。特别是增加基本公共服务经常性支出、服务设施投入、城市基础设施投入等，为推进新型城镇化提供支撑。（3）深化体制机制改革，通过中央政府的顶层设计来协调推进户籍制度、土地制度、社会保障制度等方面的改革，完善财政税收政策，破除深层次的体制障碍，为新型城镇化创造公平正义的政策和法律环境，促进城乡之间生产要素的公平分配和公共资源的均衡配置。

（四）财政在稳步推进城镇化中的支出责任

作为政府配置资源、调控经济的重要手段，财政在推进新型城镇化进程中担负着重要责任。具体而言，财政在稳步推进新型城镇化中的支出责任主要体现在以下两个方面：

1. 以人的城镇化为着眼点，财政在改善基本公共服务均等化水平方面负有支出责任。基本公共服务均等化是衡量城镇化质量的重要标准之一，也是实现人的城镇化的重要保障。基本公共服务属于政府应提供的公共产品，财政在基础教育、就业服务、基本养老、基本医疗、保障性住房、社会服务以及文化体育等基本公共服务提供方面负有支出责任。

2. 按照"四化同步"的总体要求，财政在产业发展方面负有引导扶持责任。按照"四化"同步的要求推进新型城镇化，应进一步完善财政扶持政策，创新财政投入方式，注重运用市场机制引导和促进经济转型发展，引导促进工业化与农业现代化，促进第三产业，特别是服务业发展，为农民工等群体创造更多就业和提高收入的机会，让农民工更好地融入城市。

从上述两个方面看，在扶持产业发展方面重在建立激励和引导机制，而政府基本公共服务方面的投入需求巨大。推进基本公共服务均等化，在基本公共服务设施建设、公共服务经常性支出以及城市基础设施建设等方面需要巨量的资金投入。与此同时，随着城市人口数量的增加和城市规模的扩大，还会带来城市社会管理、社会服务方面的新增成本。在当前财政运行呈现收入低增长、支出压力加大的背景下，单靠政府财政投入，难以满足城镇化推进过程中的巨量资金需求。在公共财政资源有限的条件下，稳步推进新型城镇化，分步骤实现城镇基本公共服务常住人口全覆盖，逐步缩小城乡基本公共服务差距，迫切需要积极探索、发展 PPP 等新机制，拓宽资金来源渠道，创新公共产品供应机制。

二、PPP 的基本内涵

目前我国的城镇化正处于快速发展阶段。依照国际经验，此阶段的突出特征之一就是资金需求巨大，仅仅依靠政府的财政投入难以满足。此外，新型城镇化不仅注重发展的速度和规模，更强调发展的质量和效益，而以政府为单一主体的推动模式往往存在效率低下、质量不合格等问题。因此，在未来的城镇化发展过程中，需要通过体制机制创新，激发城镇化发展的内在活力，提供持续发展动力。政府和社会资本合作，即 PPP（Public-Private-Partnerships 的简称）模式就是一种将市场机制和政府力量有效结合的新型管理模式，通过该模式积极引入社会资本参与城镇化进程，提高我国城镇化的质量和效率，是未来促进我国城镇化健康快速发展的有效途径。

（一）什么是PPP?

所谓PPP，是指政府公共部门与民营部门合作过程中，让非公共部门所掌握的资源参与提供公共产品和服务，从而实现政府公共部门的职能并同时为民营部门带来利益的管理模式。① 在此，需要强调两点：

其一，PPP的本质是一种合作关系而非简单的竞争。公共物品的非排他性和非竞争性特征导致市场机制在公共物品的资源配置方面出现失灵，由市场自发提供的公共物品供给不足。因此，政府便成了公共物品供给的最重要主体。但是，在大量准公共物品的提供过程中，并不必然排斥私人部门的参与，相反，还可能带来一系列正面效应。PPP模式允许并鼓励民营部门参与公共物品的提供，一定是民营部门与政府公共部门合作的结果，而非竞争的结果。虽然在具体民营企业或机构参与者的确定过程中，一般要安排必要的竞争，但这种具体环节上的内部竞争只是合作过程中的一种手段和一种基础机制，合作才是PPP模式的根本所在。

其二，PPP是一种管理模式而非单一的融资模式。管理是指同别人一起，或通过别人使活动完成得更有效的过程。② PPP模式就是政府公共部门与民营部门一起使得公共产品和服务的提供更为有效的过程。PPP作为一种管理模式，与融资模式存在着显著的区别：PPP模式是让民营部门所掌握的资源参与公共产品和服务的提供，而民营部门的资源不仅仅局限于资本，还有先进的生产和管理技术，PPP项目包含融资但不仅限于融资；PPP模式中，公私双方追求的是合作项目的整体风险最小化，而融资模式更多是公私双方各自追求自身利益的风险最小化；PPP管理模式追求的是社会综合效益的最大化，而融资模式中融资者考虑的仅是自身利益的最大化。由上可知，对于PPP模式，要从管理的高度加以把握，充分认识其“一加一大于二”的合作机制。

（二）PPP所具备的特点

PPP作为一种新型管理模式，其运行具有以下三个重要特征：伙伴关系、

① 贾康、孙洁：《公私伙伴关系（PPP）的概念、起源、特征与功能》，载于《财政研究》2009年第10期。

② ［美］斯蒂芬·P·罗宾斯著：《管理学》，中国人民大学出版社2002年版。

利益共享和风险分担。其中，伙伴关系是首要特征，利益共享与风险分担是维持伙伴关系的重要条件，是由伙伴关系衍生出来的特征。

1. 伙伴关系。伙伴关系是 PPP 的首要特征，也是其合作本质的具体体现。可以说，没有伙伴关系就没有 PPP。政府公共部门与民营部门形成合作关系的核心在于存在共同的目标，即在某个具体项目上，以最少的资源提供最多的产品和服务。民营部门以此目标实现对自身利益的追求，在一定约束之内尽可能实现利益最大化，而政府公共部门则是以此目标实现公共福利和利益的追求，以最小成本向社会提供最多最有效的产品和服务。

2. 利益共享。一般来讲，PPP 项目都是公益性项目，不以利润最大化为目标，所以，PPP 项目中政府公共部门和民营部门的利益共享不是指分享利润，这里的“利益共享”更加强调对项目产生的综合经济效益和社会效益的分享。具体而言，政府公共部门可以从 PPP 项目中得到的利益主要有以下几个方面：一是资金投入的节省；二是生产成本和管理成本的节约；三是政府形象的改善和声誉的提高。作为一种“双赢”的制度安排，民营部门也可以从 PPP 项目中分享利益。第一，民营部门可以从项目中取得相对平和、稳定的投资回报。第二，提高民营部门的社会形象和企业知名度。第三，与政府公共部门建立良好的合作关系，开拓投资领域。

3. 风险分担。伙伴关系不仅意味着利益共享，还意味着风险分担。PPP 模式中合作双方的风险分担更多是考虑双方风险的最优应对、最佳分担，尽可能做到每一种风险都能由最善于应对该风险的合作方承担，进而达到项目整体风险的最小化。事实证明，追求整个项目风险最小化的管理模式，要比公、私双方各自追求风险最小化更能化解准公共物品领域的风险。

（三）PPP 对城镇化的促进作用

作为一种新型的管理模式，PPP 不仅具有管理的一般职能，即计划、组织、领导、控制，还具有扩大融资、利用新技术和机制创新等特殊职能。这里重点介绍一下 PPP 的三个特殊职能。

1. 扩大融资。PPP 兴起之初，其主要目的就是为基础设施融资，以解决公共投资的不足。在PPP的众多具体形式中，BOT（建设—经营—转让）模式是融资功能表现最为明显的一种。政府公共部门通常让民营部门利用自有资金或自筹资金建设基础设施，然后给予民营部门一定期限的特许经营权，使得民营部门从经营中收回投资并获得一定的收益，最后再将基础设施转让给政府公共部门。政府在该过程中不需要投入资金或投入少量资金，就可以为社会提供本该由自己提供的公共产品或服务。PPP的融资功能使得社会资本可以源源不断地流入公共产品和服务领域，为公共产品和服务的供应开拓了融资渠道，使政府财政资金真正达到“四两拨千斤”的作用。

2. 利用新技术。民营部门通过PPP模式参与公共产品和服务的提供，不仅给合作项目带来资金，而且带来先进的生产和管理技术，从而大大提高公共产品和服务供给的效率和水平。民营部门参与PPP合作项目，其追求的首要目标还是获得投资收益，但基于公共产品和服务的社会公益性，政府公共部门会对民营部门经营公共产品和服务加以规制，以避免民营部门获得垄断性高额利润。因此，民营部门要获得更高的收益，就必须在保证产品和服务质量的前提下，通过采用新技术以提高效率、降低成本。这一优势是公共部门单独提供公共产品和服务所不能实现的。

3. 机制创新。正确处理和协调市场与计划两种运行机制的关系，是社会主义市场经济体制的核心命题。PPP的本质是公私合作，这种合作的结果便是市场和计划两种机制在公共物品和服务领域的有机结合。通过PPP的制度设计，吸引社会资本参与公共物品提供，改变过去公共物品领域政府单一供给的运作模式，对于转变政府职能、创新公共物品供给的激励机制、提升公共物品配置效率具有战略意义。

三、现阶段我国城镇化建设中采用PPP的必要性

城镇化过程中，需要大量投入以形成有效供给的公共物品领域主要指城市公共设施，具体包括三个方面：基础设施、公用事业和公共服务。在我国未来城镇化过程中，有必要通过PPP模式引入民营部门参与公共物品的提

供，以缓解资金供求矛盾、提高供给效率和分散风险。

（一）弥补巨额资金的供需缺口

1. 我国未来城镇化需要巨额资金投入。根据有关统计，2011 年我国城镇人口达到6.91 亿人，城镇化率超过50%。但实际而言，其中约2 亿农民工虽然已经进入城镇并被列为城镇人口，却未能真正实现市民化。中国社科院城市发展与环境研究所发布的《中国城市发展报告（2012）》蓝皮书指出，中国城镇化下一步面临的将是如何提高城镇化质量和大量流动人口真正融入城市的问题。据蓝皮书测算，今后20 年，中国仍有2 亿多农民需要转移到城镇就业和居住，再加上近年来已进入城镇但还没完全市民化的农民，未来全国将有4 亿~5 亿农民需要实现市民化。据初步测算，仅解决社会保障和公共服务，农民市民化成本至少人均10 万元。在未来20 年内，要将4 亿~5 亿进城农民完全市民化，至少需要投入40 万亿~50 万亿元的巨额资金。

2. 传统的以地方政府为主导的融资模式存在局限性。目前，我国传统的城镇化融资模式主要有以下四种形式：地方政府为主体的地方税和中央转移支付、地方政府的土地出让金收入、地方政府控制的投融资平台以及中央代发地方债。这些传统的融资模式由于各自的局限性，难以为未来我国的城镇化提供持续的、充足的资金供给。

第一，地方税收和中央转移支付不能满足地方城镇化过程中公共产品和服务的提供。1994 年分税制改革之后，财权上收和事权下移导致地方财政出现困难，严重依赖中央的转移支付，2012 年中央财政对地方的税收返还和转移支付达45 361.68 亿元，相当于地方财政支出的42.4%。但是，根据有关统计资料，中央财政资金在地方城市建设投入中的占比很小，2009 年全国城市维护建设资金收入中中央财政拨款占1.6%（如图1 所示）。

第二，土地财政融资模式可持续性差。土地财政是指地方政府依靠出让土地使用权的收入（即土地出让金）来维持地方财政支出。作为地方政府预算外收入的主要来源，土地出让金收入已经成为我国城镇化过程中最重要的融资形式。2009 年土地出让金收入占城市维护建设资金收入的比例达到

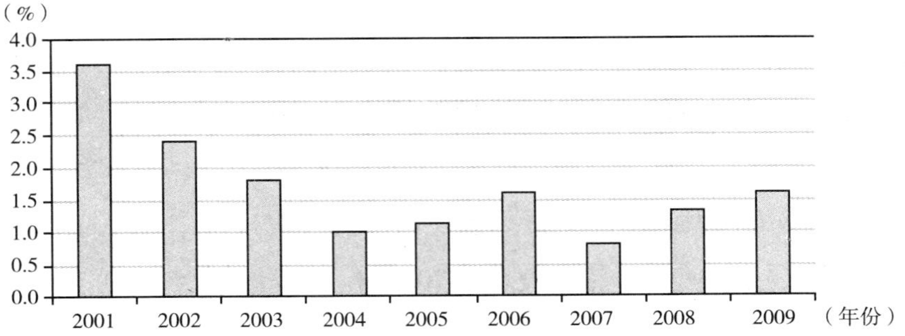

图1　2001～2009年中央财政拨款占城市维护建设资金比重

资料来源：根据《中国建设统计年鉴》编制。

39.2%。但是，土地融资存在很多问题，且其弊端近年来日益突出，主要表现在：土地资源是有限的稀缺资源，一次性的土地批租收入不具有可持续性，并助长了地方政府"政绩"激励下的短期行为；地方政府通过推高地价获得城镇化建设资金的同时也推高了房价，当前中央政府对房地产行业的调控使地方政府土地收入大幅度缩减；保障房建设需要地方政府配套大量资金，而这些资金也主要来自土地出让收入，由此导致地方政府城镇化资金缺口进一步加大。

第三，地方融资平台面临较大债务风险隐患。地方融资平台作为有政府背景的市场主体，通过盘活土地资源、国企资源和城市无形资产，为地方城镇化筹集了大量建设资金。但是，无论从微观的风险角度还是从整个经济运行角度来看，地方融资平台的融资行为都存在较大的风险隐患：一是融资主体的设立与运作不规范，公司治理结构不合理。事前审批、事中操作和事后监督没有形成一套统一、规范的约束，管理人员相当部分由官员担任，缺乏必要的市场经营和企业管理经验及风险防范意识。二是融资状况不透明，责任主体模糊，一旦破产，地方政府乃至中央政府将成为最终买单人。① 三是信用膨胀、负债率高。根据国家审计署的审计报告，截至2013年6月底，全国地方政府负有偿还责任的债务108 859.17亿元。其中，地方融资平台公司

① 马庆斌、刘诚：《中国城镇化融资的现状与政策创新》，载于《中国市场》2012年第16期。

作为举债主体，举借 40 755.54 亿元负有偿还责任的债务。由于融资平台可融资的金额没有明确约束，一些地方政府出于各种目的，极力扩大融资量，甚至不考虑自身还款能力，导致融资规模巨大，超出当地政府的实际承受能力。

第四，地方债发行规模有限，短期内不宜大规模推广。2009 年和 2010 年，中央分别代发地方债 2000 亿元，2011 年，上海、浙江等四省市开展地方自行发债试点。但由于目前我国地方政府融资平台债务高企，再加上修订的预算法仍没有放开地方自行融资权，地方债的试点范围和规模有限，难以弥补城镇化的资金缺口。

由上述分析可以看出，巨大资金需求与传统融资模式融资不足之间的矛盾是我国未来城镇化发展中面临的首要问题。因此，积极探索多元化的融资渠道，利用 PPP 模式引入民间资本，不失为缓解此矛盾的有效途径。

（二）提高城镇化过程中公共产品和服务的供给效率

在基础设施、公用事业和公共服务领域，以政府为单一主体的供给和管理模式在运行机制方面存在不足，导致公共产品和服务的供给效率低下，主要表现在以下几个方面：

1. 城市公共设施内部投资结构不协调。在城市公共设施行业内部，政府的资金分配比例不合理，道路桥梁等基础设施投资占较大比重，而市容环境卫生和园林绿化等占比较小。2009 年，全国道路桥梁资金支出占城建维护与建设支出的比重为 38.9%，市容环境卫生与园林绿化支出分别占总支出的 4.6% 和 8.4%。

2. 资源浪费严重。首先，由于缺乏长远的统筹规划，各地政府在城镇化过程中进行了大量重复建设和盲目建设，造成基础设施供给不足与基础设施利用不充分的现象同时存在。有的地方甚至建设实用性不强的形象工程，造成资源的严重浪费。其次，有的项目建设质量不达标，难以达到正常的使用要求，甚至出现很多“豆腐渣”工程，常常需要返建或返修，因此又带来了巨大的资金浪费。

3. 项目建设周期过长。城市政府在制定预算时普遍低估项目预算，往往只考虑主体工程，而没有考虑相应的配套资金，从而使许多在建工程由于缺乏资金而延期建成。有些地方政府甚至为了制造建设繁荣的假象，人为拉长建设战线和周期，既损坏了政府形象、造成政府信用缺失，也由于资金周转效率低而影响其他项目的开展。①

在 PPP 管理模式中，政府公共部门和民营部门在合理分工、优势互补的基础上进行合作，民营部门更多地负责项目和服务的具体生产与经营，政府公共部门主要负责项目和服务标准的制定以及生产经营过程的监督。因此，在城市基础设施、公用事业和公共服务提供过程中，利用 PPP 模式积极引入民营部门参与，不仅可以吸引民间资本，还可以利用民营部门先进的技术和灵活高效的管理机制，提高城镇化过程中公共产品和服务的供给效率和质量，更好地满足居民日益提高的个性化要求。

（三）分散城镇化进程中城市公共设施供给的整体风险

在城镇化发展过程中，基础设施、公用事业和公共服务由于其投入巨大、影响范围广泛等原因，其生产与经营过程存在着诸多风险。整体上看，这些风险可以分为系统性风险和非系统性风险。

系统性风险，是指在项目实施和服务提供过程中，由超出可控范围的政治、自然和经济环境而遭受损失的风险，其贯穿于整个项目的生命周期，具体包括政治风险、经济风险、法律风险和不可抗力风险。政治风险是指由于政局不稳或国家政策不连贯而对公共产品和服务提供造成的风险。经济风险具体包括汇率风险、利率风险、资本风险和通货膨胀风险。法律风险是指由于现行法律不完善或法律变更而引起的项目建设或服务提供不能按时完工或成本增加以及合同实施出现争议时无法依靠法律解决的风险。不可抗力风险是指由于自然与环境因素引发，项目或服务的参与方不能预见且无法克服及避免而造成损失的可能性，如自然灾害、战争等。

① 仝晓烈：《城市基础设施投资效率问题》，载于《商场现代化》2012 年 2 月（下旬刊）。

非系统性风险，是指项目建设运营和服务提供过程中出现的可控风险，包括信用风险、完工风险、技术风险、经营管理风险、市场风险及环境保护风险等。信用风险是指项目或服务的参与方或直接利益相关者不能履行其相关职责而对项目或服务供给造成损失的可能性。完工风险是指项目无法按时完工、延期完工或者完工后无法达到预期标准而带来损失的可能性。经营管理风险是指投资者或经营者由于决策失误和经营管理不善造成公共设施融资遭到延误或失败、建设阶段无法达到质量标准而造成损失的风险。市场风险是指在一定成本水平下不能按计划保证公共产品和服务的质量与数量，以及由市场需求与价格波动带来的风险。环境保护风险是指由于没有遵循环保法规要求，造成项目延误、诉讼或惩罚等引起增加新资产或迫使项目停产的可能性。

城镇化过程中，基础设施、公用事业、公共服务等城市公共设施的提供面临着如上所述的诸多风险，这些风险如果由政府公共部门独自承担，必将加大政府公共部门的压力和负担，甚至导致地方公共部门的破产。所以，利用 PPP 模式引入民营部门参与城市公共产品和服务的供给，通过科学的风险分担制度安排，可以将不同风险分配给最有能力承受此风险的一方，从而分散和降低项目和服务的整体风险。

四、当前我国 PPP 项目基本情况及存在问题

我国 PPP 项目早在 20 世纪 90 年代初就开始实施，目前已经有 20 年历史，为我国基础设施建设提供了大量资金的同时，也促进了管理技术的提高。本部分将重点阐述我国 PPP 项目实施的现状及存在的突出问题。

（一）PPP 项目的基本情况

1. PPP 项目的数量。我国 PPP 项目早在 1990 年就开始实施，截至 2011 年，据亚行的不完全统计共有 1018 个项目采用 PPP 模式（如图 2 所示）。1990 年仅有 1 个项目采用 PPP 模式，1992 年仅仅有 2 个项目，到了 1997 年达到 70 个项目采用 PPP 模式，2002 ~ 2008 年间一直保持较高水平。2007 年最多，一年高达 103 个项目采用了 PPP 模式。

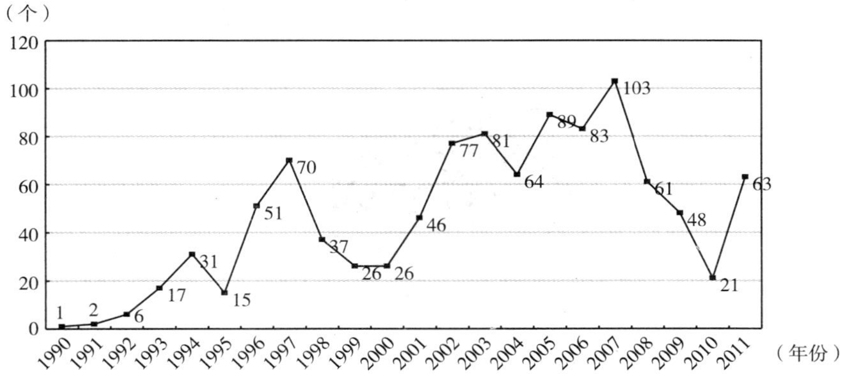

图 2　1990～2011 年历年 PPP 项目数量

资料来源：亚行报告。

2. PPP 项目的价值。自 1990 年至 2011 年，我国 PPP 项目总价值为 1164 亿美元。1997 年为最大的一年，2003 年、2005 年、2006 年和 2007 年均保持一个较高的价值水平。这与 2003 年十六届三中全会提出公用事业引入民营资本的决定有关。

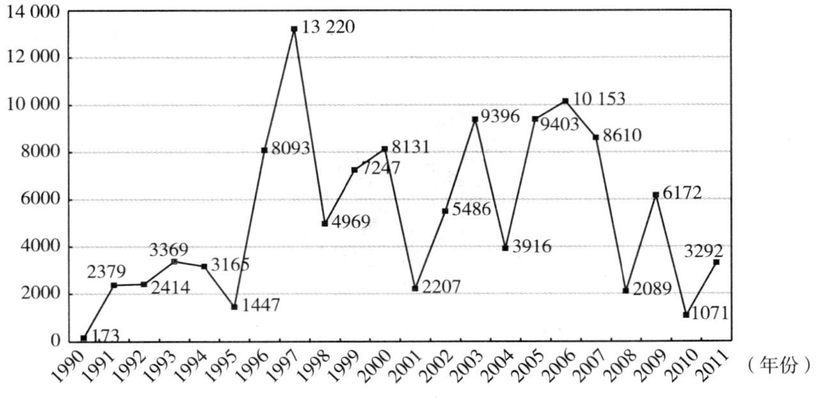

图 3　1990～2011 年历年 PPP 项目价值

资料来源：亚行报告。

3. PPP 项目的分布。我国的 PPP 项目从数量来看，主要分布在三个领域，一是能源 409 个项目，占 40%；二是水务和污水处理有 375 个项目，占

37%；三是交通运输有230个项目，占23%。通信仅仅有4个项目。

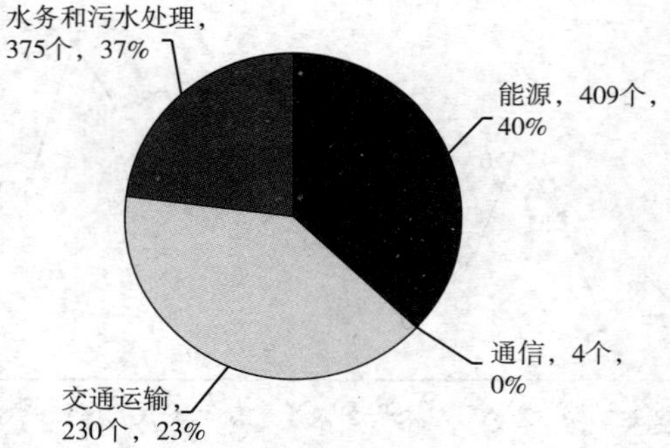

图4　1990～2011年PPP项目数量分布图

资料来源：亚行报告。

我国PPP项目从价值分布来看，主要集中在四个领域，一是交通运输占43%；二是能源项目占37%；三是通信项目，虽然只有4个项目，但项目价值占12%；四是水务和污水处理占8%。

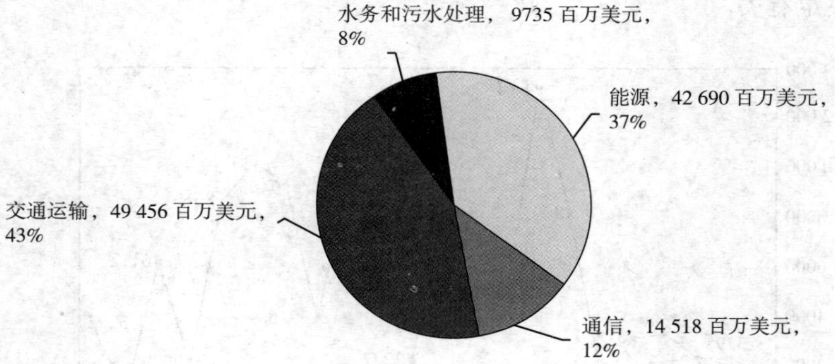

图5　1990～2011年PPP项目价值分布图

资料来源：亚行报告。

（二）存在主要问题

我国早在20世纪末就有通过PPP模式建设基础设施的项目，至目前已经在多个领域采用了该模式。虽然通过PPP模式解决了基础设施和市政建设在融资方面的问题，取得了成效，但存在的问题也是非常突出的，主要有以下几个方面：

1. 风险转移的目标没有充分实现。我国开展的PPP项目，很多经营性项目都有财政补贴，虽然名义上是采用了PPP模式，但并没有将经营风险完全转移，让民营部门（私人部门）承担，政府在许多项目中负责“兜底”，实质上承担了最终的风险。

2. 项目运营周期较短。当前我国实施的一些PPP项目（如BT项目）运营期通常只有3～5年，不仅没有解决政府财政融资问题，相反被私营部门增加了一部分成本，例如一些地方通过PPP建设的城市环线，通常建成之后政府付费40%，接下来连续两年每年再付30%。由于企业融资成本一般会高于政府融资成本，所以，这样不仅没有发挥财政资金的杠杆作用，最终还会成为政府一个重要的债务来源。这与采用PPP的初衷是不一致的。

3. 项目多集中在用户付费项目。PPP的核心理念之一就是解决财政资金困难问题，在用户付费项目中，完全可能通过使用者付费来解决问题，这类项目完全可以通过市场化方式解决。例如污水处理、保障性住房中的公共租赁房等项目完全可以通过向使用者收费解决项目前期投资，无须政府投资。

4. 财政部门监督和约束力弱。我国PPP项目一般由各部门安排，与财政没有必然联系，在需要融资时还要求财政部门出“安慰函”。这与国际货币基金组织强调在PPP项目中财政部门有一票否决权是不一致的。

总之，如果我们不对当前使用的PPP模式及时规范、加强监督和有效控制，必然会给地方政府带来严重的债务危机。

五、积极利用PPP推进我国城镇化发展

（一）把PPP运用作为政府财政改革的一个突破口

随着财政支出管理改革的深化，公共财政支出体系不断调整和完善，社会公共产品与服务的供给能力不断增强，财政“公共性”特征日益突出。同时，随着政府职能的逐步转变和市场在资源配置中作用的增强，财政职能和支出保障范围也相应调整优化。财政工作坚持以人为本，深入贯彻落实科学

发展观，着力建立保障和改善民生的长效机制，公共支出功能不断强化，以支出结构优化重点保证公共服务领域的支出需要。

由于社会、经济快速发展，特别是城镇化进程的加快，人们对公共产品服务的需求呈现不断壮大趋势，必然要求政府提供更多、更好的公共产品和服务，政府仅仅依靠财政收入根本无法满足人们这种快速增长的需求，所以就需要一种新的投入机制来提高政府提供公共产品和服务的能力。

（二）界定城镇化建设中可以利用PPP的具体领域及优先领域

由于PPP模式的多样性与灵活性，城镇化过程凡是涉及需要政府投资的领域基本上都可以采用PPP模式。城镇化是一个历史过程，也是一项系统工程。城镇公共设施，是城镇化的基础，为社会生产和居民生活提供必要条件，直接参与各行各业的物质生产和社会生活全过程。发展经济学家常使用“社会间接资本”作为公共设施的同义词，以强调其基础性和先行性。城镇公共设施，是指为企业生产和居民生活提供基本条件、保障城市存在和发展的各种工程和服务的总称。从提供产品的物质形态来看，城镇公共设施可分为技术性基础设施和社会性基础设施。

技术性基础设施主要是指有形的公共产品，包括市政工程设施和公用事业。通常所讲的基础设施主要指市政工程设施，具体包括市内道路、公交路线（机动车线路和地铁、轻轨线路等）、交通干道设施、地下地面各类管道、桥梁、隧道灯。公用事业，主要包括环境保护、环境安全；公共旅客运输；自来水、电力、煤气、热力的生产、分配和供应；污水、雨水排放；垃圾处理；文化体育场所、娱乐场所、公园；房屋修缮、邮政通讯等。

社会性基础设施，是指通过国家权力介入或公共资源投入为满足公民的社会性直接需求所提供的公共服务，包括就业服务、养老、住房保障、教育、文化、卫生、医疗、环境保护、科普等诸多方面。公共服务包括的范围较广，层次也有高有低。其中，基本公共服务是指建立在一定社会共识的基础上，根据一国经济社会发展阶段和总体水平，为维持本国经济社会的稳定、基本的社会正义和凝聚力，保护个人最基本的生产权和发展权，为实现人的全面发展所需要的基本社会条件。基本公共服务主要有以下三个方面：一是保障人类基本生存权的基本就业服务、基本养老、基本住房保障；二是满足基本发展权需要的义务教育和文化服务；三是满足基本健康需要的公共卫生和基本医疗保障。

在 PPP 项目的优先安排方面，可以先从一些具有较好经济效益的项目开始，例如可收费的高速公路、自来水、轨道交通等，随着条件的成熟，可逐渐发展到一些非收费项目。

（三）在城镇化发展中积极运用 PPP 的总体思路与路径安排

城镇化离不开基础设施的投资，而基础设施投资仅仅依靠财政资金是远不够的，从国际经验看，通过 PPP 模式建设基础设施是一个成熟的模式，基于 PPP 模式的复杂性，这个复杂性主要是指一个拟采用 PPP 的项目必然涉及多方利益，如公众利益、投资者利益、公共部门利益等，如何协调三方利益是成功实施 PPP 的关键。因此，要想成功实施 PPP 模式，必然需要建立一个较为行之有效的保障机制。

如果在城镇化中广泛采用 PPP 模式，离开严格管理是很难实现的，可以说管理是成功实施 PPP 的基础。从英国、澳大利亚等国家推广 PPP 的经验看，政府应通过设立相应的管理部门来加强对 PPP 项目的管理。英国是由设立在财政部下的基础设施局负责 PPP 项目的实施的，该局负责出台 PPP 的政策、法规，同时也对基础设施项目进行审批，决定是否采用 PPP 模式。为了加强 PPP 项目管理，我们认为，应在财政部设立或委托相关部门承担 PPP 项目的管理职能。管理职能应包括：制定 PPP 项目相关政策、实施指南、项目决策、评估、发布项目信息、监督管理等。政府管理机构除了同企业共同做好前期规划设计、规定服务标准外，还应事先规定动态调整的定价或补贴政策，并监督企业运营项目的质量和履行好维护设施能力的承诺。

制定完善的法律、法规是私营部门资本进入基础设施的保障。基础设施不仅投入大，而且期限长，私营部门资本在进入这样的项目时会考虑进入后的风险，如果没有相应的法律、法规作为保障，就会成为他们进入基础设施的一个障碍。由于 PPP 涉及面较为广泛，建议应由全国人大制定私营部门资本进入基础设施法，以提高社会资本参与基础设施的积极性，进而推动我国 PPP 项目的发展。

PPP 项目需要多方面的政策支持，如财政、税收、金融等，对于采用 PPP 模式的项目应当给予相应的政策支持，只有明确的政策支持，才能吸引更多私营部门的资金投入到基础设施项目。一个 PPP 项目都有一个较长的周期，不同的时期会需要不同的政策支持，如一个基础设施项目在建设期、运营期和转让期都分别需要不同的税收政策给予相应的支持。

在实践方面，可以首先选择一些经济条件较好的地区开展，一方面这些地区的民营经济较为发达，能为项目提供充分的资金支持；另一方面，经济发达地区对基础设施的需求通常也较大。

我国 PPP 应用虽然也有一段时间，但从采用效果看，还存在诸多问题，为了更好发挥 PPP 模式在我国城镇化进程中的促进作用，我们应当积极借鉴世界各国经验，不断完善我们的相关法规政策，同时也需要借助世界金融机构的宝贵经验，如世界银行在 PPP 方面已经积累了相当多的宝贵经验与成果，目前亚洲开发银行在积极推广 PPP 模式，我们应不断加强与他们广泛的合作，积极借鉴、吸收他们已经取得的宝贵经验与成果，让这些成果成功运用到我们所要采用的 PPP 模式当中，以提高 PPP 模式的成功率，有效促进城镇化进程。

下 篇

新型城镇化成本与财政支出责任

2011年中国常住人口城镇化率首次突破50%，达到51.3%；2013年进一步提高到53.7%，表明中国已经结束了以乡村型社会为主体的时代，进入到以城市型社会为主体的新的城市时代。但从城镇化的质量看，还存在农业转移人口市民化机制不顺等突出问题。解决这一问题，需要合理界定中央和地方政府在其中的职能定位，特别是与之相关的财政支出责任。为此，我们策划设计了“新型城镇化建设成本测算与政府财政支出责任研究”这样一个协作课题。参加该协作课题的有河南省、新疆维吾尔自治区、辽宁省、吉林长春市、江苏昆山市、广东佛山南海区以及财政部财政科研所区域室等单位。本篇主要内容为该课题的总报告和各参加单位的分报告。旨在根据我国不同地区的实际情况，在理论联系实际的基础上，对新型城镇化的成本进行研究和具体测算，并提出相关的成本分担机制和政策建议，为政府决策提供参考。

新型城镇化建设成本测算与财政支出责任研究*

一、问题的提出

中央高度重视城镇化质量问题。中共十八大报告把“城镇化质量明显提高”列入全面建设小康社会目标之一。习近平总书记在2012年12月中央经济工作会议上指出，“城镇化是我国现代化建设的历史任务，也是内需的最大潜力所在。国际经验表明城镇化是自然的历史进程，如果顺势而为、妥善引导，会成为带动经济发展的持续动力，顺利跨越‘中等收入陷阱’；走得不好，也会带来诸多矛盾和问题，患上‘城市病’，影响现代化进程。我们要围绕提高城镇化质量，因势利导、趋利避害，积极引导城镇化健康发展。”李克强总理2013年1月15日在国家粮食局科学研究院考察调研时指出，“推进城镇化，核心是人的城镇化，关键是提高城镇化质量，目的是造福百姓和富裕农民。”

财政是提高城镇化质量的重要制度保障。城镇化是经济结构与社会结构的复合转型，公共治理体制的重大变迁。在这一过程中，蕴含着种种公共风险。提高城镇化质量的过程，是提高城镇化进程中公共治理能力的过程，是有效防范化解城镇化进程中公共风险的过程。财政作为国家治理的基础和重

* 本文为中国财政学会与财政部财政科学研究所2013年度全国协作课题“新型城镇化建设成本测算与财政支出责任研究”的总报告。该课题由刘尚希策划、设计，并全程指导研究，河南省财政厅副厅长李阳参加指导，河南省财政厅政策研究室牵头，新疆维吾尔自治区财政厅科研所、辽宁省财政厅财政科研所、长春市财政局科研所、江苏昆山市财政局、广东省佛山市南海区财政局，以及财政部财政科研所区域财政研究室等单位参加。本文系在各参加单位分报告基础上综合研究形成，主要执笔人：郭鸿勋、王银安，傅志华、石英华参与讨论定稿。

要支柱，作为公共风险的最终承担者，在提高城镇化质量方面，既是政策工具，更是制度保障。

财政的预算管理制度、税收制度、政府间关系制度都与城镇化质量有着密切关系。比如，当前比较突出的农业转移人口市民化问题，就与政府间支出责任划分不够完善、执行不够有力有关。以政府的支出责任为切入点来研究财政在城镇化进程中的作用，一方面有利于从正确处理政府与市场、社会的关系着手，更加清晰地把握政府在城镇化进程中的任务；另一方面有利于从完善政府治理架构着手，合理划分中央与地方之间的支出责任，确保有关支出责任的落实。

一些研究注意到了财政与城镇化之间的关系问题。刘尚希（2012）论述了我国城镇化对财政体制的五大挑战。华生（2012）指出，“许多人没有意识到，新型城镇化的口号其实首先是对财政体制的重大挑战”。联合国开发计划署驻华代表处与中国社会科学院城市发展与环境研究所共同撰写的《中国人类发展报告 2013》则假设了中国未来城市化的三种情境，不同情境下的政府投入、城镇化速度、城镇质量各不相同，也从一个侧面揭示了政府支出与城镇化质量之间的关系。

但总的看，以政府在城镇化进程中的支出责任，以及中央与地方责任划分为切入点的研究还很不够。本研究正是基于此而展开的，希望通过相关的定性分析与定量测算，为充分发挥财政在新型城镇化中的职能作用提供决策依据。课题的参加单位从纵向看既包括中央一级的财政部科研所，又包括省级的河南、辽宁、新疆，市一级的吉林省长春市，以及县一级的江苏昆山市、广东南海区，从横向看覆盖东、中、西部，具有较广泛的代表性。

二、对现阶段城镇化的基本认识

考察城镇化进程中的政府支出责任，需要首先立足城市化的一般规律和我国国情，深入了解现阶段中国城镇化的特征，以便形成符合中国实际的理论分析框架。

（一）关于城镇化的一般规律

任何一个关于城镇化的理论都不可能揭示城市化的全部内在本质，但都能从某个侧面帮助我们正确理解中国现阶段的城镇化问题。以下几个理论视角值得关注：

1. 城镇化进程是非农产业发展的过程。按照基础的城市经济理论，城市产生的原因和条件，一方面是农业剩余的出现，另一方面是劳动分工。农业剩余的出现，使得非农产业的发展成为可能；越来越精细的劳动分工，使大量的熟练工人得以形成，为企业的出现提供了保障，企业的出现进而又带来了企业选址的问题，使得城市成为企业较为集中的地方。正因为城市与分工之间的内在关联，人们在定义或描述城市时，一般都有“以工业和服务业为主导地位”、“以非农活动为主”等内容。这一理论视角启示我们，城市化问题，归根到底还是非农产业发展的问题。非农产业、非农活动是城市的重要标志，城市化进程与产业结构的调整和升级密不可分。

2. 城镇化进程是人口由农村向城镇转移的过程。根据美国经济学家刘易斯的相关理论，传统部门存在大量剩余劳动力，以至于传统部门的劳动边际生产力为零甚至低于零。只要现代部门的工资水平高于传统部门的平均收入，就能源源不断地吸纳传统部门的剩余劳动力直到剩余劳动力的耗竭点，即刘易斯拐点。刘易斯主张通过城市化，加速农村剩余劳动力向城市部门的转移，以实现城市经济的扩张和农村劳动生产率的提高，从而推动国家经济的发展。

按照美国经济学家托达罗的相关理论，农业劳动者迁入城市的主要动机是劳动者预期的城乡收入差距，差距越大，流入城市的人口越多。由于城乡收入差距的扩大，大量农民盲目流入城市，而且流入的人口数量远远大于工业的需要，造成城市失业问题。托达罗认为单纯依靠工业扩张不能解决城市严重的失业问题，应该控制人口从农村流向城市的规模和速度，重视农业和农村的发展，增加农村的就业机会和收入水平，逐渐缩小城乡差距，从而减缓农村人口流向城市。刘易斯和托达罗关于人口转移的模型启示我们，人口由农村向城市转移是经济发展的必由之路，也是必然趋势，既要积极推动农村人口向城市迁移，又要防止人口盲目流动所带来的副作用。

3. 城镇化进程是通过规模报酬递增效应提高经济整体配置效率的过程。按照基础的城市经济理论，规模报酬递增是促使城市产生的最重要的原因。比如，城市内的生产者、消费者、销售者互相吸引，而出现滚雪球式的经济集聚效应；城市内的厂商可以享受到劳动力市场所带来的多种高水平人才，由此带来集聚效应；信息积累和循环所带来的集聚效应，等等。其中，人力资本和信息方面的集聚效应可能是最重要的。上述集聚效应形成的规模报酬递增，又加速了人们经济活动的集中。这启示我们，提高城镇化质量，必须把发挥城市的规模报酬递增效应，作为重要的着眼点。既要使城市达到必要的规模，也要注重提供一种能够降低交易费用的制度安排，使得分工和专业化的作用得以充分发挥。

4. 城镇化进程也是防范和控制城市病的过程。进一步的研究表明，城市体系实际上是两种相反的作用达到均衡的结果：一种是集聚经济所带来的好处，另一种是经济活动在狭小范围内集中所产生的外部不经济，比如污染，高昂的劳动力成本、土地成本、时间成本、住房成本、社会治理成本等。这两种作用一种是“向心力”，另一种是“离心力”。上述“离心力”实际上就是“城市病”。

从土地看，城市企业和人口的数量在不断增加，但是城市的土地资源是有限的，一方面容易产生土地供求矛盾尖锐的问题，另一方面也很容易产生城市土地开发利用不合理、土地利用效率低下的问题。

从住房看，城市中50%以上的房地产以住房形式存在，城市住房具有准公共物品的特性，会出现市场失灵，如果政府不介入，将出现供给不足、价格过高、质量低下等问题。

从交通看，道路空间资源的有限性决定了必须合理规划与构建城市交通网络体系，更新交通管理的技术，以及提高交通参与者的交通意识等，交通也是一种准公共产品，如果只靠市场来提供，必然会出现供给不足，集中体现为交通拥堵。

从环境看，随着人口和其他要素的过度集中，如果存在制度缺失，很容易出现严重的环境污染问题，如空气污染、水域污染、城市垃圾污染和噪声污染等。

城市病在南美洲表现得极其明显，巴西、阿根廷等国家在城市内部出现了贫民窟。中国过去在避免城市病方面做得是比较好的，原因在于原有的体制机制限制了农民自由进城，同时，农民在城市找不到就业岗位时，可以随时退回农村。但随着原有的限制农民进城的体制机制逐步消除，城市病风险加大。这启示我们，在城镇化进程中，必须把防范城市病作为有关政策的重要着眼点。

（二）现阶段我国城镇化的几个特征

受客观条件限制，我国现阶段的城镇化呈现如下一些特征：

1. 城乡二元体制有待进一步破除的城镇化。中华人民共和国成立以来的相当一段时期，中国实行与计划经济体制相适应的城乡二元体制，这一体制强化了城乡二元结构。改革开放以来，在快速工业化的过程中，城乡二元结构没有得到有效缓解。城镇化严重滞后于工业化，大量农业转移人口难以融入城市社会。这就决定了中国现阶段的城镇化重在“化”，更多地体现为城乡关系及相应的经济社会结构的变化，而不是城镇自身的发展。正如李克强总理在十二届全国人大一次会议记者招待会上答记者问时所说，城镇化最根本的是服务于农民，城镇化不是城里人的事情，而是全社会的事情。为此，推进人的城镇化，首先应关注农业转移人口的市民化问题，包括存量和增量农业转移人口。

2. 公共化程度快速提高的城镇化。在我国传统农业社会，大量人口因血缘、地缘等因素聚居在相对独立和封闭的村落中，村落是生产方式和生活方式的载体，“乡田同井，出入相友，守望相助，疾病相扶持”，这是一种相对稳定、相对封闭的“熟人社会”。在城镇化进程中，大量人口由村民转变为现代城市社区居民。在这一新的群体化、集体化过程中，会产生大量的公共问题和公共事务，如公共空间、公共文化、公共设施、公共服务、公共话语、公共决策等。换言之，城镇化的过程，也是整个社会的公共化程度提高的过程。如果这一进程比较缓慢，相关风险会慢慢释放并逐步化解，但如果这一进程比较迅速，相关配套制度又跟不上，就容易引发公共风险。化解这些风险的过程，往往伴随着政府公共支出责任的增加。比如，江苏昆山市、广东南海区、河南临颍北徐镇的农村居民在“村改居”之后，产生了公共基础设施、公共服务等方面的新要求，这些，在过去是由村集体提供的，现在则需要由政府来提供。又如，昆山市因外来人口较多，正式与非正式警察数量增加到9000多人，警察数量的增长超过了人口的增长，这在某种程度上说明人口迅速集聚可能带来较大公共风险。

3. 在来回流动中渐进转移的城镇化。我国的人口城镇化不是一下子沉淀下来，而是一个不断尝试的试错过程。农民工进城以后，在不断流动中寻找适合自己，同时也被城市认可的固定职业，以渐渐适应社会地位、生活方式等方面的变化。在没有找到固定职业之前，就会在城乡之间来回流动。这种试错法的人口城镇化，实际上是一种富有弹性的自然渐进过程，是农民与城镇之间一种相互选择与不断适应的过程。这种模式有其合理性，有利于降低城镇化过程中的公共风险。否则，容易造成大量既无土地又无职业的贫民，带来很多社会问题。这种“双跨”局面可能持续很长一段时间。但从公共支出角度看，这是一种政府成本较高的城镇化模式。农民工在城市工作，需要在城市享受有关公共服务，但同时，农村留守儿童、老人成为社会问题，加大了农村的公共服务支出需求。

4. 大国的城镇化。中国是一个大国，与小国相比，复杂性程度呈几何级数增长。复杂性体现在如下方面：

一是粮食安全保障与相关的利益补偿问题。工业化和城镇化需要占用耕地。从全国开展耕地普查的1996年和2008年的统计数据看，全国GDP由6.86万亿元增加到31.4万亿元，同期耕地面积减少8323千公顷，减少6.4%。其中GDP增长较快的广东、浙江、江苏三个沿海发达省耕地面积分别减少13.5%、9.6%、5.9%，中部的安徽和湖北耕地面积也分别减少4%、

5.8%。在耕地紧缺的情况下，如果一国所有的地区在推进工业化和城镇化的过程中都放宽占用耕地方面的约束，粮食供应就会成为一个公共问题。对小国而言，粮食安全可能不是一个重要问题，但对中国这样一个人多地少的大国而言，饭碗必须端在自己的手里，粮食安全就成为治国安邦的头等大事。这就需要处理好区域之间的关系，鼓励粮食主产区走出一条不以牺牲粮食生产为代价的城镇化之路。

二是跨省域的人口流动问题。城镇化不是一个国家内的局部概念，而是全国区域内的全局概念，是人口在全国范围内转移、资源要素在全国范围内优化配置的过程。即使地方拥有立法权、自治权的联邦制国家，如美国、德国等，也都是在全国范围内人口迁移的过程中，完成了工业化、城市化任务，形成了全国性的区域功能分工，提高了资源配置效率。而从目前我国情况看，一方面，一些工业化水平较高的地区，只愿接受劳动力，享受农民工的贡献，但在满足农民工家庭人口的基本公共服务需求方面，积极性却明显不足；另一方面，一些粮食主产区政府则在大力倡导外出打工人员回乡创业，以促进本地经济发展和城镇化。这些在某种程度上是违背工业化、城市化过程中人口在全国范围内流动这一客观规律的，需要中央政府加以引导。

三是不同发展水平的区域面临着不同的城镇化任务。由于我国不同区域间在地理环境、经济社会发展水平和工业化程度等方面存在很大差异，各地城镇化水平和质量也呈现出不平衡、差异化的特点。北京、天津、上海、广东、浙江、江苏等发达地区城镇化率已经超过60%，一些地区城镇化率已经接近100%，而西部的云贵桂川甘、中部的豫皖湘赣等省都在45%以下，中西部与东部差距巨大。在城镇化的不同阶段，政府和居民面临的任务是不同的。对发达地区来说是完善提高的问题，对后发地区来说是建设的问题。比如，江苏昆山市、广东南海区城镇化率已在峰值，面临的问题主要是存量农民工的市民化问题，而河南城镇化率仍有较大提升空间，面临的问题既有存量农民工的市民化问题，更有增量农民工的市民化问题。又如，不同地区在国家主体功能区中的分工不同，城镇化率的预期峰值也互不相同。另外，粮食主产区的城镇化率的未来峰值可能低于沿海发达地区。

三、新型城镇化的主要任务与政府责任

通过前述分析，我们可以大体明确新型城镇化面临的主要任务，进而明确政府责任特别是支出责任。

（一）新型城镇化面临的主要任务

1. 发展城镇非农产业，使农业转移人口“进得来”。有就业岗位支撑的城镇化，才是高质量的城镇化。新型城镇化应坚持“产业为基、就业为本”，靠城市就业岗位来拉动农民进城。国内外历史表明，城镇化水平与非农产业发展水平正相关。城市的发展来自非农产业的发展，城市的衰落来自非农产业的衰落。如果城市人口的增加缺乏就业岗位的支撑，势必带来种种问题。

促进非农产业集聚发展是新形势下非农产业发展中的一个重要问题。传统的“村村点火户户冒烟”分散发展方式，不仅会容易削弱非农产业对城镇化的带动作用，导致城镇化滞后于工业化，更重要的是不利于非农产业自身的发展。究其原因在于，随着企业规模的扩大和经济发展阶段的变化，对研发能力的要求会越来越高，相对于城市而言，农村的研发条件差，教育、卫生、文化发展水平低，生活水平差，吸引和留住人才比较难。因此，基于产城融合的趋势，引导大多数非农产业特别是工业尽可能在城镇周边布局，是科学新型城镇化的重要任务。

2. 实现城镇常住人口基本公共服务全覆盖，使农业转移人口“落得下”。农民工及其随迁家属能够与城镇原有居民享受无差别基本公共服务的城镇化，才是高质量的城镇化。农业人口向城镇转移，既包括农民工自身的转移，也包括农民工家庭人口的转移。农业转移人口对基本公共服务的需求，很大程度是其随迁家庭人口对基本公共服务的需求。农民工是否愿意进城落户，取决于其随迁家属能否得到与城镇原有居民无差别的基本公共服务。“只要农民工、不鼓励家属随迁”的制度安排，提高了农民工举家进城落户的门槛，由此带来了种种社会问题，影响了城镇化的质量。2012 年我国按城镇常住人

口统计的城镇化率达到52.6%，但按户籍人口计算的城镇化率只有35%左右，两者相差17.6个百分点，这个差距背后是2.6亿农民工。解决这一问题，必须促进城镇常住人口基本公共服务全覆盖。河南提出住房和教育“两个牵动”，以住房保障、随迁子女公共教育为重点抓好农业转移人口基本公共服务的均等化，道理就在这里。

3. 构建新型农业经营体系，使农业转移人口“转得出”。农村生产关系变革与人口向城镇转移相互促进的城镇化，才是高质量的城镇化。如果农民一方面在城市打工，另一方面还要在农村种地，就很难放心在城市举家落户。通过培育新型农业经营主体，构建新型农业经营体系，提高农业生产的规模化、组织化、社会化程度，可以提高农业劳动生产率，一方面使得新型农业经营主体在支付土地流转成本后，还能达到预期收益水平；另一方面使得农民工家庭即使不再兼业农业生产也能获得一定水平的土地流转收益，从而解除后顾之忧，放心到城市落户。在此基础上，如果相关政策机制设计跟得上，促使农业转移人口放弃旧宅基地，一方面可以新增耕地，另一方面可以使农业转移人口获得合理补偿，提高在城市购房或租房的能力，放心转出。因此，新型农业经营体系建设也直接关系到新型城镇化进程。

4. 完善就业和社会保障体系，使农业转移人口“稳得住”。进城农民能够在城镇长期安居乐业的城镇化，才是高质量的城镇化。农民进城后，能否不再向农村回流，不再来回摇摆，一方面要看就业岗位是否能稳得住，应该以农业转移人口的长期就业地作为转移方向，哪里产业发展环境好、产业发展快、就业岗位多、收入水平高，就支持人口向哪里集中，在此基础上，建立公共就业服务机制；另一方面要看社会保障体系是否能跟得上，暂时失业情况下，基本生活是否能够获得基本保障。这样，才能使大部分农业转移人口在城市稳下来，安居乐业。能否形成这样的良性格局，也是新型城镇化的重要任务。

5. 优化城镇布局和形态，在充分发挥城市规模报酬递增效应的同时有效防范“城市病”。规模报酬递增效应充分发挥、“城市病”有效防范的城镇化，才是高质量的城镇化。推进城镇化，归根到底是要获得比农村更高的规模效益和集聚效益。城市规模小时，不具有集聚经济效应。随着城市规模的增大，就业机会和收入增加，带动城市规模进一步增大。据有关专家研究，城市规模越大，人口密度越高，人均收入也越高，城市规模每扩大1倍，劳动生产率提高10%。[①] 恩格斯说过，一个农民进入伦敦这样的大城市，他的能力就提高了100倍。要把提高城市的规模效益、集聚效益作为科学推进城镇化的重要途径。但是，随着城市规模的增大，住房、交通、就业以及社会心理压力也逐渐加大。库姆斯等人（Coombes et al，2005）研究发现，城市的集聚效应在达到某一临界点后，就变为集聚不经济。此时，由于劳动力市场供过于求，迫使工资水平不增反降，而生活成本却持续上升。因此，能不能优化城镇体系的空间组织形式，形成城市群、大中小城市和小城镇协调发展的格局，事关城镇化质量。发达国家的“都市地区”（metropolitan region），如“都市区”（metropolitan area）、“都市圈”（metropolitan coordination region）、“都市带”（megalopolis）、“都市连绵区”（metropolitan interlocking region）等的形成，原因是这种空间组织形式有利于平衡规模报酬递增效应与“城市病”之间的关系，既有大城市的集聚功能，又能够防止单个城市过度扩张带来的“城市病”。

需要强调的是，城市规模由经济到不经济的临界点，既与城市规划水平有关，也与治理水平有关。城镇化是经济结构与社会结构相互叠加的复合转型，涉及生活方式、生产方式、社会文明等诸多方面的重大转变。在这个过程中，流动的人口安定下来需要一段时间，农村社会和城市社会都不稳定，要求社会治理体制及时转型，及时跟进。这一问题处理得不好，就会降低临界点，影响城市的规模递增效应。

6. 健全区域间利益调节机制，保障粮食等重大安全。在全国范围内形成合理区域功能分工的城镇化，才是高质量的城镇化。中国是一个大国，确保

① 刘世锦：《推进城镇化要政府重新定位》，载于《中国证券报》2014年4月25日。

粮食等重要农产品的有效供给，是推进新型城镇化的前提。保护耕地会影响城镇新增建设用地供给，提高城镇建设用地成本。如果粮食生产激励机制不到位，粮食主产区缺乏保护耕地的积极性，固然会加快本地区城镇化进程，但会加剧全国发展面临的风险。对粮食主产区为保障国家粮食安全而放慢城镇化步伐带来的损失，国家应建立相应的激励机制，从利益上予以补偿。另外，保障城镇化进程中的水、电等资源能源供给，也是新型城镇化面临的重要任务。

（二）新型城镇化中的政府支出责任

从以上分析可以看出，新型城镇化的中心任务是农业转移人口顺利融入城镇。无论是进得来、落得下、转得出、稳得住，都是基于农业转移人口进城而言的。优化城镇布局和形态、健全区域间利益调节机制，是为上述中心任务服务的。

完成上述任务，需要政府、市场、社会作用都得以充分发挥。市场机制是城镇化的基础，在“要素集聚→产业发展→人口集中→城镇化水平提高→经济更快发展”的过程中，市场起决定性作用。生产要素向哪里集聚，集聚的规模多大，是由市场决定的，主要是由作为市场主体的投资者决定的，其决策的主要依据是盈利率，即项目落地何处是由投资者根据盈利预期来决策的。人口向何处集聚是居民根据就业、收入、生活条件及目标等因素决定的。能不能让进城农民安居，提高生活质量；能不能提供更多的就业机会让农民乐业，需要市场主体通过市场机制来提供。同理，积极发展房地产业，满足居民住房需求；积极发展生活性服务业，满足城市居民多方面的生活需求，也需要市场发挥决定性作用。此外，市场主体还按照政府引导，积极参与社会事业发展，满足市民提高生活质量的需要。城镇化进程中，社会组织承担着政府失灵时的公共利益事权和市场失灵时的经济利益事权，社会体系与市场体系、政府（国家）体系，共同组成三位一体的现代社会，共同推动城镇化带来的中国社会结构转型。政府责任主要是弥补市场和社会的不足，化解城镇化进程中的公共风险。

进一步分析，可以围绕农民是否进城落户的决策，建立如下分析框架：

1. 若干假定。

（1）不管是否进城落户，每年的净收益都为收益与成本之差，但收益与成本互不相同。

（2）农民是否进城落户，取决于两种情况下净收益的比较。

（3）不管是否进城落户，每年的收益都由三部分组成：一是就业收益，即取决于收入水平及取得上述收入的机会（概率）。二是公共服务收益。城市的公共服务水平高于农村。三是其他收益。

（4）不管是否进城落户，每年的成本都由三部分组成：一是吃穿住行等基本生活成本。城市的基本生活成本高于农村。二是享受公共服务所需付出的成本。三是其他成本。

2. 几点推论。

（1）就业收益对农民进城落户决策的影响，主要是在于是否能够“稳得住”。对农民工而言，就业收益已经是在城市的就业收益，是否进城落户，关键在于对未来就业收益的预期。进城农民只有预期可以持续稳定地获得不低于目前水平的就业收益，在城镇“稳下来”，才能下决心转移到城镇。在这方面，市场起决定性作用，政府的作用主要是创造环境，是间接的。

（2）公共服务收益是否被压抑，将对农民进城落户决策具有重要影响。理论上说，城市的公共服务水平高于农村。但是，如果农民工及其随迁家属不能与城镇现有居民平等享受公共服务，公共服务收益被压抑，将会对农民是否进城落户的决策产生重要影响。在这方面，政府的作用是主要的。

（3）提高其他收益可以促进农业人口向城镇转移。伴随着城镇化进程的深入，农业经营规模更加合理，劳动生产率提高，新型农业经营主体可以将一部分利润分享给土地承包权的所有人，使得进城农民在放弃种地的同时还能获得一份稳定的土地流转收益。对放弃旧宅基地进行补偿，也能达到提高其他收益的效果。在这方面，政府也可以发挥一定的作用。

（4）降低基本生活成本可以促进农业人口转移。城乡吃穿住行成本的差异，主要在住房上。如果农民工及其随迁家属被纳入公共租赁住房保障范围，将使在城市的基本生活成本大为降低。在住房保障方法，政府可以大有作为。

（5）降低为享受公共服务所需付出的成本可以促进农业人口转移。另外，过去一些地方通过设置户籍等条件，限制农民工及其随迁家属与城镇现有居民平等享受公共服务，农民工为获得相关公共服务，需要付出额外的一些成本。在这方面，政府同样需要大有作为。

（6）降低其他成本也可以促进农业人口转移。农民工自身外出打工但家属未能随迁进城时，其他成本的一个重要来源是：因老人、子女留守给家庭幸福带来的额外成本。一旦农民工与随迁家属能够一同到就业地举家落户，这一块成本会显著降低。

（7）新型城镇化的目标之一是促使尽可能多的农村家庭通过向城镇转移而提高生活水平。农民自身禀赋各异，有的在转移到大城市的情况下，可能以实现净收益最大化，有的则在转移到小城市情况才能够实现净收益最大化。优化城镇布局，形成城市群和大中小城市协调发展的城镇体系，可以使更多人具备转移条件，增加进城落户的现实需求。

3. 有关政策含义。

（1）在农业人口向城镇转移的过程中，政府应承担相关支出责任。无论是提高农民进城落户的各项收益，还是降低进城落户的各项成本，政府都可以发挥作用，只不过对不同的收益或成本项目而言，政府与个人所应承担的支出责任比例不同。大体而言，政府的支出责任包括如下方面：一是政府在提高农民进城后收入能力和水平方面的支出责任。既包括促进产业发展，也包括就业服务体系，还包括人力资源的开发。二是政府在提高农民进城后公共服务收益方面的支出责任。既包括基本公共服务，也包括非基本公共服务。三是政府在控制农民进城后生活成本方面的支出责任。既包括一般的物价水平，也包括住房保障，还包括为享受其他公共服务所付出的成本。一些城市规定非户籍人口只有在购买城市住房后才能具有享受某些公共服务的资格，事实上增加了农业转移人口享受公共服务所需成本。四是政府在降低外出务工农民家庭因留守老人、留守儿童而承担的无形成本方面的支出责任。过去，农民在这方面承担了太多的成本。五是政府在提高农民进城后来自农村产权收益方面的支出责任。在不同的政策机制设计下，农民作出进城决策后，对承包地和宅基地的处置将带来不同水平的收益。预期收益水平反过来将影响农民进城决策。六是政府在优化城镇体系、形态、布局方面的支出责任。政府可以通过规划、政策和基础设施建设，引导城镇体系、形态、布局的科学化、合理化，促进全社会农业人口转移效用最大化。此外，政府在健全区域间利益调节机制，保障粮食等重大安全方面，也担负着重要支出责任。不过，总的看，提供公共住房保障等相关公共服务，既可以起到提高农民进城收益的作用，也可以起到降低农民进城后相关生活成本的作用，是政府发挥支出责任的首要方面。如果政府在这方面缺位，那么，公共服务在农民进城落户收益中的贡献就会低于合理水平，农民进城落户后的基本生活成本高于合理水平，进而影响农业转移人口进城落户意愿与能力。

（2）在农业人口向城镇转移的过程中，政府支出责任所对应的支出规模与农业人口转移方式、模式有关。由于人均公共支出需求与城市规模相关，在农业人口以向大城市转移为主和向中小城市转移为主两种模式下，政府支出的结构和规模相应不同。另外，人口以跨地区转移为主，还是以就近、就地转移为主，政府所需补贴的基本生活成本可能不同。

（3）政府支出责任的负担方式和水平，影响城镇化速度和质量。政府所分担的支出责任就像一个调控按钮和无形的“指挥棒”：如果政府加大支出责任的分担力度，将增加农民进城落户的意愿，降低农民进城落户的成本，促使更多农民做出进城落户决策，加快农民进城落户进度；如果政府分担的支出责任向某类规模的城市倾斜，将鼓励农民向相应规模的城市进城落户，并形成相应的城市体系。

（4）政府支出责任分担机制的设计目标，应是保障每个有潜在意愿、潜在能力进城落户的农民家庭，根据自己的非农就业能力，在适合自己的稳定就业地进城落户。理论上说，大多数农民都希望过上城里人的生活，从提高农业劳动生产率的要求来说，也应该鼓励大多数农民从农业向非农产业转移。但是，每个家庭向城镇转移的能力是不一样的，有的具有在大城市长期稳定就业的能力，有的则只具有在小城市长期稳定就业的能力。政策设计的目标，应是促进更多农民家庭，向适合自己的长期稳定就业地转移落户。

四、新型城镇化过程中政府支出责任的测算

如前所述，新型城镇化过程中的政府支出责任包括多个方面、多个层次。就最直接的层面而言，包括政府在提高农民进城后收入能力和水平方面的支出责任、政府在提高农民进城后公共服务收益方面的支出责任、政府在控制农民进城后生活成本方面的支出责任、政府在降低外出务工农民家庭因留守老人、留守儿童而承担的无形成本方面的支出责任、政府在提高农民进城后来自农村产权收益方面的支出责任、政府在优化城镇体系形态布局方面的支出责任、政府在保障重要农产品和资源能源方面的支出责任，等等。其中最迫切的是政府在提高农民进城后公共服务收益方面的支出责任。本研究报告试图以此为例进行测算。

（一）对城镇化进程中公共服务成本的基本认识

1. 城镇化成本的多维度特征。从世界范围看，城镇化成本与国家发达程度及所处发展阶段有关。在当今的发达国家和发展中国家，城镇化成本必然有大的差距。在一个国家内，不同发展阶段的城镇化成本也不一样。在不同发展阶段，人们的收入水平、福利期望值、权利意识等不同，政府的财政能力（包括财力能力和财政制度能力）也不同，城镇化的成本也会有差别。我们的基本判断：随着发达程度的提高，城镇化成本呈上升趋势。

城镇化成本与所处区域有关。所处区域的不同，包括按照东、中、西部的划分，沿海与内地的不同，发达地区与欠发达地区的不同等，其城镇化成本不同。我们的基本判断是，发达地区外来人口的城镇化压力大于欠发达地区，其城市建设水平、居民福利水准以及相关社会管理成本也相对较高。

城镇化成本与城市规模正相关。规模上的差异，如大、中、小城市以及

乡镇，决定了城镇化的成本不同：城市人口规模越大，城镇化单位成本越高。

城镇化成本与城镇化的方式相关。城镇化的方式不同，例如有城郊失地农民就地城镇化，以及外来农民工的异地城镇化等方式上的不同。

城镇化成本具有明显的刚性特征。城镇化作为一种生产、生活方式巨大改变，政府在其中承担中主要责任，其刚性化的成本上升，在很大程度上将加剧政府财政支出负担，以致造成财政风险扩张的局面。

城镇化的成本包括看得见、可计量的资金投入成本，也包括制度层面的转型成本。城镇化本身蕴含着发展、改革、转型的全面要求，实际上它涵盖了城乡一体化过程、基本公共服务均等化以及缩小差距的过程，其核心目的是逐步实现全体国民的共同富裕。所以，城镇化进程离不开发展理念的转变和各项体制改革的深化，包括经济发展方式的转变、注重生态环境保护、提升人民的幸福指数，以及收入分配制度改革、户籍制度改革等。

2. 城镇化成本的内容与形式。城镇化成本包括一次性成本与经常性成本。前者包括一次性建设投入成本，主要是基础设施的投入，具有明显的阶段性特征；后者包括基础设施的运行维护成本，经常性的社会管理成本等，具有明显的刚性支出特征。一般来说，一次性成本的具体范围相对明确，也易于测算；而经常性成本的具体范围、数额测算都可能是动态的。

城镇化成本包括静态成本与动态成本。城镇化的静态成本指一定价格下就某个时点计算出来的成本；动态成本则要考虑一段时期内价格变化因素（包括劳动力成本、基本建设材料价格、公共服务成本变化等）带来的城镇化建设整体成本的变化。从现实来看，我国城镇化动态成本具有明显的上升特征。

城镇化成本包括经济成本与社会成本。城镇化成本根据其性质可分为经济成本（或称硬件建设成本）和社会成本（或称软件建设成本），在具体的成本测算上二者各具特点：前者有一个折扣系数，后者有一个膨胀系数。所谓建设成本的折扣系数，是指城镇化建设过程中，一些基础设施的建设成本会因为规模效应而出现边际成本递减，即建设成本会出现一个折扣系数。所谓社会成本的膨胀系数，是指城镇化建设中的社会成本则相反，由于人口居住由分散转向集中、社会由“二元”变为“一元”而形成社会摩擦成本加大、社会风险聚集，形成边际成本上升的现象，即要考虑社会成本的膨胀系数。综合考虑这两个特征，在理论上就存在一个最优城市规模问题。

城镇化成本包括摩擦成本与社会风险。摩擦成本实际上是上述社会管理成本中的组成部分，在经济社会转型、工业化快速发展背景下的城镇化进程中，关注社会摩擦成本具有特殊重要的意义。当今中国的城镇化，实际上伴随着制度（民主化、法治化）、文化、社会的全面转型，社会摩擦成本上升将是常态。而社会摩擦成本上升必然引发社会风险的加剧，这是我们应当特别关注的。

3. 城镇化成本及其分担。城镇化的总成本客观上是在政府、企业（社会）、居民个人之间进行分担的。其中，政府应承担的成本，取决于政府在城镇化中的职责和作用，关键是政府在其中的角色定位。政府最基本的角色定位是弥补市场失灵、保住社会公平。城镇化建设中政府支出责任范围的确定，必须强调客观、科学、合理。否则，政府支出责任过大和过小都有可能扩大风险，而不是化解风险。在政府应分担的城镇化成本中，还存在不同级次政府责任划分的问题，因此，要逐步构建中央政府与地方各级政府在城镇化建设过程中的成本负担机制。必须认识到，城镇化过程同时也是公共化的过程，是潜在公共风险增加的过程，是政府公共职责扩大的过程，这意味着政府承担的总成本、人口边际成本都是上升的，这会推升城市政府的财政规模。

4. 政府承担城镇化成本的方式。政府承担城镇化成本的范围确定后，具体的承担方式选择同样重要。这需要全面考虑城镇化的特征、政府财政能力以及改革深化的大环境。承担方式如果不当，同样会增加风险。政府承担城镇化成本的具体方式包括：通过政府财政支出直接承担，出台相关政策（土地、税费等）间接承担，通过政府与社会资本合作（PPP）方式分担等。

5. 城镇化成本的弥补。任何成本都需要弥补或收回，城镇化成本也是如此。否则，城镇化就不可持续。总体看，城镇化成本要靠产业支撑，即靠经济增长。农民市民化的个体成本要靠就业，靠充分、稳定和高质量的就业。企业承担城镇化成本要靠效率。靠政府扶持和挤压劳动力成本来维持企业生存和发展，企业不可持续，更谈不上承担城镇化成本。企业效率是城镇化的微观基础。政府承担的成本，一是靠税收增长、二是靠政府产权收益。从根本上说，城镇化要和个人能力提升、企业创新意识和能力增强、经济持续健康增长、政府公共治理能力形成良性循环，这样，城镇化成本才能消化。

（二）已有测算的一个简要综述

诸多文献涉及城镇化过程中政府应承担的成本问题。

1. 关于政府成本所包括的项目。有关研究主要集中在农民工转市民的政府成本上。范红忠（2006）指出，长期农民工转化为市民，城市政府必须支付庞大的社会成本（或者说政府成本），比如子女教育补贴、医疗保险、养老保险等多种社会福利和城市基础设施建设费用。张国胜（2009）认为，农民工市民化的公共成本是指在农民工市民化过程中，为保障城镇健康协调发展所必须的城市内的基础设施、生态环境与公共管理等基本功能要素的投资成本。国务院发展研究中心“促进城乡统筹发展，加快农民工市民化进程的研究”课题组（2010）指出，农民工市民化转型成本包括农民工随迁子女教育成本、医疗保障成本、养老保险、民政部门其他保障支出及城市管理费用和保障性住房支出几个部分，并经过分项核算得出重庆市每一个代表性农民工转换为市民总成本为8万元。周小刚（2010）认为，农民工市民化的成本中，政府主要支出城市基础设施建设、社会保障成本、公共管理成本和教育成本，其余由农民工个人支付。黄锟（2011）认为，市民化给城镇政府带来的费用支出，主要包括因为城镇人口增加而导致的公共投资（主要用于城镇基础设施、义务教育和公用事业）的增加，以及政府需要承担的新增市民的社会保障（养老保险、医疗保险、失业保险、最低生活保障等）和社会福利（就业培训、住房公积金、水电补贴等）的支出。许玉明（2011）对重庆市农民工市民化的成本进行了测算。其一是人口预测。其二是基本养老保险需求粗算。其三是保障性住房需求分析。其四是土地投入分析。其五是城市建设资金投入分析。周向东（2012）认为，农民工市民化转型的公共成本包括：城市基础设施建设成本、社会保障成本及随迁子女义务教育差异成本。通过相关数据分析和测算，得出每使一个重庆农民工转为市民，其成本在11万元左右。赵韩（2013）认为，以农民工转移为例，至少需要覆盖住房、社会保障、随迁子女教育和其他公共服务等四个方面成本，按人均成本10万元推算，我国每年至少要花上万亿元。

2. 已有的一些测算数据。甄延临（2005）测算出天水市城镇化经济成本为4.27万元/人。张国胜、杨先明（2009）测算认为，沿海地区第一代与第二代农民工市民化的社会成本分别为10万元和9万元，内陆地区第一代与第二代农民工市民化的社会成本分别为6万元和5万元。《2009年中国城市发展报告》给出了农民工市民化的总成本为9.8万元/人，包括公共成本7.35万元和个人成本2.47万元。按此推算，未来50年我国将增加4亿～6亿城市人口，按2006年不变价格计算，城镇化所需社会总成本将达到43万亿元。国务院发展研究中心“促进城乡统筹发展，加快农民工市民化进程的研究”课题组（2010）经过分项核算得出重庆市每一个代表性农民工转换为市民总成本为8万元。高红艳（2010）测算出贵阳市城镇化经济成本为17.15万元/人。中国发展研究基金会（2010）认为中国当前农民工市民化转型的平均成本在10万元左右。叶檀（2012）转引陈锡文的调研测算指出，北京市对50个城乡结合部的村庄改造，二三万农民要变成市民，政府平均每人要投入100万元，也就是需要2亿～3亿元的支出。中小城市以一个农民进城成本在10万元左右，若未来十年2亿农民进城计，需要支付的成本是20万亿元。梁嘉琳等（2013）转引冯俏彬的研究报告，以2011年不变价格计算，将现有15 863万已在城市居住的农民工市民化的总成本时点值为18 091.58亿元。其中，随迁子女教育成本和社会保障成本共计4152.83亿元，社会救助、保障性住房成本共计13 938.75亿元。如果到2020年完成这部分农民工市民化任务，各级政府每年为此新增的财政支出为2261.45亿元。

3. 对现有政府成本项目和测算数据的简要评价。从已有研究对城镇化过程中政府成本内容的认识看，还存在许多不一致之处和不足之处。

一是在住房保障方面。许多早期的研究没有把住房保障包括在政府成本之内，而仅仅把购买住房支出作为个人住房成本。

二是在社会保障方面。许多研究把社会保障包括在政府成本之内，并且认为，社会保障成本占较大比重。实际上，经过近年来的努力，覆盖城乡的社会保障体系已初步建立，社会保障在农民工市民化过程中对新增政府成本的影响已十分有限，至多对流入地城市具有较大影响。

三是土地投入方面。较少成果把土地需求计算在内。实际上，政府在发展社会事业、保障性住房方面，许多情况下是以低价供地来替代财政直接支出。笔者认为，由于低价供地实际上是放弃了一部分土地出让收益，事实上这也应该包括在政府成本之内。另外，正如叶檀（2012）指出的，以前城市化成本极低，主要方法是低价征地、把非户籍人士排除在本地保障体系之外、大量廉价劳动力在超过工作年龄后回到农村养老三大办法，这三大办法构成体制性的利益剥夺，向城市输送源源不断的廉价劳动力，刚好能够满足世界车间所需。未来如果要完善征地制度，提高补偿标准，势必也增加城镇化过程中的政府成本。

四是对农民工转市民意愿具有重要影响的一些内容。已有的研究普遍没有包括这方面的内容。但其他一些研究结果表明，这方面的内容似也应包括在城镇化过程的政府成本之内。赵勍、张金麟（2012）指出，国家可以通过实施一系列的政策措施增加农民工市民化的私人收益，也可以通过实施一系列的政策措施降低农民工市民化的私人成本，以强化农民工市民化意愿。有些政策措施的作用是单方面的，而有些政策措施的作用是双重的，即在增加农民工市民化私人收益的同时也可以降低农民工市民化的成本。王二红、冯长春（2013）认为，对宅基地流转的态度，是对农民工留城意愿具有显著影响的因素之一。张学敏、刘惠君（2013）认为，有序推进离农农民市民化并逐步退出其承包地，是促进新型工业化、信息化、城镇化和农业现代化协同发展的重要环节，而政府有关投入政策对离农农民承包地退出的成本、收益、退出能力、退出风险等具有重大影响。程湛恒（2011）把重庆农民工转移制度概括为5件“新衣”、3件“旧衣”与1张“票子”。5件“新衣”包括住房制度、就业制度、教育制度、社保制度、医疗制度，而3件“旧衣”就包括农村承包地、宅基地、林地。

五是关于政府成本的时间分布。许多研究没有涉及政府支出需求的时间分布问题，但这一点对政府决策十分重要。正如侯云春、韩俊、蒋省三（2012）指出的，接纳一个农民工转化为城市市民，根据各项投入的不同特性，可以将其划分为经常性支出需求、阶段性支出需求和一次性支出需求。经常性需求是与政府有效履行社会管理、提供公共服务、保障公民基本权利紧密联系在一起的需求，具体如：行政事业单位的工资性支出、办公费用、设备折旧以及保障城市低收入群体基本生活的各种补贴和补助等。阶段性支出需求是与特定发展阶段紧密相连的，如农民工在城市定居问题、子女入学问题就是与农村人口大量涌入城市紧密联系在一起的。一次性支出需求通常与推动制度并轨、解决历史遗留问题联系在一起，具体如解决青壮年农民工社保基金欠费问题，弥补现行养老保障基金欠账问题等。事实上，政府成本还具有动态性。在不同的发展阶段，政府成本的重点应该会有所区别。

六是关于政府成本的主体层面问题。从不同层面看，政府成本是不同的。比如，从全国或省域看，只需要测算农民从农村流向城市后净增加的财政成本，但从某一个城市看，政府成本很大，就不是净增成本的概念，而是毛成本的概念。诸多测算结果的问题正出在这里。

（三）测算思路

1. 测算内容与时间点。将新型城镇化过程中农业转移人口市民化所需的公共服务支出，分为三类：一是提供基本公共服务所需的经常性支出，二是提供基本公共服务所需的设施建设支出，三是其他城镇基础设施建设支出。基本公共服务的项目按《国家基本公共服务体系“十二五”规划》内容进行测算，具体包括基本公共教育、劳动就业服务、社会保险、基本社会服务、基本医疗卫生、人口计生、基本住房保障、公共文化体育等八个领域。测算的时间段为2013年到2015年。

2. 基本公共服务经常性支出的测算方法。分为两部分：一是因常住人口数量增加而增加的公共服务经常性支出，二是因支出标准提高而增加的公共服务经常性支出。基期年与未来各年城镇常住人口数量根据本地城镇化进程预测。基期年城镇常住人口公共服务经常性支出总规模和每新增一个城镇常住人口所需基本公共服务经常性支出，均根据财政决算资料计算。城镇基本公共服务经常性支出水平年均增长率统一按10%设定。

3. 基本公共服务设施建设投资支出的测算方法。主要测算教育设施、医疗卫生设施、保障性住房三大投资需求。其中：

教育设施投资需求 = 因学生数量增加而增加的教育设施投资需求 + 为解决以前年度欠账而增加的教育设施投资需求

医疗设施投资需求 = 未来几年需要增加的医院卫生机构数量 × 每家医疗卫生机构所需投资需求

保障性住房投资需求 = 未来几年需要增加的公共租赁房套数 × 每套平方米数 × 每平方米投入

表1　城镇公共服务设施建设投资支出指标详解

子公式	次子公式	所需指标数据
教育设施投资 = 因学生数量增加而增加的教育设施投资 + 为解决以前年度欠账而增加的教育设施投资	因学生数量增加而增加的教育设施投资 = 新增小学在校生数量 × 小学生均建筑面积标准 × 单位建筑面积投入标准 + 新增初中在校生数量 × 初中生均建筑面积标准 × 单位建筑面积投入标准 + 新增高中在校生数量 × 高中生均建筑面积标准 × 单位建筑面积投入标准 + 新增幼儿园在校生数量 × 幼儿园生均建筑面积标准 × 单位建筑面积投入标准	1. 基期年与未来每年城镇小学、初中、高中、幼儿园在校生数量 2. 小学、初中、高中、幼儿园生均建筑面积标准 3. 单位面积校舍投入标准（含划拨土地费用，不含设备仪器购置）
	为解决以前年度欠账而增加的教育设施投资 = 小学建筑面积缺口 × 存量缺口解决比例 × 单位建筑面积投入标准 + 初中建筑面积缺口 × 存量缺口解决比例 × 单位建筑面积投入标准 + 高中建筑面积缺口 × 存量缺口解决比例 × 单位建筑面积投入标准 + 幼儿园建筑面积缺口 × 存量缺口解决比例 × 单位建筑面积投入标准	4. 基期年小学、初中、高中、幼儿园校舍面积缺口情况 5. 存量缺口解决比例：考虑到班额分布的不平衡问题，有的学校大班额，有的学生则班额不足，可统一假定过去缺口只需解决50%

续表

子公式	次子公式	所需指标数据
医疗卫生设施投资＝未来几年需要增加的医疗卫生机构数量×每家医院所需投资	单位医院所需投资＝每家医院占地亩数×每亩土地划拨价格＋每家医院建筑面积×单位面积土地建筑安装造价	6. 未来几年需要增加的医院数量：按每15万人配备一处医院测算 7. 每家医院占地亩数：按每家医院占地30亩测算 8. 每亩土地划拨价格＝征地费用＋基于一定概率的拆迁安置费用 9. 每家医院建筑面积：按每家医院建筑面积72 000平方米测算 10. 单位面积建筑安装造价：按当地建设部门掌握数据测算，不含设备仪器购置费用
保障性住房投资＝未来几年需要增加的公共租赁房套数×每套平方米数×每平方米投入	未来几年需要增加的公共租赁房套数＝第n年城镇常住人口数×公共租赁住房覆盖率目标－目前已经开工建设的公租房数量	11. 公共租赁住房覆盖率目标：统一按20%测算 12. 每套平方米数：统一按50平方米测算
	每平方米投入＝每平方米所含划拨土地费用＋每平方米建筑安装造价	13. 每平方米所含划拨土地费用＝每亩土地划拨价格÷667÷3 14. 每平方米建筑安装造价：按当地建设部门掌握数据测算，不含设备仪器购置费用 15. 截至基期年底累计已经开工的公租房数量：由住建部门统计。

4. 城镇基础设施投资支出的测算方法。

包括新增基础设施投资需求和更新改造基础设施投资需求。其中：

直接新增基础设施投资需求＝未来几年新增城镇常住人口数×单位人口对应的各类城镇基础设施配置标准×每单位基础设施所需土地和建筑安装投入费用

更新改造基础设施投资需求＝未来几年直接新增基础设施投资需求×近年来更新改造投资与直接新增基础设施投资之间的比例关系（近年来本地城镇基础设施投资总额中，更新改造投资与直接新增基础设施投资之比）

表 2　　城镇基础设施投资支出指标详解

子公式	所需指标数据
直接新增基础设施投资需求 = 未来几年新增城镇常住人口数 × 单位人口对应的各类城镇基础设施配置标准 × 每单位基础设施所需土地和建筑安装投入费用	16. 单位人口对应的各类城镇基础设施配置标准：由建设规划部门根据有关规范和经验数据分类设定，可在河南基础上根据当地情况修订 17. 每单位基础设施所需土地和建筑安装投入费用：先测算出所需土地亩数和建筑安装工作量，再乘以相应价格，可在河南基础上根据当地情况修订
更新改造基础设施投资需求 = 未来几年直接新增基础设施投资需求 × 近年来更新改造投资与直接新增基础设施投资之间的比例关系	18. 近年来本地城镇基础设施投资总额中，更新改造投资与直接新增基础设施投资之比

（四）有关结论

按照上述方法，我们对河南、新疆、辽宁、长春、昆山、南海六地进行了测算，在此基础上，对全国情况进行了推断。总的看，新型城镇化过程中的政府成本具有如下特征：

1. 支出需求水平因地区而异。河南省的测算表明，2013～2015 年，河南省新增城镇常住人口 600 万人，纳入测算范围的支出需求为 8570 亿元，人均 14.3 万元。新疆维吾尔自治区的测算表明，2013～2015 年，新疆城镇常住人口将增加 194 万人，纳入测算范围的支出需求为 3833 亿元（两种方案的平均数），人均 19.8 万元。昆山市的测算表明，2013～2015 年，城镇常住人口将增加 66 万人，纳入测算范围的支出需求为 733 亿元，人均 11.1 万元。佛山市南海区的测算表明，2013～2015 年，城镇常住人口将增加 22.5 万人，纳入测算范围的支出需求为 231 亿元，人均 10.3 万元。辽宁省的测算表明，2013～2015 年，城镇常住人口将增加 240 万人，纳入测算范围的支出需求为 4551 亿元，人均 18.9 万元。如果对全国情况进行推算，则 2013～2015 年每新增 1 个城镇常住人口，支出需求大体为 15.2 万元。

表 3　　2013～2015 年调研省市城镇化支出情况汇总表　　单位：亿元

省市	年均转移人口（万人）	三年转移人口总数（万人）	现城镇率（%）	目标城镇率（%）	基本公共经常性累计支出	基本公共服务设施累计支出	城镇基础设施累计支出	三类指标累计支出总和	城镇化人均成本
河南	200	600	42.4	48.4	671	2863	5040	8574	14.3
新疆	65	194	43.98	53	280	1594	1327～2591	3201～4465	16.4～23
昆山	22	66	69.9	—	46.2	252	435	733	11.1
南海	7.5	22.5	95.9	—	18.9	51.7	160.4	231	10.3

资料来源：各地分报告。

2. 设施建设需求占大头。平均来看，在纳入测算范围的三大类支出需求中，基本公共服务经常性支出约占支出需求的 8%，基本公共服务设施建设支出约占支出需求的 35%，其他城镇基础设施建设支出约占支出需求的 57%。鉴于设施建设需求很大程度上可以通过政府与社会资本合作模式（PPP）得到满足，这就使得推广运用政府与社会资本合作模式对城镇化进程具有重要影响。如果基本公共服务设施的 20%、城镇化基础设施的 50% 投资需求通过 PPP 模式满足，并分摊在 30 年时间里逐年发生，则估算的 2013～2015 年新增城镇常住人口的人均支出需求由 15.2 万元下降到 10.3 万元，下降 32%。如果基本公共服务设施的 30%、城镇化基础设施的 60% 投资需求通过 PPP 模式满足，则估算的 2013～2015 年新增城镇常住人口的人均支出需求由 15.2 万元下降到 9 万元，下降 40%。

3. 支出需求水平因城市规模而异。从纳入测算的支出需求看，省会城市、一般省辖市、县（县级市）人均支出需求不同，差异在很大程度上与划拨土地的征地费用和拆迁安置费用有关。以保障性住房为例，根据河南省的测算，每平方米公共租赁房建设支出需求平均为 1851 元，其中，省会城市郑州和靠近郑州的洛阳、开封大体为 2030 元，相当于平均水平的一般省辖市为 1810 元，县城为 1715 元，郑州、洛阳、开封成本相当于县城的 1.2 倍。公租房造价主要由地价和建筑安装造价组成，不同规模城市的建筑安装造价大体相同，差异主要来自划拨土地的征地费用和拆迁安置成本。郑州、洛阳、开封的征地费用与拆迁安置费用合计每亩106万元（其中征地费用每亩50万元、拆迁安置费用每亩56万元），一般省辖市为每亩62万元（其中征地费用每亩20万元、拆迁安置费用每亩42万元），县城为每亩43万元（其中征地费用每亩15万元、拆迁安置费用每亩28万元）。郑汴洛划拨地价是县城的2.5倍。受土地价格影响，河南省郑汴洛地区每增加1个城镇人口，所需保障性住房投资为2万元，其他省辖市为1.8万元，县级为1.7万元。同样，受划拨土地成本影响，河南省郑汴洛地区每增加1个城镇人口，所需城镇基础设施投资为7.1万元，其他省辖市为4.6万元，县级为3.5万元。需要说明的是，以上只测算了划拨土地的实际征地费用和拆迁安置成本。事实上，省会城市、一般省辖市、县城商服用地的“招拍挂”价格差别更大，如果考虑划拨用地的机会成本，则不同规模城市通过划拨方式提供公共服务设施和城镇基础设施用地的成本差别将更大。

五、中央与地方财政支出责任的划分

充分发挥财政在新型城镇化进程中的职能作用，既需要明晰政府与市场、社会的责任边界，建立政府、企业、个人成本分担机制，还需要进一步明确政府支出责任在中央与地方之间的划分。我国是单一制的国家，与联邦制国家相比，中央政府更具权威，1994年分税制改革以来，政府间的各项权责主要靠政令、政策来实施，大量的事权由中央政府和地方政府共同承担，容易出现权力责任错位、要权却不担责、互相扯皮推诿的现象，一些政令得不到很好的执行，一些好的政策目标难以落到实处。中央与地方的事权划分及其关系调整，已经成为关系新型城镇化全局的问题。之所以强调中央与地方之间的划分，原因在于中央与地方之间的划分具有根本性，是国家治理层面的重大问题。相对而言，省以下地方政府间的责任划分，则仅仅是地方治理层面的问题。

支出责任划分的背后是事权的划分。支出责任的划分是以事权的划分为基础的。事权强调“做什么事”，支出责任强调“谁掏钱”。应按照一定的原则，明确划分中央与地方在新型城镇化方面的事权与支出责任，明确相关事务的“做事主体”和“掏钱主体”。

（一）支出责任划分的基本原则

划分中央与地方城镇化进程中支出责任的基本原则是最大限度地提高效率和公平。过去，中央与地方在城镇化进程中的政府责任划分不够到位，虽然在短期内提高了效率，但极大地危害了社会公平，并导致城镇化过程的不可持续，反过来影响了效率。为此，需要着眼于效率和公平的最大化，充分考虑有关因素，科学划分中央与地方支出责任。

1. 溢出效应原则。一些公共产品和公共服务在省际之间具有溢出效应，对这些公共产品与服务，应由中央政府根据溢出效应的大小来全部承担，或与地方政府共同承担。对那些全体民众受益的公共服务，应统一由中央政府负责，而那些以特定区域民众为服务对象的公共服务则由地方政府负责。对于跨区域的公共服务，则应该由中央政府和地方政府共同负责。

2. 信息有效性原则。根据事项划分上的“辅助性”原则，公共产品供给责任由基层政府来承担会更有效率。究其原因在于，面对不同事项所对应的不同信息分布情况，其监督成本尤其是信息成本是不一样的，这使得不同级别政府在信息处理上具有不同的比较优势，从而使得不同级别政府在顺应公共服务受益者的能力方面存在差异。与中央政府相比，地方政府往往更加了解所辖区域内民众对于公共服务的特定偏好和不同需求。因此，信息越不易对称、处理越复杂的事项应该赋权由地方政府来单独或与中央政府合作管理。

3. 激励相容原则。城镇化过程中的事权与支出责任划分，应该是发挥中央和地方的两个积极性，既使地方政府按照自身的目标和利益动机去运作，同时又实现整体利益的最大化。对难以通过合适机制实现“激励相容”的事项，由中央政府直接承担，更有利于促进效率和公平。

4. 顺应人口流动原则。根据事权划分上的“对应性”原则，提供某项公共物品的政府，应能准确地覆盖那项公共物品所有的服务对象。在城镇化过程中，人口在区域间大量流动，使得一些公共服务事项在提供过程中，需要涉及不同区域的地方政府。以养老保险为例，农民工在一地务工时，相应的社会保险缴费在当地实现；如果农民工更换了务工区域，则原务工地政府便不能对其提供应有的公共服务。对这些事项，应区别情况，由中央政府统一负担。

5. 贡献与负担一致原则。劳动力是区域发展过程中至关重要的生产要素。对劳动力输入地而言，这些外来劳动力为本地的税收增长做出了较大贡献，相应地，这些劳动力理应在输入地享受随迁家属所需公共服务，而不是被动地在输出地享受。

6. 辖区责任原则。过去，一些支出责任得不到较好执行，原因之一是他们被设定为较低层级政府（比如县级、区级）的支出责任，这些政府的财政能力普遍较低，而没有能确保有足够经费的转移支付，同时，上级政府又没有很好地履行辖区调控责任。因此，对于通过强化辖区责任能够较好履行的事项，应尽可能由地方承担。

（二）中央与地方的支出责任划分

按照上述原则，可以明确一些主要支出责任的划分思路。

1. 政府在提高农民进城后收入能力和水平方面的支出责任。在促进产业发展方面，中央政府应仅负责对优化全国产业结构具有重大意义的事项，因为中央政府对全国层面的重大产业发展情况具有信息优势。地方政府则负责与优化本地产业具有重大意义的事项，相对而言，地方政府比中央政府更具信息优势。为此，应清理、规范和取消中央对地方现有的相关专项转移支付。在公共就业服务体系方面，目前，鉴于就业技能培训等方面资金使用效益低下，中央政府应减少这方面的专项转移支付，相应支出责任由地方政府负担。

2. 政府在提高农民进城后公共服务收益方面的支出责任。首先应明确，有效控制省际财力差距、促进区域间基本公共服务能力均等化，属于中央政府的支出责任。履行省级辖区财政责任，有效控制省内财力差距，促进省内地区间基本公共服务能力均等化，属于地方政府的支出责任。目前，我国区域间人均基本公共服务能力差距在缓慢缩小，但总体差距与合理水平相比仍然相差较大。按常住人口计算，2012 年，全国地方级人均公共财政预算支出 7954 元，最低的河南省为 5323 元，为平均水平的 66.9%；全国地方级人均财力 6512 元，最低的河南省为 4073 元，为平均水平的 62.5%。其次应明确，应针对教育、卫生和社会安全网三项最主要的公共服务，理顺中央与地方的支出责任。教育、卫生具有较大的溢出效应，支出责任应由中央和地方共同负担，但可以由地方负责具体提供。同时，目前农民工家庭因留守老人、留守儿童而承担了太多的无形成本，根据贡献与负担一致原则，农民工随迁家属的教育、卫生等公共服务应由地方负担部分，应主要由农民工务工所在地政府负担。另外，根据顺应人口流动原则，养老保险、失业保险与城乡低保则以中央政府为主。

3. 政府在控制农民进城后生活成本方面的支出责任。主要是住房保障。由于公共服务对象较易界定，而且地方政府拥有信息优势，这一事项应由地方政府为主予以保障，中央政府则给予引导性补助。

4. 政府在提高农民进城后来自农村产权收益方面的支出责任。在不同的政策机制设计下，农民做出进城决策后，对承包地和宅基地的处置将带来不同水平的收益，进而影响农民进城决策。鉴于这一事项对全国城镇化进程将具有重大影响，因此，相关支出责任，特别是促进土地规模化经营、促进宅基地使用权流转等事项，应以中央政府为主来承担。相关的服务平台建设以地方政府为主来承担。

5. 政府在优化城镇体系、形态、布局方面的支出责任。对优化全国性城镇体系、形态和布局方面的支出责任，应由中央政府负责，比如，通过高速铁路等重大交通基础设施，促进形成合理的城市群体系。对优化省内城镇体系、形态和布局方面的支出责任，由省级政府负责，比如，城际高铁、城际高速公路等。

6. 保障粮食安全等方面的支出责任。鉴于保障粮食安全具有全国性的溢出效应，应属于中央事权，高标准粮田建设、耕地开发与保护应由中央政府为主负担。根据信息有效性原则，农业全程社会化服务体系、农产品质量监管等则由地方政府为主负担。全国性的能源、水利保障设施主要由中央承担，区域性的能源、水利保障设施主要由地方承担。

表4

支出责任项目	中央	地方
在提高农民进城后收入能力和水平方面的支出责任	对优化全国产业结构具有重大意义的事项由中央承担。	1. 对优化地方产业结构具有重大意义的事项由地方承担。 2. 公共就业服务体系由地方承担。
政府在提高农民进城后公共服务收益方面的支出责任	1. 有效控制省际财力差距、促进区域间基本公共服务能力均等化，属于中央政府的支出责任。 2. 教育、卫生支出责任应由中央和地方共同负担。 3. 养老保险、失业保险与城乡低保等社会安全网以中央政府为主。	1. 履行省级辖区财政责任，有效控制省内财力差距，促进省内地区间基本公共服务能力均等化，属于地方政府的支出责任。 2. 教育、卫生等公共服务的具体提供由地方负责。 3. 农民工随迁家属的教育、卫生等公共服务支出由地方负担部分，主要由务工所在地政府负担。 4. 治安等公共服务由地方政府为主负担。
政府在控制农民进城后生活成本方面的支出责任	中央对地方公共住房保障支出给予引导性补助。	公共住房保障以地方政府为主。
政府在提高农民进城后来自农村产权收益方面的支出责任	促进土地规模化经营、促进宅基地使用权流转等事项，应以中央政府为主来承担。	相关的服务平台建设以地方政府为主来承担。
政府在优化城镇体系、形态、布局方面的支出责任	对优化全国性城镇体系、形态和布局方面的支出责任，应由中央政府负责，比如，通过高速铁路等重大交通基础设施，促进形成合理的城市群体系。	对优化省内城镇体系、形态和布局方面的支出责任，由省级政府负责。比如，城际高速铁路和高速公路。
政府在健全区域间利益调节机制，保障粮食等重大安全方面，也担负着重要支出责任	1. 高标准粮田建设、耕地开发与保护应由中央政府为主负担。 2. 全国性的能源、水利保障设施主要由中央承担。	1. 农业全程社会化服务体系、农产品质量监管等则由地方政府为主负担。 2. 区域性的能源、水利保障设施主要由地方承担。

六、政策建议

基于上述分析，提出如下政策建议：

（一）建立与新型城镇化相适应的中央与地方事权与支出责任划分制度

城镇化进程中的政府间事权与支出责任划分不仅仅是一个财政问题，而且是事关城镇化进程中公共治理体系的全局问题。对城镇化进程中各级政府的定位，应有总体的考虑，制度化、规范化、机制化，不能一事一议。形式上，应改变目前单纯依靠政令、政策来实施政府间权责的做法，改由法律、法规来明确划分中央和地方政府的权力边界，并建立相关监督机制和法律程序，为制定纵向的权责清单提供法律依据。内容上，在提高农民进城后收入能力和水平方面，中央政府应主要负责对优化全国产业结构具有重大意义的事项；提高农民进城后公共服务收益方面，应强化中央政府在教育、卫生和社会安全网方面的支出责任，教育、卫生由中央与地方共同负担，养老保险、失业保险与城乡低保等社会安全网则以中央政府为主负担；在控制农民进城后生活成本方面的支出责任，中央政府应对地方政府在住房保障方面的支出给予引导性补助；在提高农民进城后来自农村产权收益方面，促进土地规模化经营、促进宅基地使用权流转等事项，应以中央政府为主来承担；在优化城镇体系、形态、布局方面的支出责任方面，对优化全国性城镇体系、形态和布局方面的支出责任，应由中央政府负责；在保障粮食等重大安全方面，高标准粮田建设、耕地开发与保护、全国性的能源、水利保障设施应由中央政府为主负担。

（二）建立与新型城镇化相适应的中央与地方收入划分制度

中央与地方收入划分对资源配置、地方政府行为具有重大影响。对与生产有关的税收，应主要划分为中央财政收入，对与消费有关的税收，以及对地方资源配置影响较大的、地方更容易掌握充分信息、税基也相对更加稳定的税种，应主要划分为地方财政收入，调动地方政府促进人口集聚、提高公共服务水平的积极性。具体看，增值税应主要属于中央财政收入，消费税、资源税应主要属于省级财政收入，房地产等财产税、环境保护税应主要属于市县政府收入。赋予地方一定的税政权，同时在制度设计上确保对地方税权的监督与约束，防止税权滥用。

（三）建立与新型城镇化相适应的中央与地方转移支付制度

目前，发达省份已基本完成城镇化进程，一些中西部省份正在推进城镇化进程，农业人口在本省内转移的潜力较大，但受财力限制，省内转移就业的能力受到抑制。应进一步完善一般性转移支付制度，把均衡性转移支付作为一般性转移支付的主体，并明确在一定的时间节点（如2020年）之前，将最低省份的人均财力控制在全国平均水平的20%以内，使其有更大的财力促进农业人口向本省内城镇的转移和基本公共服务均等化。指导省级政府建立转移支付与农业转移人口市民化挂钩机制，具体可选择新增幼儿园和义务教育阶段学生数、新增公共卫生服务对象人数、新增医疗机构床位数等指标，激励人口流入地政府合理配置财政资源，加快城镇常住人口基本公共服务全覆盖进程。中央财政设立粮食主产区转移支付，对粮食主产区保护耕地、增加粮食综合生产能力、探索不以牺牲农业和粮食为代价的现代化模式给予补偿和奖励。清理归并专项转移支付，减少中央对地方委托事权。

（四）引导省以下各级政府强化"区域政府"责任

能否建立适合我国政治环境和社会条件的民生导向的辖区财政责任与问责机制，事关新型城镇化的成败。目前，县级和乡镇级政府可谓"区域政府"，但省辖市一级政府还更多定位于"城市政府"，而不是"区域政府"，在履行辖区财政责任，调节辖区内财政关系方面做得不够，省级政府履行辖区责任不积极的问题也比较突出。新型城镇化过程中，大量人口是在本省、本市范围内转移，需要进一步强化省以下各级政府的"区域政府"责任，调节好人口流入地与流出地之间的财政关系，促进城镇常住人口基本公共服务全覆盖。为此，要从立法层面建立"区域政府"责任机制，并建立相应的问责机制。

（五）建立有利于新型城镇化与新型工业化、新型农业现代化协调发展的财政资源配置机制

在工业化城镇化和农业现代化的关系上，工业化和城镇化是矛盾的主要方面。虽然城市人口需要的农产品由农业提供，因而农业是工业、城镇发展的基础，但后面加上一个“化”字就反过来了，即工业化城镇化是农业规模化、现代化的基础，工业化城镇化水平低是农业现代化的主要制约因素。要把统筹城乡发展和消除城乡差距的重点放在加快新型城镇化进程上，把缩小城乡差距的着力点放在促进农民向城镇持续稳定转移上，把解决多数农民民生问题的大方向定在农民进城非农就业上，各种财政资源根据人口流动方向、聚集地区优化配置，满足农民进城需要。财政对“三农”的投入重点，则放在提高粮食生产能力、保障困难地区农民基本生活上来。另外，还应建立有利于区域合作的财政政策机制，促进城市群、城市带、城市圈等不同各类的区域合作。

（六）建立有利于新型城镇化的土地利用和开发机制

实现城镇常住人口基本公共服务全覆盖，财力固然是重要制约因素，但土地同样是重要制约因素，某种程度上土地的供给比财政资金更有刚性。正如本研究的实证测算所表明的，土地供给成本对城镇公共服务供给成本具有重大影响。但同时，国有土地的运用与开发水平又对政府性基金收入有影响。要完善土地利用规划和相关财政政策，确保社会资本、商业资本以合理的价格取得公共服务和社会事业发展用地，形成良性循环机制。

（七）建立充分发挥政府、市场与社会组织作用的城镇化投融资机制

正如本研究实证测算所表明的，新型城镇化进程中，一些公共服务对政府投入的需求量，与政府在多大程度上推广运用社会资本、商业资本有关。应明确财政保障的优先顺序，优先保障基本公共服务经常性支出，在此基础上，创造条件，使市场机制自发起作用。城镇基本公共服务设施投入需求按照“政府投入为主，引导社会资金”的原则予以保障，其他城镇基础设施投入则按照“政府引导、多元投入”的原则予以保障。应在健全完善以政府债

券为主体的政府债务管理制度的同时，积极完善相关制度架构，推广运用政府与社会资本合作模式（PPP），保障新型城镇化进程中的公共产品和公共服务有效供给。支持金融机构开展商业模式创新，加大对新型城镇化的投入。完善支持社会组织健康发展的财政政策，充分发挥社会组织在公共治理体系中的作用。结合事业单位改革，大力推动政府购买服务，提高公共服务供给效率。

（八）防范财政支出责任扩大化

城镇化道路的选择会同支出责任产生影响。不同的速度、不同的相关指标设定水平、不同的公共产品提供方式会对财政负担产生不同的影响。速度越快，财政成本越高；有关指标的设定水平越高，财政成本越高；公共产品提供方式改革越滞后，财政成本也就越高。如果刚性财政支出需求超过财力可能，很容易加大财政风险。与跨区域流动的城镇化相比，就近城镇化能够在某种程度上不至于在短期内使政府成本急剧增加。关键是要选择一条适合中国国情的城镇化速度、规模、方式。要统筹处理好以上方面的关系，规范财政分配权力，防范财政支出责任扩大化。

河南省新型城镇化财政保障问题研究*

按照协作课题要求，我们立足财政职能，结合河南实际，对河南省2013～2015年新型城镇化进程中的财政保障政策与机制问题作了专题研究分析。

一、支出需求测算

按照以人的城镇化为核心、以城镇基本公共服务常住人口全覆盖为重点的原则，我们着重从向城镇常住人口提供基本公共服务所需的经常性支出、基本公共服务设施建设、城镇基础设施建设等三大方面进行了测算。

1. 河南省城镇常住人口现状及未来增量。2012年年底，河南省城镇常住人口3991万人，其中户籍人口2434万人，常住非户籍人口约为1557万人。预计2013～2015年城镇常住人口每年增加200万人，达4591万人。基于上述人口数据，结合有关部门已有的分析，我们对2013～2015年向城镇常住人口提供基本公共服务所需的经常性支出、基本公共服务设施建设、城镇基础设施建设三个方面的新增投入需求作了估算。

2. 基本公共服务的主要内容。按照《国家基本公共服务体系"十二五"规划》，基本公共服务主要包括基本公共教育、劳动就业服务、社会保险、基本社会服务、基本医疗卫生、人口计生、基本住房保障、公共文化体育等八个领域。其中，基本公共教育主要包括学前教育、九年义务教育和高中阶段教育等；劳动就业服务主要包括就业服务和管理、职业技能培训、劳动关

---

* 本文为河南省财政厅政策研究室参加全国协作课题《新型城镇化建设成本测算与财政支出责任研究》所完成的分报告，郭鸿勋、王银安等执笔。

系协调和劳动权益保护等；社会保险主要包括基本养老保险、基本医疗保险、工伤、失业和生育保险等；基本社会服务主要包括社会救助、社会福利、基本养老服务、优抚安置等；基本医疗卫生主要包括公共卫生服务、医疗服务、药品供应和安全保障等；人口计生服务主要包括计划生育服务、计划生育奖励扶助等；基本住房保障主要包括廉租住房和公共租赁住房、棚户区改造、农村危房改造、保障性住房管理等；公共文化体育主要包括公益性文化、广播影视、新闻出版、群众体育等。

3. 河南省基本公共服务财政投入现状。2012 年，河南省公共财政预算中的基本公共服务支出达到 1903 亿元，2008 ~ 2012 年均增长 26.9%，占公共财政预算支出的比重由 2008 年的 32.1% 提高到 38%。分项目看，2012 年，公共教育服务支出 854.9 亿元，占 44.9%；劳动就业服务、社会保障、基本社会服务支出 439.7 亿元，占 23.1%；医疗卫生服务支出 375.6 亿元，占 19.7%；住房保障支出 150.3 亿元，占 7.9%；人口计生服务支出 46.7 亿元，占 2.5%；公共文化支出 35.7 亿元，占 1.9%。

4. 未来三年城镇常住人口公共服务全覆盖所需增加的经常性支出。基本公共服务支出包括经常性支出和设施建设方面的支出。设施建设支出是一次性的，经常性支出则每年稳定发生。经常性支出可以分为两大类：一是个人待遇类支出，二是公共服务机构运转支出。

初步测算，2013 ~ 2015 年，城镇基本公共服务方面的经常性支出与 2012 年相比，累计增加 671 亿元。主要包括：

（1）城镇常住人口数量增加带来的新增支出 315 亿元。根据财政决算资料测算，每增加一个城市常住人口，每年需要增加基本公共服务方面的经常性支出 2620 元。按每年增加 200 万人测算，2013 年、2014 年、2015 年城镇基本公共服务经常性支出分别比 2012 年增加 52 亿元、105 亿元和 158 亿元，三年累计 315 亿元。

（2）城镇常住人口经常性支出水平增加带来的新增支出 356 亿元。按支出水平年均增长 10% 测算，2013 年、2014 年、2015 年城镇基本公共服务经常性支出分别比 2012 年增加 55 亿元、117 亿元和 184 亿元，三年累计 356 亿元。

需要关注的是，随着城镇常住人口的增加，不仅基本公共服务支出增加，政府在社会管理方面的支出也趋于增加。一些发达地区的城镇化建设进程表明，基础设施的建设成本会因为规模效应而出现边际成本递减，但社会领域的一些管理成本则相反。随着人口居住由分散转向集中，社会领域风险加大，社会治安、维护稳定等方面的人均管理成本将不断增加，城市规模越大，边际成本越高。这方面的支出需求未包含在上述经常性支出中。

5. 未来三年城镇常住人口公共服务全覆盖所需的基本公共服务设施建设投入。基本公共服务设施是指基本公共服务范围内的学校、医疗卫生机构、保障性住房、老年养护机构、公共文化体育场馆等，是基本公共服务的载体。现阶段，应优先予以解决的是学校、医疗卫生机构、保障性住房三类设施。初步测算，2013～2015 年，这三个方面需增加投入 2863 亿元。

（1）城镇中小学幼儿园建设投资与保障性经费 958 亿元。现有城镇教育资源短缺情况。2012 年，河南省城镇中小学幼儿园在校生总数 1225 万人，占城乡在校生总数的 59.9%。按照生均校舍面积标准（高中 8.9 平方米、初中 9 平方米、小学 7.2 平方米、幼儿园 8.8 平方米）能够容纳的学位计算，2012 年城镇中小学幼儿园学位缺口 334.4 万个，其中：普通初中 38.6 万个，小学 207.3 万个，幼儿园 88.49 万个。普通高中不存在缺口。

未来在校生数量增加情况。根据教育部门预测，随着新型城镇化的推进，2013～2015 年，城镇中小学幼儿园在校生数量将进一步增加。2015 年，河南省城镇中小学幼儿园在校生总数 1425 万人，比 2012 年增加 201 万人，占城乡在校生总数的比例提高到 68.3%。其中：普通高中在校生 184 万人，比 2012 年减少 4 万人；初中、小学、幼儿园在校生分别为 380 万人、618 万人、243 万人，分别比 2012 年增加 55 万人、89 万人和 62 万人。

初步测算，2013～2015 年，城镇初中、小学、幼儿园等教育设施方面需要新增投入 958 亿元。

一是在校生数量增加带来的投入需求540亿元。根据生均校舍面积建设标准，未来三年，因城镇学生数量增加，河南省城镇初中、小学和幼儿园需要增加学校建筑面积1681万平方米。按照每平方米成本2500元（含划拨土地价格，不含装修和设备）测算，需增加建设投入420亿元，其中初中124亿元、小学160亿元、幼儿园136亿元。同时，按初中3384元、小学2305元、幼儿园3384元（参照初中标准）测算年生均教职工经费和公用经费，三年共需增加保障性经费投入120亿元，其中初中37亿元、小学41亿元、幼儿园42亿元。以上合计540亿元。

二是缓解存量教育资源紧张带来的投入需求418亿元。截至2012年年底，河南省城镇初中、小学和幼儿园实际生均校舍面积缺口合计2619万平方米，其中初中347万平方米、小学1493万平方米、幼儿园779万平方米。考虑到教育资源短缺状况不够平衡，按未来三年解决一半缺口测算，需要增加建设投入327亿元，其中初中43亿元、小学187亿元、幼儿园97亿元。相应需要增加教职工经费和公用经费投入91亿元，其中初中13亿元、小学48亿元、幼儿园30亿元。以上合计418亿元。

（2）城镇医疗卫生设施建设投资425亿元。2012年年底，河南省共有医院1284个（其中民营医院369个），公共卫生机构553个，社会卫生服务中心（站）1134个，镇卫生院645所。医疗卫生资源总量不足，每千人口卫生技术人员、医院床位数与全国平均水平相比还存在很大差距，分布上主要集中在老城区，城市新区、产业集聚区等新兴区域服务设施相对短缺。

据卫生部门测算，未来三年，河南省城镇医疗卫生机构方面的新增建设投入需求为425亿元。其中：城镇新兴区域医疗卫生机构建设需投资249亿元，省辖市现有各类医疗卫生机构升级改造投资63亿元，县级医疗卫生机构和镇卫生院升级改造投资113亿元。

（3）保障性住房投资1480亿元。已开工建设的保障性住房情况。2012年年底以前，河南省累计开工建设保障性住房170.5万套，其中：廉租房39.5万套，公租房29.2万套，经济适用房64.3万套，棚户区改造37.5万套。另外，通过货币补贴方式保障 36.5 万户。

未来三年需求情况。按照 2015 年年末城镇常住人口总量 4591 万人、保障面 20% 测算，2015 年年末享受廉租房和公租房保障人口应为 918 万人，合 306 万户。扣除 2012 年年底以前已经开工建设的廉租房 39.5 万套、公租房 29.2 万套（2012 年年底以前开工建设的 101.8 万套经济适用房、棚户区改造房已有特定住户，不予考虑），再减去通过货币补贴方式保障的户数 36.5 万户，未来三年需要建设租赁住房 200.8 万套。

未来三年配建和自建情况。除了政府组织建设外，公租房还可以通过配建、企业自建等方式满足。目前只有部分省辖市出台了配建比例规定，参考近年来河南省商品住宅开发面积和未来三年棚户区改造计划，预计未来三年通过配建可满足 23 万套左右。鉴于企业自建方式存在诸多问题，对企业自建公租房暂按 15 万套测算。扣除配建房和企业自建房后，需要政府组织建设的租赁住房数量为 162.8 万套。

初步测算，2013 ~ 2015 年，保障性住房方面的投资需求合计 1480 亿元。根据典型调查，每平方米公租房建设成本，郑汴洛为 2030 元，其他省辖市为 1810 元，县城为 1715 元（含划拨土地价格）。目前省内转移就业的 1510 万人中，52% 在本县域内就近就业。假定未来三年新增城镇常住人口 600 万人仍沿用这一格局，一半的人在本县域内转移，另一半转移到郑汴洛地区和其他省辖市，县城公租房每平方米投入成本按 1715 元计算、郑汴洛地区和其他省辖市成本按其成本平均数 1920 元测算，共需 1480 亿元。

6. 未来三年城镇常住人口公共服务全覆盖所需的城镇基础设施建设投入。城镇基础设施包括城市道路、公园、供水、燃气、污水和垃圾处理等。2008 年至 2012 年，河南省城镇基础设施投资保持较高增幅，五年累计完成 5887 亿元，年均增长 32.5%。但总的看，历史欠账较多，城镇基础设施供给总量仍然不足，一些指标与全国相比仍存在较大差距。比如，由于水源地水质污染问题突出，自来水厂需要升级改造，增加供水深度处理工艺，迫切需要加大供水项目投资力度。

初步测算，2013～2015年，河南省城镇基础设施新增投入需求为5040亿元。包括：

（1）常住人口增加带来的投入需求2800亿元。按照每平方公里承载1万人、单位面积与人口的城镇基础设施配置标准，以及现行划拨土地价格、建筑安装工程造价测算，河南省郑汴洛地区每增加1个城镇人口，所需城镇基础设施投资为7.1万元，其他省辖市为4.6万元，县级为3.5万元。仍假定未来三年新增城镇常住人口600万人中的一半在本县域内转移（人均成本3.5万元），另一半转移到郑汴洛地区和其他省辖市（人均成本取其平均值5.8万元），按上述三类地区成本测算，2013～2015年共需增加城镇基础设施投资2800亿元。

（2）原有设施的提升改造2240亿元。根据近年来河南省城镇基础设施投资中，新建投资与原有设施维护改造投资的比例，假定新建投资与原有设施的维护改造投资比例为1：0.8，未来三年河南省还需安排2240亿元用于提升改造原有城镇基础设施。

按照公共财政职责，城镇常住人口基本公共服务全覆盖所需增加的经常性支出应足额保障。基本公共服务设施建设投入和城镇基础设施投入从理论上讲，无论是全面纳入财政保障范围的义务教育，还是公租房，不论是否能够收费，都可以采取PPP（政府和社会资本合作）模式，减轻当期财政支出压力，问题的关键是相关机制设计是否科学、周全。前述教育、医疗卫生、公租房方面的基本公共服务设施需求，如果全部由政府承担，需要在未来三年增加政府投入2863亿元；如果其中20%的投资需求通过PPP模式满足，并分摊在30年时间里逐年发生，则未来三年需要增加政府投入2348亿元；如果30%的投资需求通过PPP模式满足，未来三年需要增加政府投入2090亿元。前述城镇基础设施需求，如果全部由政府投入满足，需要增加政府投入5040亿元；如果其中20%的投资需求通过PPP模式满足，并分摊在30年时间里逐年发生，则需要在未来三年增加政府投入4133亿元；如果30%的投资需求通过PPP模式满足，未来三年需要增加政府投入3680亿元；如果50%的投资需求通过PPP模式满足，未来三年需要增加政府投入2772亿元。

上述分析表明，在推进新型城镇化进程中，需要政府直接投入的数量，与投融资模式直接相关。未来三年，新增基本公共服务经常性支出、基本公共服务设施、城镇基础设施投入需求合计8574亿元，如果基本公共服务设施的30%、城镇基础设施的50%通过PPP模式吸引社会投资予以满足，则由财政直接安排或通过政府融资予以满足的需求则为5533亿元。

二、政策措施建议

目前，政府可用于上述三方面的投入，主要来自公共财政预算和政府性基金预算。2008～2012年，河南省公共财政预算支出年均增长21.8%，政府性基金预算支出年均增长37.6%，2012年公共财政预算支出与政府性基金支出分别达到5006亿元和1283亿元，合计6289亿元，年增加额超过900亿元。但2012年增幅回落，公共财政支出、政府性基金支出分别比上年增长17.9%和14.3%。按未来三年年均增长12%测算，2013年、2014年、2015年河南省公共财政预算支出与政府性基金支出合计分别比2012年增加755亿元、1600亿元和1792亿元，三年累计增加4147亿元，相当于基本公共服务经常性支出、基本公共服务设施、城镇基础设施三年新增投入总需求8574亿元的48.4%，最低限度需求5533亿元的75%。事实上，新增财政支出只能部分用于支持上述三个方面的投入，比如，“三农”同样是财政保障的重中之重，并且需要持续提高保障水平。

总的看，财政收入“高增长时代”已经过去，但城镇化步入加快推进时期，面临提升水平与提升质量的双重压力，各方面需求与财政保障能力的矛盾将十分突出。为此，必须对财政的职能作用和支出责任有清晰的定位，必须着力改革传统的公共产品提供方式和投融资体制机制。

具体提出如下建议：

1. 优先保障基本公共服务经常性支出。一是积极争取中央财政补助。河南省公共财政支出的一半以上来自中央转移支付。应以缩小河南省人均基本公共服务水平与全国地方平均水平为目标，进一步加大争取中央财政支持力度，提高河南省人均财力水平。二是各级政府要把基本公共服务放在财政保障的优先位置，优先安排预算用于城镇基本公共服务支出，并加大对社会管理等薄弱领域的投入力度。同时，县以上各级政府都要完善辖区内财力调控机制，处理好人口流出地与人口流入地的财政关系，确保财力配置与农业人口转移格局相匹配。三是加快公共财政体系建设步伐。处理好政府、市场与社会的关系，深化体制改革，推动“万能政府”向“有限政府”转变。处理好基本公共服务标准与财政可持续能力的关系，科学制定城镇基本公共服务常住人口全覆盖的路线图和日程表，重大民生政策的出台要统筹考虑现阶段实际财政能力，确保基本公共服务支出增长幅度与财力的增长相匹配。四是增强城乡基本公共服务政策的强制性和互通性。妥善处理减轻企业社保缴费负担与增强农民工远期保障能力的关系，通过适当的强制措施，扩大农民工参加企业职工社会保险的比例。对各项公共服务政策进行梳理，通过归口管理、整合资源、政策并轨、完善转移接续办法、提高统筹层次等途径，增强城乡居民基本公共服务项目之间的互通性，方便进城农民及时在城镇平等享受基本公共服务，并减少重复参保现象。

2. 按照“政府投入为主，引导社会资金”的原则，保障城镇基本公共服务设施投入需求。一是对义务教育阶段学校等不能收费的基本公共服务设施，坚持以政府投入为主，按照轻重缓急予以保障，确保基本公共服务目标实现。二是对幼儿园、医院、公租房等具有一定收费能力的基本公共服务设施，坚持以吸引社会资本直接投资为主，政府投入主要用于保障投资者获得合理收益。三是省财政设立城镇化专项转移支付，以市县保障城镇基本公共服务的成效为依据，按因素法分配，切块下达，由市县政府统筹安排用于基本公共服务设施方面的相关支出，激励市县政府加大对城镇基本公共服务设施的投入力度。省级原则上不再另外分散新设与城镇化有关的专项资金。

3. 按照“政府引导、多元投入”的原则，保障城镇基础设施投入。一是对经营性城镇基础设施，全面鼓励社会资本通过独资、合资、合作、资产收购、政府购买服务等模式参与投资、建设、运营。采取整体出让、公办民营等方式回收国有经营类基础设施投资建设资金或经营收益，或将其注入授权投资机构、投融资公司，形成国有股权资本，壮大再投资实力。二是对不具有收费能力的公园、道路等，通过与土地一级开发或旧城改造相结合，实现“以商补公”，政府不直接投入。三是突出省级财政支持重点，充分发挥财政体制、政策和资金的“四两拨千斤”作用，以郑州航空港经济综合实验区为战略突破口，促进高端产业、高端人才集聚和高端环境培育；以县城为重点做多中小城市、促进就近城镇化。筹措一定资金，支持产业集聚区、城市新区等产城互动载体增强基础设施建设能力。四是以 PPP 模式为突破口创新公共产品提供方式和投融资模式。把握好风险分配、收益控制、招标、土地四个关键环节，建立规范的 PPP 运作机制。设立省政府 PPP 投资决策委员会，新建基本公共服务设施和城镇基础设施，凡申请财政投资的，先进行 PPP 论证，适合 PPP 投资的，优先采用 PPP 模式投资建设。省政府安排引导资金，通过市县政府认购、吸引社会资本筹措设立河南省 PPP 项目投资基金，专门用于投入城镇基础设施和基本公共服务设施。借鉴上海成立国际基础设施融资交易中心的做法，建立 PPP 项目产权交易市场，使一些投资者能够方便地将 PPP 项目的产权予以转让，更快收回投资。积极利用亚行、世行贷款支持河南省城镇化建设。

4. 发挥好投融资公司的作用。一是通过资本金和贴息等途径，支持整合规范以后的投融资公司参与重大项目基础设施投资开发。二是引导投融资公司强化“循环投资”理念，将主要精力放在体现政府的投融资意志上来。三是对一些需要政府入股设立项目公司的 PPP 项目，以投融资公司为主体，代表政府参与设立项目公司。

5. 加强国有土地运作管理。一是优化商业性用地出让方式，能够采取拍卖方式出让的，优先采取拍卖方式。二是用好划拨土地，以招标方式吸引社会资本直接投资基本公共服务设施与城镇基础设施。三是探索建立以城市建设带动土地增值，并以土地增值收益弥补城市建设资金的良性循环机制，将公益性设施建设带来的土地增值收益最大限度用于提供公共产品和服务。

新疆城镇化进程中财政支出责任问题研究*

一、新疆城镇化发展的基本情况

新疆地处欧亚大陆腹地，位于我国西北边陲，东南接甘肃、青海、西藏三省区，是我国面积最大、国境线最长、毗邻国家最多的省区，曾是古丝绸之路的重要通道，是我国向西开放的桥头堡和大通道。新疆地广人稀，约占国土面积的1/6，但人口数还不到全国的2%。2012年总人口为2232.78万人，其中少数民族占到近60%。到2011年年底，新疆现辖：5个自治州，7个地区，2个地区级市，7个自治区辖市（2012年新增2个计入，由于缺少新增城市的具体数据资料，后面具体分析时将不包括新增），15个地州辖市，11个市辖区，68个县（其中6个自治县），242个镇，615个乡（其中42个民族乡）。经过60多年的发展，新疆人口城镇化水平从1949年的12.21%增长至2012年的43.98%，城镇发展显著提高。

（一）人口城镇化水平

经过60多年的发展，新疆城镇化建设取得了较快发展。城市数量由1949年的1个发展为2012年的24个，总人口增加了4.15倍，城镇人口增加了17.55倍；新疆城镇人口年均增长4.75%，远远超过了同期总人口2.64%的年均增长速度。克拉玛依和乌鲁木齐两个地级市城镇化率全疆最高，其中克拉玛依达98.6%、乌鲁木齐达73.5%。北疆除伊犁州直略低于全疆平均水

* 本文为新疆财政厅财政科研所参加全国协作课题“新型城镇化建设成本测算与财政支出责任研究”所完成的分报告。由姜爱玲负责，盛文秀、李骞、赵珍（执笔）、茂路、张玉林、徐辉参与研究。

平外，其他地州城镇化水平都高于全疆平均水平。南疆除巴州外其他地州城镇化水平都低于全疆平均水平，尤其是南疆三地州的和田地区、喀什地区和克孜勒苏柯尔克孜州城镇化率仅为16.87%、22.64%、29.73%。兵团城镇化率达52.37%，超过新疆43.54%的平均水平。

就西北五省区来看，截至2011年年底，新疆城镇化水平要高于西北五省区的平均水平。但从全国来看，新疆城镇化进程明显滞后。2000年新疆城镇化水平虽落后于东部，但还高于西部和中部的平均水平，到2011年新疆城镇化水平已经远远落后于中东部以及全国平均水平，而且差距还呈现出进一步扩大的趋势。自2000年以来，新疆城镇化的发展水平与西北其他省份相比显然是滞后的，发展速度也是西北五省区最低的。2000年，新疆城镇化水平为33.82%，在西北五省区中仅次于青海位居第二，城镇化水平高于西北五省区平均值近3.5个百分点，而到2011年，新疆城镇化水平只有43.54%，位居西北第四，仅高于甘肃。

（二）城镇规模体系结构

新疆城镇不仅数量少、分布散，而且各级城镇规模偏小。截至2011年年底，新疆22个设市城市中，除乌鲁木齐和石河子外，其他20个城市平均人口规模为26万人。20世纪国际上通行的城市人口规模（以城镇非农业人口数统计）最低标准是2000人以上，20万人以下定为小城市；20万~50万人为中等城市；50万~100万人为大城市；100万人以上为特大城市。若按此标准（详见表1），新疆22个城市中，1个特大城市：乌鲁木齐；1个大城市：石河子；8个中等城市：库尔勒、伊宁、哈密、喀什、克拉玛依、奎屯、阿克苏、昌吉；12个小城市：博乐、阿勒泰、图木舒克、和田、阿拉尔、塔城、阜康、五家渠、吐鲁番、阿图什、乌苏、北屯。如若按照2010年我国中小城市绿皮书依据目前中国城市人口规模界定的新标准：市区常住人口（以城镇人口数统计）50万人以下的为小城市，50万~100万人的为中等城市，100万~300万人的为大城市，300万~1000万人的为特大城市，1000万人以上的为巨大型城市。新疆的城市规模将整体降级（详见表2），没有特大城市，1 个大城市，3 个中城市，其他都属于小城市规模。首位度是衡量区域城市结构特征的重要标准，新疆城市首位度达 3.06，明显高于正常值 2。由城镇规模表可以看出，新疆缺少大中型城市，仅有的大城市又偏大，中等城市偏小，大中小型城市之间比例失调，制约了城市间功能传递机制的发挥，影响了城市间的辐射和带动作用，不利于产生协同效应。

表 1　2011 年新疆 22 个城市人口规模和分布（以城镇非农业人口统计）

城市规模	人口规模（人）	数量（个）	城市名称及人口数量（万人）
特大城市	100 万以上	1	乌鲁木齐（182.42）
大城市	50 万～100 万	1	石河子（56.86）
中等城市	20 万～50 万	8	库尔勒（33.89）、伊宁（33.61）、哈密（29.78）、喀什（28.66）、克拉玛依（27.84）、奎屯（27.73）、阿克苏（26.77）、昌吉（23.43）
小城市	20 万以下	12	博乐（16.44）、阿勒泰（15.24）、图木舒克（13.99）、和田（13.80）、阿拉尔（11.99）、塔城（10.69）、阜康（9.24）、五家渠（8.72）、吐鲁番（8.60）、阿图什（8.59）、乌苏（8.01）、北屯（暂无数据）

资料来源：新疆统计年鉴（2012）。

表 2　2011 年新疆 22 个城市人口规模和分布（以城镇人口统计）

城市规模	人口规模（人）	数量（个）	城市名称及人口数量（万人）
巨大型城市	1000 万以上	0	—
特大城市	300 万～1000 万	0	—
大城市	100 万～300 万	1	乌鲁木齐（242.24）
中等城市	50 万～100 万	3	石河子（62.44）、库尔勒（54.20）、伊宁（50.39）
小城市	50 万以下	18	阿克苏（49.62）、喀什（48.02）、哈密（45.79）、昌吉（36.32）、和田（32.14）、奎屯（30.75）、吐鲁番（28.35）、克拉玛依（28.23）、博乐（26.69）、阿图什（25.09）、阿勒泰（23.48）、乌苏（22.77）、阿拉尔（19.10）、塔城（17.05）、图木舒克（16.05）、阜康（14.71）、五家渠（9.10）、北屯（暂无数据）

资料来源：新疆统计年鉴（2012）。

截至 2011 年年底，新疆共有县市 90 个，其中乌鲁木齐县和和田县有县无城，其中绝大部分县城平均非农人口只有两三万人。如果按照城镇人口规模，可将其划分为 7 个不同的等级。其中，一级城市 1 个，二级城市 1 个，三级县市8个，四级县市10个，五级县市19个，六级县市29个，七级县市21个（详见附表）。从上述城镇规模结构可以看出，新疆存在首位城市过大，二、三级城镇不仅数量少且人口规模偏小，中等城镇比重相对偏少，小城镇比重偏高的特征。新疆城镇结构体系不合理，缺乏相当数量的中心城市来带动小城镇的经济社会发展，不利于未来小城镇的扩容发展。

（三）城镇空间布局

新疆城镇主要集中分布在绿洲区域，与东部发达省区相比，新疆的地级市和大城市数量明显不足，即使与其他少数民族自治区（西藏除外）相比也存在一定差距（地级市：内蒙古9个、宁夏5个、广西14个、新疆2个），地级市数量在全国排名倒数第三，仅高于西藏和青海。由于新疆地广人稀，城市依托绿洲分散分布，城镇密度仅为每万平方公里2.6个（含兵团团场场部），远低于全国水平每万平方公里21个。城镇之间距离较远，首府乌鲁木齐市距各地州所在城市的平均距离超过700公里，相当于内地省区跨省的距离，地州中心城市与县城平均距离也在100公里以上，城镇空间分布极为分散。城市少且小又分散导致规模效益不能充分发挥，进而制约城市吸纳人口的能力、生产率的提高和经济增长质量的改进，影响了城镇化发展的水平和质量。

新疆的城市布局也存在明显的区域空间差异，北疆地区城镇分布较为密集，分布总的趋势是北多南少，西多东少。城镇化发展水平相对较高的城市主要集中在天山北坡经济带和天山南坡产业带区域，南疆三地州和北疆西北部区域城镇化发展相对滞后，特别是沿边区域，更是缺少较大规模，有一定辐射带动作用的大城市。现有22个城市中有14个分布在北疆准噶尔盆地周围，南疆塔里木盆地只有6个城市；10个中等以上规模城市中仅有喀什1个分布在南疆地区。

此外，具体到城市内部也是存在明显的差异，2011年新疆城市人口密度平均为4563人/平方公里，乌鲁木齐作为新疆唯一的特大城市，其人口密度远高于平均值，特别是老城区人口密度更是异乎寻常得高，建成区平均为

2.4万人/平方公里，局部地区甚至达到约4万人/平方公里，高于我国人口密度最大的上海虹口地区，该地区2010年统计显示人口密度为每平方公里36 370人。老城区是全疆政治、经济、文化、教育、医疗、物流中心，狭义范围是新中国成立初期乌鲁木齐最早的10万人口居住的城区，广义范围是指天山区、沙依巴克区辖区以及水磨沟区和新市区的小部分。目前乌鲁木齐市人口加上流动人口约400万人，其中70%都居住在老城区。

（四）城镇经济发展水平

新疆城镇化发展水平滞后不仅仅表现在人口城镇化率和城镇数量上，而且表现在城镇经济发展水平、城镇基础建设水平和城镇居民生活水平上。与中部、东部地区存在差异，新疆城市除乌鲁木齐人口超过200万人之外，其他城市的人口都低于60万人。人均GDP除克拉玛依和库尔勒这两个石油城之外，其他城市人均GDP都很低，近80%的城市人均国内生产总值远低于全国35 083元和新疆30 087元。工业化率除克拉玛依（86.85%）和库尔勒（81.74%）这两个资源依托型城市之外，其他城市的工业化率都低于全国平均水平46.8%，全疆近95%的城市工业化率低于全疆平均水平38.78%，最低的塔城市仅为6.72%，首府乌鲁木齐为33.42%。由此可见，新疆中等城市经济实力不足，与内地大城市落差较大，小城镇经济实力弱，农村经济特征明显。新疆中小城镇经济发展水平、城市建设水平与首位城市都存在巨大落差。尤其是在南疆三地州等经济欠发达地区，城镇基本的公用设施不健全，城镇的公共服务功能相当薄弱，城镇居民的生活质量与东部地区同规模的城镇居民的生活质量相去甚远。另外，新疆中等城镇的功能定位模糊，发展模式趋同，除个别资源型城镇外，大多工业产品以低加工度和低附加值的初级产品加工为主，这大大限制了城镇经济的发展，影响城镇劳动力就业。人口规模偏小，使得城镇基础设施和公共设施的营运成本过高，城镇经济发展不足限制了城市建设资金的来源，城镇的集聚能力非常有限。此外，近年来新疆规划建设了大量产业园区，考虑到土地价格和环境污染等因素，产业园区普遍远离城镇，造成基础设施和人员通勤成本较高，产业园区与城镇发展难以形成合力。

二、新疆城镇化的发展特征

（一）绿洲城镇分布

新疆属于干旱半干旱地区，绿洲约7万平方公里，仅占全疆面积的4.2%，新疆的城市和97%以上人口基本都集中在这些绿洲之中。根据自然地理环境和水资源情况，新疆的500多块大小不等的绿洲基本散布在地势较平、距离水资源较近的准噶尔盆地和塔里木盆地的边缘，因此，新疆的城镇和人口主要分布在这两个盆地外缘的平原绿洲地带。由于这些绿洲的外围是沙漠和戈壁，城市的分布和形状受绿洲范围大小的制约，呈现出点状、区块、片状和集群的特点。

（二）交通干线分布

新疆地域广阔，其城市和县域城镇在空间布局上主要是沿河流呈带状狭长形态，以及沿铁路、公路等交通干线呈串珠状线性形态。所以，河流流量的大小和交通基础设施建设的好坏很大程度决定了新疆城镇数量的多少和城镇规模的大小。目前，新疆城镇化空间布局基本形成“一圈、三带”的形态，即乌鲁木齐都市圈，北疆铁路沿线地带、南疆铁路沿线地带和沿边开放地带的城镇化发展格局。

（三）区域差异分布

新疆城镇化区域内存在较大差距，2011年新疆区位条件和经济发展较好的地区乌鲁木齐、克拉玛依、石河子等城镇化水平都在90%左右，远远高于新疆43.54%的平均水平；而南疆和田地区仅为16%，最高的克拉玛依比最低的和田地区高出80多个百分点，相差极为悬殊。从大的区域来看，北疆城镇化水平依次高于东疆和南疆。

（四）行政干预分布

一般地，城镇化发展的动力主要是通过中心城市巨大经济能量的辐射扩散产生的吸引力，但是新疆的城镇化发展动力却不同，而在很大程度上是依靠外在力量——政策、资金、人才、技术的注入和刺激产生的。新疆经济发展主要建立在煤、石油、天然气等能源开发基础上，且这些资源的开发基本由国家主导，由此形成了新疆城镇化发展模式带有较浓厚的政府主导色彩，是一种以政府推动为核心，以重工业发展为主导、优先发展大中城市的城镇化模式。城镇化发展很大程度上依赖国家投资，城镇经济的发展主要靠大中城市带动。此外，新疆的许多市镇也是通过县改市、乡改镇等行政力量推进的结果。

（五）特殊性关联分布

一是戍边定居。新疆城镇的发展还承担着保障边疆安全的重要作用。新疆边境线长5439公里，与8个国家接壤，现有33个边境县，新疆多民族跨界而居，在民族族别、宗教信仰、风俗生活、消费习惯、语言交流等多方面与周边国家有相似之处，边境形势比较复杂。许多城镇的设立可能不具备经济发展和适宜居住的客观条件，但它却肩负保障边疆安全的使命，政府通过“兴边富民”、“游牧民定居”工程和“边境扶贫项目”等改善居民生产生活条件，促进城镇化区域协调发展，减小区域内的经济发展差距，保障西北边疆安全。

二是兵地融合。不同于内地一般省区，新疆的地方行政辖区一般均含有兵团实际管辖地域。兵团是党政军企合一的特殊组织，属于中央计划单列的实体，但在行政区划上却和地方交错，在发展过程中各自为政，形成条块分割的局面，并经常为土地、草场、水利、矿藏等资源的开发利用发生争执。由于历史原因及政治需要，新疆许多地方城镇同时也是兵团各级机关驻地，出现了“兵地共建城区”的发展模式，① 即在地方管辖城镇区内，划出一小片城区，由兵团自己管理各项事务，获得部分管理权和规划权，可谓“城中建城”。

① 兵团城镇化模式主要有三种：一是师市合一模式，即在兵团师部所在地设立县级市；二是场镇合一模式，即在团场团部所在地设立建制镇；三是兵团共建模式，即在地方管辖城镇区内，划出一小片城区，由兵团自己管理各项事务。

三是民族特征显著。由于地域辽阔、区域内区位差异较大、民族成分众多，新疆的城镇化进程表现出严重的利益分化。从图1中可以清晰地看到城镇化水平与民族人口比重存在负相关，也就是说，民族人口所占比重越大的地区城镇化水平越低，如南疆民族人口比重较大的地区城镇化水平较低。

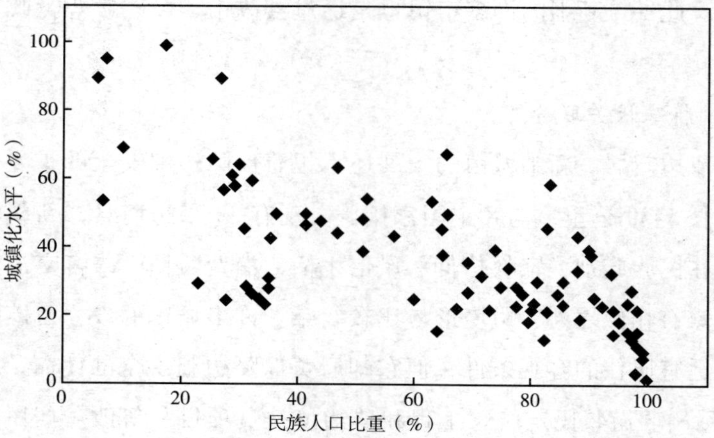

图1　2010年年底新疆89个城镇民族人口比重与城镇化水平散点图

三、新疆城镇化发展成本的量化分析

新疆大部分城市的人口规模较小，非农业人口比例相对较低，要提高城镇化水平，有序合理地推进农牧民市民化是实现的关键。但农牧民市民化的本质不是简单的户籍身份转换，而是给予身份转换后新市民真正平等的城市公共服务和福利待遇，为此，在推进城镇化进程中，要实现新疆城镇化规划目标，究竟需要付出多少必要的成本。我们需要对发展趋势作一必要的数据测算。

按照以人的城镇化为核心、以城镇基本公共服务常住人口全覆盖为重点的原则，我们着重从向城镇常住人口提供基本公共服务所需的经常性支出、基本公共服务设施建设、城镇基础设施建设等三大方面进行了测算。基于新疆城镇人口预测数据，结合有关部门已有的分析，我们分别对2013～2015年和2013～2020年向新疆城镇常住人口提供基本公共服务所需的经常性支出、基本公共服务设施建设、城镇基础设施建设三个方面的新增投入需求作了估算。

（一）城镇常住人口现状及未来增量

2012年年底新疆总人口是2232.78万人，城镇常住人口981.98万人，人口城镇化率为43.98%。根据《新疆城镇体系规划（2012－2030年）》，预测2015年新疆的城镇化达到48%，即城镇人口将达到1152万～1200万人。这与2012年新疆现有城镇常住人口相比，意味着在未来3年中，全疆新增的城镇人口预计将达到194万人，年均增速为6.19%，每年净增约65万人。

按照规划目标，2020年新疆城镇化水平将达到58%，这意味着新疆城镇人口将达到1508万～1566万人，即在未来8年中，全疆新增的城镇人口预计将达到555万人，年均增速为5.76%，每年将新增城镇人口69万人。

（二）城镇常住人口增加所带来的基本公共服务新增支出

基本公共服务支出分为经常性支出和基本设施建设支出两部分。基本设施建设支出属一次性支出，而经常性支出则是每年都需要发生的相对稳定的支出项目，经常性支出按照功能划分，又可分为个人待遇类支出和公共服务机构运转支出两部分。考虑到取数及其在基本公共服务支出中所占权重等因素，本课题中的基本公共服务项目只涵盖了与城镇人口变动相关方面的支出项目。

按照上述考虑，我们对未来城镇常住人口公共服务全覆盖所需增加的支出大体作以下测算。

1. 经常性支出。

（1）因人口数量增加带来的新增支出。根据2012年财政决算资料，将公共预算支出中剔除基建和其他资本性支出，得到2012年基本公共服务支出经常性支出为8046万元，由此计算出每增加一个人，每年需要增加基本公共服务方面的经常性支出3600元。由于我们无法单独计算出城镇人口基本公共服务方面的经常性支出标准，只能采用全疆所有人口平均水平作为标准支出。2013～2015年，城镇人口新增约194万人（分别新增61万人、64万人、69万人），按照上述基本公共服务支出经常性支出标准，2013年、2014年、2015年城镇基本公共服务经常性支出分别比2012年增加22亿元、23亿元和25亿元，三年累计70亿元。2013～2020年，城镇人口新增约555万人，八年累计新增城镇基本公共服务经常性支出200亿元。

（2）因经常性支出水平提高带来的新增支出。随着经济社会发展，财政支出水平也会不断提高，我们按经常性支出水平年均增长10%测算，根据公式：第n年因支出标准提高而增加的公共服务经常性支出＝基期年城镇常住人口公共服务经常性支出规模×(1＋城镇基本公共服务经常性支出水平年均增长率)$^{n-1}$×城镇基本公共服务经常性支出水平年均增长率测算，2013年、2014年、2015年基本公共服务经常性支出比2012年增加38亿元、46亿元和56亿元，三年累计140亿元。2013～2020年，由于支出水平提高，八年累计新增城镇基本公共服务经常性支出633亿元。据此，2013～2015年，新疆城镇化基本公共服务方面的经常性支出需增加投入210亿元，人均1.1万元；2013～2020年，城镇化基本公共服务方面的经常性支出需增加投入833亿元，人均1.5万元。

特别需要指出的是，随着城镇人口的增加，不仅是基本公共服务支出将有大幅增加，政府在社会管理等方面的支出也将趋于增加。一般认为，基础设施的建设成本会因为规模效应而出现边际成本递减，但社会领域的一些管理成本则相反。随着人口居住由分散转向集中，社会领域风险加大，社会治安、维护稳定等方面的人均管理成本将不断增加，而且城市规模越大，边际成本越高。这方面的支出需求在经常性支出中虽然无法得以体现，但是可以肯定的是，随着异地人口和农村人口不断涌向大中城市，新疆在维稳方面的支出将会成倍增长。

2. 基本公共服务设施建设支出。基本公共服务设施是指基本公共服务范围内的学校、医疗卫生机构、保障性住房、老年养护机构、公共文化体育场馆等，这些都是基本公共服务的载体。现阶段，受制于有限的财力，应优先予以解决的则是学校、医疗卫生机构、保障性住房三类设施建设。经过初步测算，到2015年，这三个方面共需增加投入1594亿元；到2020年，这三个方面需增加投入4621亿元。

（1）城镇中小学幼儿园建设投资与保障性经费。随着新型城镇化的推进，2013～2020年，城镇中小学幼儿园在校生数量将进一步增加。根据《新疆教育改革和发展规划纲要（2010—2020）》中教育事业发展目标测算，到2015年，新疆城镇中小学幼儿园在校生总数将达到301万人，比2012年增加31万人，其中：高中阶段（含中等职业）、初中、小学、幼儿园在校生分别增加12万人、8万人、8万人和3万人。

根据生均校舍面积标准：高中6.4平方米、初中6.7平方米、小学5.5平方米、幼儿园9.9平方米，按照全区2800元/平方米的成本标准测算（含土地价和初装费，不区分学校类别），到2015年，共需增加建设投入约57亿元，其中：高中阶段、初中、小学、幼儿园分别为21.5亿元、15亿元、12.3亿元和8.3亿元。

同时，根据《中国教育经费统计年鉴》（2012年）测算各级教育经费投入，2012年生均教育经费高中为12 056元（中等职业参照此标准），初中为11 399元、小学为8244元、幼儿园为4435元，2013～2015年，共需增加教育经费投入32亿元，其中：高中阶段为14.5亿元、初中9.1亿元、小学6.6亿元、幼儿园1.4亿元。

此外，考虑到教育资源短缺状况不够平衡和当前实际生均建设投入和保障经费投入的缺口情况，2013～2015年用于解决缺口部分的支出按照新增建设和保障经费总投入的20%测算，预计需要18亿元。

据此，2013～2015年城镇中小学幼儿园新增建设投资与保障性经费共需要投入107亿元，生均3.5万元。

同理，到2020年，新疆城镇中小学幼儿园在校生总数约为327万人，将比2012年增加57万人，其中：高中阶段、初中、小学、幼儿园在校生分别增加15万人、13万人、16万人和13万人。根据生均校舍面积标准测算，2013~2020年，共需增加建设投入约112亿元，其中：高中阶段、初中、小学、幼儿园分别为26.9亿元、24.4亿元、24.6亿元和36亿元。同时，根据2012年生均教育经费标准测算各级教育经费投入，2013~2020年，共需增加保障性经费投入52亿元，其中：高中阶段18.1亿元、初中14.8亿元、小学13.2亿元、幼儿园5.8亿元。2013~2020年解决缺口资金需投入33亿元。

2013~2020年城镇中小学幼儿园新增建设投资与保障性经费共需要投入197亿元，生均3.5万元。

（2）城镇医疗卫生设施建设投资与保障性经费。2011年年底，新疆共有医院820个，专业公共卫生机构464个，社区卫生服务中心（站）683个，街道及中心卫生院141所。由于新疆医疗卫生的服务半径大，点多面广线长，资源分布严重不均衡，虽然新疆每千人口卫生技术人员（城市）、执业（助理）医师（城市）、注册护士（城市）、医院床位数（城市）分别为10.58人、4.16人、4.3人和8.94张，远高于7.90人、3.00人、3.29人、6.24张的全国平均水平，但是每百门急诊入院人数7.06却远高于3.98的全国平均水平，其病床的周转次数和使用率也是远高于全国平均水平的。若要满足未来城镇人口不断增加的医疗卫生需求，必须对医疗卫生设施继续加大投入，特别是基层公共卫生服务和社区卫生机构的人员保障。

按照每千人口卫生技术人员（城市）10.58和每千人口医院床位数（城市）8.94的现有平均水平作为参照标准，同时，根据卫生部门提供的《新疆城市社区卫生服务机构规划与设置状况》中的规划及实际建设情况测算（具体见表3），到2015年，城镇人口新增约194万人，城镇新建医疗卫生机构建设需投资33.4亿元，城市公共卫生服务和社区卫生机构规划缺口投资31.7亿元，新增卫生人员以及现有缺口的保障性经费9.1亿元。2013~2015年，城镇医疗卫生新增建设投资与保障性经费共需要投入74亿元，人均3800元。

表3　2013～2015年新疆城镇医疗卫生新增建设投资与保障性经费测算表

2013～2015年新增城镇人口（万人）	194
根据新疆统计年鉴历史数据测算每千人口医院床位数（城市）	8.94
根据文件推算的单位建筑面积（平方米/床）	55
新增总面积（平方米）	194×10×8.94×55=953 898
根据历史数据推算的建筑单价（含土地价和初装费）	3500
新增建设投资（亿元）	953 898×3500/100 000 000=33.39
根据提供的资料测算现有城市社区卫生服务机构缺口（个）（中心、站的规划与实际的差额）	（157－128）+（757－565）=221
参考历史数据测算单价（万元/个）	1433
根据上面的参考单价测算现有城市社区卫生服务机构缺口投资（亿元）	221×1433/10 000=31.68
根据提供的资料测算现有城市社区卫生服务人员编制缺口（人）（中心、站的实际与核编的差额）	（4988－2710）+（3251－22）=5507
参考历史数据测算单价（万元/人·年）	3.5
现有城市社区卫生服务人员经费缺口（亿元）	5507×3.5=1.93
根据统计年鉴历史数据测算每千人口卫生技术人员（城市）	10.58
新增卫生人员（人）	194×10×10.58=20 525
新增卫生人员经费（亿元）	20 525×3.5=7.18
合计	33.39+31.68+1.93+7.18=74.18
人均卫生方面的支出（万元/人）	74.18/194=0.38

2013～2020年，城镇人口新增约555万人，按照上述历史数据和卫生部门规划测算（详见表4），城镇新建医疗卫生机构建设需投资95.5亿元，城市公共卫生服务和社区卫生机构规划缺口及改造投资31.7亿元，新增卫生人员以及现有缺口的保障性经费22.5亿元。2013～2020年，城镇医疗卫生新增建设投资与保障性经费共需要投入150亿元，人均2700元。

表4　2013～2020年新疆城镇医疗卫生新增建设投资与保障性经费测算表

2013～2020年新增城镇人口（万人）	555
根据新疆统计年鉴每千人口医院床位数（城市）	8.94
根据文件推算的单位建筑面积（平方米/床）	55

续表

新增总面积（平方米）	555×10×8.94×55=2 728 935
根据历史数据推算的建筑单价（含土地价和初装费）	3500
新增建设投资（亿元）	2 728 935×3500/100 000 000=95.51
根据提供的资料测算现有城市社区卫生服务机构缺口（个）	(157-128)+(757-565)=221
参考历史数据测算单价（万元/个）	1433
根据上面的参考单价测算现有城市社区卫生服务机构缺口投资（亿元）	221×1433/10 000=31.68
根据提供的资料测算现有城市社区卫生服务人员编制缺口（人）	(4988-2710)+(3251-22)=5507
参考历史数据测算单价（万元/人·年）	3.5
现有城市社区卫生服务人员经费缺口（亿元）	5507×3.5=1.93
根据新疆统计年鉴每千人口卫生技术人员（城市）	10.58
新增卫生人员（人）	555×10×10.58=58 719
新增卫生人员经费（亿元）	58 719×3.5=20.55
合计	95.51+31.68+1.93+20.55=149.67
人均卫生方面的支出（万元/人）	149.67/555=0.27

（3）保障性住房建设投资。截至2012年年底，新疆累计开工建设保障性住房94.3万套，其中：廉租房32.9万套，公租房11.4万套，经济适用房7.6万套，限价商品住房1.3万套，棚户区改造41.2万套。根据住建部门提供的《2011—2015年新疆住房保障各类住房建设规划表》测算（详见表5），2011~2015年城镇新增人口人均住房面积约为36平方米/人，按照历史数据推算保障性住房单位投资为1722元/平方米。据此测算，2013~2015年，城镇人口新增约194万人，测算保障性住房建设投资需要1203亿元，人均6.2万元。2013~2020年，城镇人口新增约555万人，测算保障性住房建设投资需要3441亿元，人均6.2万元。

表 5　　新疆城镇保障性住房新增建设投资测算表

根据提供的资料 2011 ~2015 年新开工房屋面积（平方米）	86 534 252
根据新疆统计年鉴 2011 ~2015 年城镇新增人口（人）	11 760 000 −9 340 000 =2 420 000
推算出 2011 ~2015 年城镇新增人口人均住房面积（平方米/人）	86 534 252/2 420 000 =36
根据提供的资料 2011 ~2015 年保障性住房建设完成投资（万元）	14 900 668
推算出 2011 ~2015 年每平方米住房投资（元/平方米）	14 900 668 ×10 000/86 534 252 =1722
根据规划 2013 ~2015 年度新增城镇人口（万人）	1176 −982 =194
2013 ~2015 年度保障性住房建设投资（亿元）	194 ×36 ×1722/10 000 =1203
根据规划 2013 ~2020 年度新增城镇人口（万人）	1537 −982 =555
2013 ~2020 年度保障性住房建设投资（亿元）	555 ×36 ×1722/10 000 =3441

4. 未来城镇常住人口全覆盖所需的城镇基础设施建设投入。城镇基础设施包括城市道路、供水、污水处理、垃圾处理、供气、供热和园林绿化等七项。由于新疆南北疆基础设施的存量差异较大，其新增投资标准也存在一定差异，据此，我们参考由新疆城乡规划设计院提供的《新疆中小城市基础设施完善“十二五”规划》，该规划考虑了地区差异的特殊性，因此，我们认为，该投资规模的测算综合考虑了多重因素，与实际需要较为接近。与此同时，我们又根据《新疆中小城市基础设施完善“十二五”规划》，做了两个方案的测算。总体而言，方案一偏于保守。具体测算如下：

方案一：2013 ~2015 年，新疆城镇基础设施新增投入需求为 717 亿元（详见表 6），其中：城市道路建设投资 283.4 亿元、供水 77.8 亿元、污水处理 53 亿元、垃圾处理 20.4 亿元、供气 27.7 亿元、供热 148.5 亿元和园林绿化 106.3 亿元。

根据新疆城镇固定资产投资历史数据，假定新建投资与改扩建投资的比例大约为 1 ∶0.85，未来三年新疆用于提升改造原有城镇基础设施的支出还需安排 609.5 亿元。

2013 ~2015 年城镇基础设施建设投资共需 1327 亿元，人均 6.8 万元。

2013 ~2020 年，新疆城镇基础设施新增投入需求为 2051.3 亿元，其中：

城市道路建设投资 810.8 亿元、供水 222.5 亿元、污水处理 151.6 亿元、垃圾处理 58.2 亿元、供气 79.2 亿元、供热 424.8 亿元和园林绿化 304.2 亿元。根据新疆城镇固定资产投资历史数据，假定新建投资与改扩建投资的比例大约为 1∶0.8，未来八年新疆还需安排用于提升改造原有城镇基础设施的支出 1743.6 亿元。2013～2020 年城镇基础设施建设投资共需 3795 亿元，人均为 6.8 万元。

表 6　　　　方案一：新疆城镇基础设施建设投资测算表

	合计	交通	供水	污水处理	垃圾处理	供气	供热	园林绿化
根据规划2011～2015 年中小城市基础设施建设投资（万元）	19 186 247	7 583 589	2 081 371	1 417 871	544 647	740 814	3 973 146	2 844 810
根据提供的污水处理投资精算数据与规划数据推算合理折算系数	0.47 = 661 000/1 417 871							
经过折算处理后的中小城市基础设施建设投资（万元）	8 944 486	3 535 413	970 320	661 001	253 910	345 362	1 852 251	1 326 230
2011～2015 年新增人口（万人）	242							
2011～2015 年新增人口人均基础设施建设投资（元/人）	36 961	14 609	4010	2731	1049	1427	7654	5480
2013～2015 年新增人口（万人）	194							
新增基础设施建设投资（亿元）	717	283	78	53	20	28	148	106

续表

	合计	交通	供水	污水处理	垃圾处理	供气	供热	园林绿化
基础设施提升改造投资（亿元）	609	241	66	45	17	24	126	90
2013～2015 年城镇基础设施建设投入（亿元）	1327							
2013～2020 年新增人口（万人）	555							
新增基础设施建设投资（亿元）	2051	811	223	152	58	79	425	304
基础设施提升改造投资（亿元）	1744	689	189	129	49	67	361	259
2013～2020 年城镇基础设施建设投入（亿元）	3795							

方案二：2013～2015 年，新疆城镇基础设施新增投入需求为 1595 亿元（详见表 7），其中：城市道路建设投资 608 亿元、供水 167 亿元、污水处理 170 亿元、垃圾处理 44 亿元、供气 59 亿元、供热 319 亿元和园林绿化 228 亿元。根据新疆城镇固定资产投资历史数据，假定新建投资与改扩建投资的比例大约为 1：0.85，未来三年新疆还需安排用于提升改造原有城镇基础设施的支出 1356 亿元。2013～2015 年城镇基础设施建设投资 2951 亿元，人均 15.2 万元。

2013～2020 年，新疆城镇基础设施新增投入需求为 4563 亿元，其中：城市道路建设投资 1739 亿元、供水 477 亿元、污水处理 488 亿元、垃圾处理 125 亿元、供气 170 亿元、供热 911 亿元和园林绿化 652 亿元。根据新疆城镇固定资产投资历史数据，假定新建投资与改扩建投资的比例大约为 1：0.8，未来八年新疆还需安排用于提升改造原有城镇基础设施的支出 3878 亿元。2013 ~2020 年城镇基础设施建设投资 8441 亿元，人均 15. 2 万元。

表 7　　方案二：新疆城镇基础设施建设投资测算表

	合计	交通	供水	污水处理	垃圾处理	供气	供热	园林绿化
根据规划 2011 ~2015 年中小城市基础设施建设投资（万元）	19 186 247	7 583 589	2 081 371	1 417 871	544 647	740 814	3 973 146	2 844 810
根据城乡规划设计专家建议调整污水处理后投资	19 895 183	7 583 589	2 081 371	2 126 806	544 647	740 814	3 973 146	2 844 810
2011 ~2015 年新增人口（万人）	242							
2011 ~2015 年新增人口人均基础设施建设投资（元/人）	82 211	31 337	8601	8788	2251	3061	16 418	11 755
2013 ~2015 年新增人口（万人）	194							
新增基础设施建设投资（亿元）	1595	608	167	170	44	59	319	228
基础设施提升改造投资（亿元）	1356	517	142	145	37	50	271	194
2013 ~2015 年城镇基础设施建设投入（亿元）	2951							
2013 ~2020 年新增人口（万人）	555							

续表

	合计	交通	供水	污水处理	垃圾处理	供气	供热	园林绿化
新增基础设施建设投资（亿元）	4563	1739	477	488	125	170	911	652
基础设施提升改造投资（亿元）	3878	1478	406	415	106	144	775	555
2013～2020年城镇基础设施建设投入（亿元）	8441							

这里必须要指出，以上所有的分析测算大部分（除经常性支出）是基于当前实际平均水平的常规静态测算，实际上，随着经济社会的发展，城镇化的成本将随之逐步提高的，应是一个动态变化的过程。

此外，我们在测算过程中对于新疆的地域因素和民族因素所带来的特殊成本未作专门考量。实际上，教育和卫生作为基本公共服务的最基本需求，上学和看病都是与地理距离的远近有密切关联的，新疆的学校和医院的辐射半径要远高于内地，而辐射人口却又远低于内地，这样就造成对于同样的城镇人口而言，且不说个人成本的增加，他们对于医院设施和技术人员的需求要更多，相应的人均成本也要远高于内地。由于民族因素所带来的特殊性教育支出（双语学校、师资、教材等）、维稳支出等因素所带来的特殊成本支出也要远高于内地相同规模城镇人口城市。

综合上述因素，未来新疆城镇化成本肯定是远高于我们当前的测算值（方案一：人均成本约15万元；方案二：人均成本约23万元）。

四、新疆推进城镇化建设的发展思路

城镇化是一个动态渐进、永无止境的发展过程，要实现高水平、高效益的城镇化，政府必须在城镇化进程中发挥主导作用，包括确定城镇化发展的战略定位、发展方向、发展路径和布局规划以及中长期建设计划等。当然，这里我们必须要规划先行，做到规划引领，有章可循。由于新疆特殊的战略地位、历史使命和发展机遇，决定了我们必须要走具有新疆特色的新型城镇化道路，摒弃传统城镇化弊端，实现超常规发展，加快步入城乡统筹、布局合理、集约高效、特色突出、社会和谐的城镇化发展新阶段。结合新疆的区情，未来新疆的发展重点主要侧重以下几个方面：

1. 强化形成对外开放、南北均衡的发展格局。加快建设新疆与内地及周边国家物流大通道和门户节点，加快交通枢纽节点建设，推动中心城市建设和产业集聚，建立开放高效的城市体系和交通体系。在南疆三地州和边境地区培育增长极，帮扶困难地区改善发展条件，促进区域相对均衡发展。

2. 围绕“绿洲城市群”协调发展城乡。绿洲是新疆经济社会发展的主要载体。以绿洲为单元，以中心城市为核心，逐步形成辐射作用巨大的城市组群，推进工业和人口向市县、重点镇集中，公共交通、基础设施和公共服务设施向乡镇延伸覆盖，推进城乡协调发展。统筹水资源分配，合理调整水资源利用结构，大力推进高效节水农业及节水城镇建设，建设节水城乡，打造一批绿洲生态示范城镇和园区。

3. 推进兵团城镇化、加强兵地融合发展。加快现有兵团城市“扩容、提质”，在战略地位重要、经济基础较好、发展潜力大的兵团中心垦区城镇增设县级市，以城市为龙头带动兵团城镇发展，实现兵团由“屯垦戍边”向“建城戍边”的战略转变。加强兵地城镇产业分工协作，加强协调机制建设，实现互补、错位、融合发展。

4. 分区分类推进差异化、特色化发展。新疆各区域之间发展条件差异大，需要分区、分类推进差异化、特色化发展。推动天山北坡、天山南坡、南疆三地州、北疆北部地区因地制宜选择各具特色的城镇化路径，制定差异化发展目标和城镇化政策。促进战略资源基地工矿城镇、边境城镇、旅游城镇、农牧业服务城镇、兵团城镇等依托各自优势，发展特色经济，建设特色城镇。

5. 依托地域特色产业、促进产城融合。因地制宜，积极发展符合当地的绿色农牧业、农产品加工业、旅游业、少数民族用品制造业等特色优势产业和战略性新兴产业，推进传统产业升级。扶持劳动密集型产业、服务业和中小企业发展，扶持社区经济、特色手工业发展，加快冬季产业发展。通过产业和城镇之间的协调配合，促进同一区域内同类产业的壮大融合，引导城际间产业分工与协调。

前面分析过，新疆的城镇化发展并非是传统模式发展，作为全国独特的多种体制并存的西部边疆民族自治区，新疆是由自治区、兵团、中央企业等多种管理体制互补并存的，未来也是多方共同推动城镇化发展，总体是在国家驱动下的发展路径，在不断对外开放的大环境下，依靠国家和全国各省市的全力支援，按照城镇化发展的规划目标，合理布局产业空间，走一条具有目标导向性的城镇化，而且新疆的城镇化必须兼顾发展与稳定的双重目标导向。由于新疆地域广阔，南北疆的经济社会差距较大，具体实施城镇化发展模式也需要因地制宜、分类分区指导的层次化发展。

五、新疆城镇化发展中政府支出责任分析

城镇化的发展离不开资金支持。财政承担着大部分的经常性支出和资本性支出，财政的资金投入是政府提供公共服务的基础条件。没有财政的资金投入，城镇化就会成为无水之源。长期以来，由于基础设施和公共服务设施投资规模大、公益性强、收益率低等特点影响，新疆的城镇基础设施建设主要依靠政府财政投入，总量非常有限，资金来源单一，市场化融资机制缺乏。

随着城镇化的推进，当前各项城镇基础设施建设任务不断加重，以往过多依赖土地财政和政府债务的方式融资的手段又日渐趋紧，与内地大规模的城镇基础设施建设相比，新疆城镇化快速发展的阶段才刚刚开始，政府面临巨大的城镇设施建设筹资的压力，由于城镇化进程中各级政府的辖区责任尚无清晰界定，新疆的事权责任即使明确，其财力也是无法短期内满足城镇化建设需要，我们必须依靠中央政府的财力支持，单纯依靠地方政府财政投入显然无法满足现实需要，为此，我们一方面需要中央加大转移支付力度，另

一方面地方自身也要进一步研究拓展资金筹集渠道。

（一）中央建立和完善财力与事权相匹配的财政体制

当前，在城镇化进程中各级政府的辖区责任尚无清晰界定。由于历来中央与地方政府之间的事权划分不明，需要地方政府参与的事权过多，而各个地方政府的能力有限，造成财力与事权不匹配。非常清晰地事权划分面临诸多困难，有待今后努力和突破。对涉及多个层级政府共同承担的事权，可以在建立协调机制的基础上共同履行相应责任。尤其是要在拥有事权决策权力的非财政部门和拥有财权决策权力的财政部门之间，建立事权部门与财权部门之间的相互沟通协调机制。由于很多事权的特殊性信息往往很难迅速准确的传递到中央，建议通过减少部门专项转移支付资金，加大财力性补助，让更多资金的自由可支配权交给地方，更有利地方政府根据当地发展的特殊性、本地城镇规划和行动计划更大限度地统筹利用财政资金，提高资金的使用效率。

在当前事权划分状态下，新疆财力与事权不匹配的问题非常明显，加之新疆有很多特殊的政府职能和特殊的财政支出，在现有的中央转移支付制度中没有充分体现出来，以致出现人均财力和人均支出在全国的位次靠前与财政供给能力不足、基层财政运行困难并存的状态，一定程度上制约着新疆经济社会的发展。由于目前我国都是依据全国普遍的、人口均值或是面积均值等指标分配转移支付，因此建议结合各地的实际情况，依据较为客观的指标因素分别确定各项目的分配。中央应该充分考虑新疆的战略地位和特殊性，将新疆的特殊因素纳入转移支付分配的指标因素，并大幅度提高计算标准和补助系数，保证新疆实现国家重要战略和财政政策目标。

（二）中央财政承担民族自治区城镇化发展中新增基础设施投入

民族地区市场化程度低，社会资本对基础设施的投入极为有限，绝大部分需要政府投入，但是民族地区现有财力主要用于经常性开支，无力安排大量的基础设施建设资金。而现阶段我国中央财政支出占国家财政支出的比重从2000年的34.7%下降到2011年的15.1%，大大低于发展中国家平均80%

和发达国家平均67%的水平。因此，建议中央应该加大投入，特别是向西部民族地区倾斜，全力保障相对落后的全民共享民生项目。今后，随着国家转移支付制度的进一步改革，将大幅度减少专项转移支付，对民族地区来说将减少一大块资金来源。针对城镇化建设投入和需求大幅度增加，民族地区财力不足的情况，建议中央利用调整、整合专项转移支付的机会，相机建立民族地区城镇化基础设施转移支付，按照科学合理的规划和成本投入标准确定投入规模，对于民族地区今后新增的基础设施资金给予全额补助，对于其他困难地区按比例补助。

（三）地方政府要建立辖区财政责任机制，推行城镇化考核评价机制

各级政府要承担起“财力与事权相匹配”的辖区财政责任，要求政府不仅要承担起本级政府的财政责任，而且也要对所辖区域的财政负有纵向平衡和横向平衡的责任。对于新疆而言，自治区政府对于省、地州（市）、县市、乡镇之间的纵向财政平衡和各地州（市）之间的横向财政平衡负有明确的责任；地州政府对于县市、乡镇之间的纵向财政平衡和各县市之间的横向财政平衡负有明确的责任；以此类推，形成一级一级严格的辖区财政责任，有利于各级政府的财力平衡。根据辖区责任，建立新型城镇化考核评价机制。结合《新疆城镇体系规划（2012—2030年）》和《新疆维吾尔自治区推进新型城镇化行动计划（2013—2020年）》明确的5个方面22项具体行动的目标和要点以及任务分解情况，采用定性与定量相结合城镇化考核评价机制，及时测度全区和各地州新型城镇化水平，将考核结果与各级政府政绩考核挂钩，并及时向社会公布，有利于明确新型城镇化的目标和任务，加快推进新疆新型城镇化进程。

（四）地方政府进一步拓宽筹资渠道

按照适度超前、功能完善、配套协调的原则，集中规划各类医疗、教育、文化、体育等公共设施，不断探索公共设施投资多元化融资、社会化融资的模式创新，扩大社会融资总量，来满足城镇化建设发展需要。

1. 政府选择合理介入方式。一是选择性参与营利性基础设施投资。在基

础性项目投资中，营利性基础设施的投资主体不应全是财政，而应是由相应的企业集团来承担。高速公路、城市供水供电供气供暖、公交地铁、电话电视网络等基础性项目，是直接为民众服务的，这些垄断性质的企业都是获利经营的独立法人，不能完全由财政投资免费提供，可采取地方国资公司控股和参股等方式进行投资。二是建立健全政府购买公共服务机制。借鉴发达国家和地区政府购买公共服务的经验与做法，一方面可以将有限的财政资金为杠杆，吸引更多的民营资本或非政府组织参与为社会公众提供公共服务，发挥杠杆效应；另一方面可以通过政府购买，调动社会一切积极因素，优化资源配置，促进社会公平，达到社会各方利益协调。国际上政府购买公共服务的领域主要包括：教育、文化、公共卫生、社会（区）服务、养老服务、残障服务、就业促进等。

2. 鼓励民间资本准入投融资。在基础设施和公共服务领域市场化改革的趋势下，经营性、准经营性城镇基础设施领域应全面放开，通过建立城市基础设施价费机制和投资补偿机制，运用财政投资补助、贴息、价格、税收等各种手段，来引导民间资本进入。在民间资本进入方式上推广采用 PPP、BOT、BOO、TOT、BOOT 等融资模式，吸引社会资金投资运作。对于无利润的基础设施项目，政府同样也可以采用免税、赠与土地或财政补贴等补偿手段吸引民间资本。

3. 整合利用好援疆资源。2010 年全国对口援疆会后，国家开启了 2011 ~ 2020 年援疆历史上资金投入最大、支援地域最广、涉及人口最多、援助领域最全面的新一轮对口援疆工作。在这 10 年间 19 个援疆省区市把保障和改善民生置于优先位置，我们要科学引导援助资金集中用于保障性住房、基础设施、公共服务设施建设方面，充分整合和利用各类援疆资金，按照各地各部门发展规划有步骤、有重点地加快城镇基础设施建设。此外，相比资金援助，在人才、技术、管理等其他方面的援助对于促进城镇化方面更具有长远效应和经济意义。努力尝试嫁接移植援助省市的优质公共服务资源，如优秀的学校和医院等，鼓励其在新疆各城市设立分校、分院，迅速提升新疆的教育、医疗等公共服务水平和质量，从而大大提高城市对人才的吸引能力和集聚能力。同时进一步放宽落户条件和创业优惠，鼓励疆外各类人才留疆共谋发展。

4. 多渠道变活一切可利用存量资金。争取试点住房公积金支持保障性住房建设。① 2011 年 7 月，上海成为利用住房公积金贷款支持保障性住房建设的试点城市，仅 2012 年上海市报送并获批准的公积金贷款支持保障性住房建设项目共 13 个，住房公积金贷款总规模 113. 62 亿元。目前，除了上海，公积金贷款正在惠及多个试点城市。新疆作为西部民族地区更应该积极争取作为公积金贷款的试点城市，除了贷款给保障房项目，还可以探索以其他方式支持保障房建设，比如利用公积金增值资金投资公共租赁房等，真正在确保资金安全情况下实现资金的活用，让居民住房资金切实用在城镇住房保障上，发挥资金的最大化效益。

此外，建议还可以提取一定比例的福利彩票基金用于社会保障等社区民生项目的公共设施和公共服务的提供，提取一定比例的体育彩票基金用于文体教育等社区民生项目的公共设施和公共服务的提供，通过制定长期规划，科学有步骤地逐步完善相关设施和服务项目，实现积少成多、持续完善。

5. 逐步放松地方债的发行。2009 年新疆成为全国首个发行地方债的省级政府，2009 年发行 30 亿元，2010 年和 2011 年发行均为 60 亿元，2012 年发行 72 亿元。规模在不断增加，但是总量还是相对较小，可以考虑未来通过发行中长期的地方债来筹资用于城镇化发展中公共基础设施建设等方面的高额支出，把支出高峰平滑化分摊到较长时段中，有效弥补新疆地方收入的不足。同时可以促进地方债务的显性化和透明化，强化对公共基础设施建设的长期投资计划及其资本预算约束，降低政府风险。

---

① 2009 年，住房和城乡建设部等 7 部门联合印发《关于利用住房公积金贷款支持保障性住房建设试点工作的实施意见》，称试点城市在优先保证缴存职工提取和个人住房贷款、留足备付准备金的前提下，可将 50% 以内的住房公积金结余资金用于发放保障性住房建设贷款。贷款利率按照五年期以上个人住房公积金贷款利率上浮 10% 执行。2012 年 3 月，住建部等再次联合发文，称要适当扩大住房公积金贷款支持保障性住房建设试点范围。已开展试点的省、自治区可新增 1 ~3 个城市进行试点，未开展的省、自治区可选择 1 ~3 个城市进行试点。同时利用住房公积金发放政府投资的公共租赁住房贷款，贷款期限由最长不超过 5 年调整为最长不超过 10 年。

6. 扩大探矿权、采矿权抵押融资。采矿权抵押已成为国际化趋势，在许多情形下采矿权是一项最保险也是最有价值的财产。据相关统计数据表明，矿产资源的潜在价值大大超过土地资源的评估价值，矿业权市场潜力巨大。2013 年 3 月新疆利用哈密三塘湖煤矿区的探矿权抵押，与多家银行合作募集贷款 200 亿元，今后我们可以逐渐扩大范围，在有资源优势条件的地区充分利用探矿权和采矿权（统称为矿业权），进行抵押贷款募集资金，增加当地资金来源渠道。

7. 合理利用土地资源，降低机会成本。土地是城市的稀缺资源。按照规定，市政与社会事业设施用地一般通过划拨方式来解决，与商业性用地的拍卖地价相比，公共基础设施用地存在一定的机会成本，城市规模越大，地价越高，其机会成本也就越高，拍卖转为划拨，相当于当地政府减少了部分土地收入，实际上也就可以认为是政府的间接投入。因此，建议各级政府强化国有土地资源的整体运作水平，将城市道路、公园、学校、医院等公共基础设施规划建设用地与周边商业土地的增值收益统筹考虑，通过整体打包拍卖土地，探索公共基础设施建设与周边具有经营性项目挂钩投资建设和运营模式，或者通过一定土地无偿置换相应的公共基础设施（该土地的附着建筑物），这样既符合政府规划，又搞活市场行为。

8. 尝试分享公共产权收益。从长远角度考虑，可以通过完善公共产权收益上缴制度，本着全民享有公共产权收益的原则，将收缴的公共产权收益用于充实城镇化发展的资金需要，这里的公共产权上缴者不仅包括中央企业和地方的国有企业，还应该覆盖到所有公共资源、公共产权的占有获益者，全部都纳入进来。新疆作为资源大省更应该从公共资源的收益中优先让本地居民获益。从长远角度看，有利于真正实现全民所有制的经济制度。

此外，我们还可以积极争取利用亚行和世行贷款来实现城市基础设施建设和环境保护项目，但是必须依据政府的规划建设、项目资金需求以及未来资金偿还压力等综合考虑，坚持“以我为主、为我所用”的原则，降低政府风险，提高资金效益。

综上，城镇化中基础设施和公共服务的提供该由市场配置的，政府就该有选择地逐步退出；能由市场提供的，优先通过市场配置，政府可以鼓励引导扶持；该由政府提供的，政府必须提早规划，有重点有步骤地区域差别化提供。具体可根据城镇基础设施的不同性质，建立多元化的投融资主体格局，对于无收费机制、无资金流入的公益性城市基础实施项目由政府投资建设；对于具备收费机制，通过市场机制可以实现利润的经营性城市基础设施项目由社会资金投资建设；对于具备收费机制且有一定资金流入，但因价格和国计民生等因素，无法收回成本的准经营性城市基础设施项目在政府扶持或补贴的基础上，逐步引入社会资本投资或参与投资。

附表 1　2011 年新疆 89 个城镇体系等级规模结构表（以城镇非农业人口统计）

城镇等级	人口规模（人）	数量（个）	城市名称及人口数量（万人）
一级城市	100 万以上	1	乌鲁木齐市（182.42）
二级城市	50 万～100 万	1	石河子市（56.86）
三级县市	20 万～50 万	8	库尔勒市（33.89）、伊宁市（33.61）、哈密市（29.78）、喀什市（28.66）、克拉玛依市（27.84）、奎屯市（27.73）、阿克苏市（26.77）、昌吉市（23.43）
四级县市	10 万～20 万	10	博乐市（16.44）、阿勒泰市（15.24）、库车县（15.06）、图木舒克市（13.99）、和田市（13.80）、沙湾县（12.28）、阿拉尔市（11.99）、呼图壁县（11.98）、莎车县（10.86）、塔城市（10.69）
五级县市	5 万～10 万	19	阜康市（9.24）、额敏县（9.08）、五家渠市（8.72）、奇台县（8.60）、吐鲁番（8.60）、阿图什市（8.59）、和静县（8.03）、乌苏市（8.01）、玛纳斯县（7.31）、新源县（7.27）、叶城县（7.17）、麦盖提县（6.57）、温宿县（6.05）、霍城县（5.74）、巴楚县（5.47）、沙雅县（5.18）、焉耆回族自治县（5.14）、鄯善县（5.14）、尉犁县（5.00）、北屯市（暂无数据）
六级县市	2 万～5 万	29	昭苏县（4.93）、泽普县（4.83）、察布查尔锡伯自治县（4.81）、伊宁县（4.74）、精河县（4.63）、吉木萨尔县（4.58）、阿瓦提县（4.53）、拜城县（4.24）、皮山县（4.07）、疏勒县（3.80）、托里县（3.57）、温泉县（3.25）、尼勒克县（3.25）、伽师县（3.20）、英吉沙县（3.09）、特克斯县（3.09）、巩留县（3.05）、乌什县（3.03）、富蕴县（2.87）、福海县（2.79）、和硕县（2.76）、墨玉县（2.75）、新和县（2.68）、岳普湖县（2.38）、轮台县（2.38）、阿克陶县（2.33）、于田县（2.19）、托克逊县（2.19）、疏附县（2.04）

续表

城镇等级	人口规模(人)	数量(个)	城市名称及人口数量(万人)
七级县市	2万以下	21	和布克赛尔蒙古自治县（1.96）、裕民县（1.96）、布尔津县（1.93）、木垒哈萨克自治县（1.88）、乌恰县（1.83）、哈巴河县（1.79）、洛浦县（1.66）、且末县（1.64）、策勒县（1.63）、博湖县（1.61）、巴里坤哈萨克自治县（1.58）、青河县（1.52）、若羌县（1.39）、吉木乃县（1.17）、塔什库尔干塔吉克自治县（1.16）、阿合奇县（0.98）、民丰县（0.77）、柯坪县（0.68）、伊吾县（0.66）、乌鲁木齐县（0.47）、和田县（0.37）

资料来源：新疆统计年鉴（2012）。

辽宁省财政支持新型城镇化发展的思路与对策*

近年来，我国实施了大规模的工业化和城市化建设，城镇化水平快速提高，城镇化率从1978年的18%上升到2012年的52.6%，这是中国社会发展的巨大成就。但与此同时，城镇化质量不高的问题也很突出，农民工市民化受阻，城镇发展不均衡，体制机制不健全，阻碍了城镇化健康发展。目前我国城镇化发展程度仍然落后于发达国家，与工业化发展程度不相适应，成为了经济社会可持续发展的制约瓶颈。此种情况与问题，在辽宁省同样存在。当前，要大力推进辽宁新型城镇化发展，必须走高质量的与工业化、农业现代化协调发展的道路。财政具有调节资源配置、促进经济发展的重要职能，承担着提供公共物品和服务的重要责任。有效发挥财政职能作用，是推进辽宁新型城镇化发展的重要途径，对于加快实现辽宁老工业基地全面振兴具有重要意义。

一、新型城镇化的内涵分析及其对财政的影响挑战

城镇化是伴随工业化和现代化必然出现的经济社会发展趋势，是一个国家或地区文明程度和发展水平的重要体现。解决城乡二元问题乃至实现城镇化的科学发展，需要促进农村人口向不同规模的城镇集中以及城市要素向不同层次的农村地域扩散，通过城镇化建设将城市和农村有机地融合在一起。

* 本文为辽宁省财政科学研究所参加全国协作课题“新型城镇化建设成本测算与财政支出责任研究”所完成的分报告，执笔人：王振宇、陆成林。

（一）基本含义：生产要素的高度聚集

不同的理论学科对城市这一概念有不同的论述。在经济学中，城市是具有相当面积、经济活动和住户集中，以致在私人企业和公共部门产生规模经济的连片地理区域，是各种经济市场——住房、劳动力、土地、运输等——相互交织在一起的网状系统。按照社会学的传统，城市被定义为具有某些特征的、在地理上有界的社会组织形式。人口相对较多，密集居住，并有异质性；至少有一些人从事非农业生产，并有一些是专业人员；城市具有市场功能，并且至少有部分制定规章的权力；城市显示了一种相互作用的方式，在其中，个人并非是作为一个完整的人而为人所知，这就意味着至少一些相互作用是在并不真正相识的人中间发生的；城市要求有一种基于超越家庭或家族之上的"社会联系"，更多的是基于合理的法律。纯粹地理学意义上的城市，则是指地处交通方便环境的、覆盖有一定面积的人群和房屋的密集结合体。而在城市规划学中，城市则是以非农业产业和非农业人口集聚为主要特征的居民点。

实际上，城镇与城市的含义有一定的区别，根据广义的理解和国家规划关于城镇化的提法，城镇包含的范围更为广泛，除了城市还包括集镇。简单地说，城镇化是农村人口向城市人口转移的过程。从不同的角度出发看城镇化，可以得出多元化的理解。从大历史角度看，城镇化是农民向城镇集中迁移的历史过程，是人类社会发展进程中不可逆转的大趋势，随着工业化和现代化的发展而发展。从文化角度看，城镇化不仅表现为人的地理位置的转移和职业的转变，更是生活方式和消费行为的改变，以及伴随的精神观念的无形转变。从经济社会协调发展角度，城镇化不能单单是户籍身份的转变，更重要的是原本生活在农村的居民生产生活方式等方面向现代化标准的转变。

综合多个学科和多种角度的考量，城镇化的基本含义就是人口、资本、技术等生产要素由农村向城市高度的聚集，使乡村居民在生活方式、生产方式、消费方式、思想观念以及社会环境等方面的演变，是传统农耕文明向现代工业文明进化的历史进程。

（二）深层次内涵：可持续、以人为本、高质量

一直以来，我国很多地区城镇化建设都存在着认识和实践上的误区。有的甚至将城镇化曲解为“造城”，结果导致土地城镇化的速度大大超过人口城镇化，现有财力无法支撑农业转移人口的公共服务需求，农业转移人口迟迟不能融入城市，最终使城镇化变成了“伪城镇化”。从长远来看，这种城镇化不仅无法成为经济社会发展的长久动力，反而会成为尾大难甩的包袱。因此，在城镇化过程中，我们有必要明确城镇化到底是谁的城镇化？到底要实现什么样的城镇化？为此，党的十八大报告明确提出，坚持走中国特色新型工业化、信息化、城镇化、农业现代化道路。与早期的城镇化相比，新型城镇化被赋予了更为丰富和深刻的内涵。

1. 新型城镇化是可持续的城镇化。城镇化的实质，就是人口集聚和产业集聚的过程，在集聚过程中，必须辅之以必要的产业支撑和基本的公共服务，使人进得来、留得住，这样才能可持续。当前，城镇产业发展滞后，农民工就业岗位不够稳定，家庭收入偏低，难以适应城镇消费。城镇环境污染严重，水资源和能源紧缺，交通拥堵。社会隐患较多、社会矛盾凸显，城镇治理方式亟待创新和加强。这些因素都制约着城镇化的可持续发展。能否突破发展瓶颈，实现生产发展、生活富裕、生态良好的有机统一，决定着新型城镇化的成败。城镇化只有建立在坚实的产业基础之上，才能吸引更多农村劳动力以及各类人才就业和创业，才能集聚更多的生产生活要素。城镇化带来了社会结构的日益开放以及巨量人口频繁流动，社会需求越发多样，必须加强和创新社会管理，有效化解各类社会矛盾。城镇化过程中还要确立绿色的可持续发展理念，主动适应全球绿色低碳发展潮流，把生态文明理念融入城镇化全过程。

2. 新型城镇化是以人为本的城镇化。一切发展的目的，最终都要归于人。在看到巨大经济利益的同时，不要忘了推进城镇化的初衷是为了造福百姓和富裕农民。因此切实保障相关群体的合法权益，体现公平正义，是城镇化题中应有之意。如果说现代化的本质是人的现代化，那么，城镇化的本质

也同样是人的城镇化。这是城镇化和伪城镇化的根本区别。随着乡村人口向城镇集中转移，其生产方式要从传统农业转向社会化大生产，其消费方式要从部分自给自足的农业经济转向分工细化、流通充分的市场经济。新移民的身份，改变了他们的生产方式和生活方式，势必要进一步影响他们的价值观念和处世心态。政府有责任提供就业、养老、教育、医疗等基本公共服务，确保进城农民在物质和精神两个层面向市民转变，并经过一个较长的时期实现整个社会从传统社会到现代社会的转变。

3. 新型城镇化是高质量的城镇化。城镇化建设有其自身的客观规律，盲目圈地，低水平规划和建设，不仅无效，还将浪费巨大的财力与资源。尤其在资源环境约束空前严峻的形势下，加强地均 GDP 等指标考核约束，促进经济转型，追求高质量的城镇化刻不容缓。因此，新型城镇化必须在顶层设计上实现重大突破。将涉及城镇化的各类要素，包括经济、政治、社会、文化、生态等要素，统一放到城镇化这个时空大棋盘上，进行综合性考虑和战略性谋划，通过科学规划、政策引导和法规约束，使城镇化布局，在空间、时间和内涵上都能得到最佳整合并实现最佳优化，形成科学合理的城镇化发展新格局，推动经济可持续发展乃至整个社会的深刻转型。

（三）新型城镇化对财政的主要影响

与传统的城乡地域相比，推进新型城镇化所形成的新型城镇代表着更高的公共物品供给能力和公共服务供给水平，这包括优美的生活环境、公平的分配制度、丰富的教育医疗资源、完善的社会保障体系，等等。可以说，新型城镇化建设对财政改革与发展产生了深远的影响。

1. 新型城镇化发展要求财政发挥宏观调控作用。市场经济需要城镇化，以进行大规模的工业化生产，但是市场并不能充分提供城镇化发展所需的全部外界条件。由于市场失灵的存在，基础设施建设由于投入规模巨大，部分基础设施尤其是农村地区的基础设施具有准公共物品性质，收益甚微，市场配置存在失灵；生态环境保护由于产权界限不清，无法实现供需平衡，市场无能为力；农村剩余劳动力转移到城市，需要就业岗位保障，失地农民失去生产资料，需要就业岗位保障，单单依靠市场调节根本无法满足社会就业需求；城镇化过程中人口实现了从农民到市民的身份转变，但是在养老、医疗、教育等公共服务上市场无能为力，等等。以上提及的存在市场失灵的几个主要领域，都是城镇化的重要组成部分，要求政府能够有所作为，尤其是充分发挥财政政策的支持与引导作用。

2. 新型城镇化发展能够刺激公共服务供给。从地域分布上来看，城镇地区是劳动力、资本、资源、技术各种生产要素最为集中的区域。随着城镇化水平的提升，生产要素以及相关联的社会要素向城镇集聚的程度也会进一步提高。这种“集聚效应”，能够将大规模的生产要素特别是劳动力聚集在一起，通过社会化大生产的市场经济方式，社会分工充分，提高了生产效率。这种先进的生产生活方式为提升财政管理水平提供了有利条件。在同等条件下，随着人口的聚集，公共服务在空间意义上的覆盖面变小，信息也会变得更加对称，单位公共产品的提供成本大为降低。财政能够提供更为集中、更为优质的公共服务。

3. 新型城镇化发展有利于提升财政能力。城镇化本身就意味着先进的生产技术和先进的管理经验，有利于产业升级改造，拉动经济增长。规模巨大的农村剩余劳动力聚集到城镇之中，形成了巨大的消费需求，为经济发展提供了长久的动力源泉。同时，城镇化的推进带来了基础设施建设水平和规模的提高，投资需求旺盛，从而带动位于产业链条上游的制造业、建筑业、交通运输业、房地产业等相关产业的需求增长和迅猛发展，引发投资的乘数效应，促进产业链条下游的产业发展。已有的发达国家经济发展历程表明，经济发展水平与城镇化水平关系密切。与现代化和工业化相适应的城镇化对一国的财政经济具有巨大的促进作用。

（四）新型城镇化对财政提出的挑战

新型城镇化对财政提出了新的更高的要求，对当前的财政体制机制提出了巨大挑战。

1. 新型城镇化发展给财政带来了巨大的资金压力。与以往城镇化片面注重基础设施建设相比，新型城镇化更注重人口的城镇化，更注重公共服务供给水平的提升。单独一项农民工市民化就需要政府巨量的财力投入，就业、社保、教育、医疗、住房等各个方面都需要财政提供资金支持，要么是直接的资金支出，要么是间接的资金偿还。以农民工市民化为核心的新型城镇化发展所需资金相当庞大，给财政带来了巨大压力。当前，我国经济处于转型升级关键阶段，财政收入高速增长的时代已经过去。如何应对支出压力，满足城镇化资金需求，是财政面临的最大挑战。

2. 新型城镇化给财政带来了潜在的债务风险。城镇化建设的资金需求十分巨大。目前各个地区纷纷举借债务筹集城镇化建设资金，并且主要用于城镇基础设施建设，这已经成为目前政府投资开展项目建设的一个常态。各地区利用融资平台公司等渠道筹集资金过程中，债务风险也在不断加大。从当前的状况来看，这种潜在的财政风险已经显现，部分地区的债务率、偿债率等债务风险指标已经超过国际警戒线。未来新型城镇化更加关注人口的城镇化，农民工市民化过程中所需的公共成本将成为政府财政支出的重要方面，势必也需要财政通过发行地方政府债券、银行贷款、上马 BT 项目等多种渠道向社会融资，财政风险的防范与化解面临着更大的挑战。2008 年国际金融危机揭示出来的一个深刻的道理——从微观角度而言金融风险看起来控制得很好，但却有可能爆发系统性的经济危机。我国地方政府性债务的风险控制缺乏全局性的宏观调控手段，债务管理体系尚不完善，各地政府自行其是，在中观和微观层面上看不清累加起来的系统性风险。风险如果得不到及时有效的防范和化解，有可能爆发成为债务危机，甚至引发社会动荡。

3. 新型城镇化过程中的人口流动导致财政支出失效。新型城镇化不是一下子就能够完成的，它需要一个不断尝试的“试错”过程，人口在此过程中呈现出较强的流动性。最典型的例子是农民工进城打工。农民工进城以后，在不断流动中寻找适合自己，同时也被城市认可的固定职业，以渐渐适应社会地位、生活方式等方面的变化。在没有找到固定职业之前，就会在城乡之间来回流动。整个城镇化都将伴随着大量人口（主要是农民工）在城市和乡村之间的不断流动。但是现行财政制度主要是按照行政区域内户籍人口确定财政支出的规模结构。单就这部分流动人口而言，服务没有跟着人走，农村地区财政支出提供的公共服务可能被闲置，而城市地区财政支出提供的公共服务可能会不足。现行财政体制还不能完全适应这种不确定性，导致基本公共服务的提供出现了“盲区”，部分农业转移人口在享受公共服务方面处于“城乡两不靠”的尴尬境地。在这种人口流动导致公共服务供给责任发生了很大变化情况下，如果局限于以前的固有思路，不仅不会解决当前的问题，反而不利于区域之间、城乡之间基本公共服务的均等化。

4. 新型城镇化过程中的事权调整引发财政体制失衡。新型城镇化是一项系统工程，涉及社会各个方面发展，区域布局、产业转移、人口流动等都带来了政府事权的变化。在此过程中，有一些政府财政责任需要在中央与地方政府之间、同一层级不同地区的政府之间重新界定与划分。以农民工市民化为例，农业人口向城镇转移大多以“青壮年劳动力进城务工，老人子女留守在农村”的形式出现，在农村他们希望获得社会保障、住房、子女教育等公共服务，在城镇他们又希望获得就业指导、医疗、子女教育、住房等公共服务。这种带有交集的双重公共服务需求是农民工的理性选择，也是新型城镇化的关注重点。这种“家庭分离式”的转移方式，增加了农民工市民化的公共成本，提高了农民工市民化的实现难度。即便是部分农村家庭全家都转移到了城镇，并且在城市务工多年，他们在农村的社保、耕地、宅基地等所有权益仍然存在，并且需要得到认可与保护，因为在没有真正融入城市之前，他们随时有可能受到市场经济的冲击而返回农村。对此，农村地区政府负有责任，城镇地区政府也负有责任。这种重叠交叉的责任给政府之间的事权划分带来了挑战。一方面，它存在较大的不确定性，加剧了现行分税制体制下财权、财力与事权安排不相匹配的固有矛盾，增加了财力与事权的匹配难度；另一方面，它给政府的财政转移支付制度带来了两难选择，既要照顾到农村地区公共服务水平的提升，还要考虑到城镇地区发展的实际需要。

二、辽宁新型城镇化的发展态势

近年来，辽宁省采取政府主导、协调推进的方式，坚持城镇化与工业化、农业现代化“三化”同步统筹发展，通过制定落实目标任务，调整空间布局，打牢产业基础。总体上呈现出了较好的发展态势，辽宁省新型城镇化得到了较快发展，城镇化水平一直位居全国前列。

（一）推进新型城镇化的实践探索

1. 辽宁省委、省政府高度重视，全面推进新型城镇化。辽宁省委、省政府历来重视城镇化发展。一是制定沈阳经济区、沿海经济带、突破辽西北三大区域发展战略，逐渐优化辽宁省城镇空间布局。二是出台政策指导文件，包括《辽宁省人民政府关于推进全省城镇化建设工作的意见》（辽政发［2011］3号）、《辽宁省人民政府关于全面推进县城建设的实施意见》（辽政发［2012］8号），对全省城镇化建设提出了总体目标和具体的任务措施。到2015年年底，辽宁省城镇化水平达到70%左右；城镇人口达到3000万人以上，新增城镇人口400万人以上；省辖市人口规模基本达到100万人以上，县级市人口规模平均达到25万人，县城人口规模平均达到10万人。三是加强组织领导，辽宁省专门成立了以省长为组长的城镇化工作领导小组，在省建设厅设立了城镇化领导小组办公室，负责协调推进全省城镇化工作。

2. 各地积极探索，城镇化建设步伐不断加快。按照国家和辽宁省关于城镇化建设的统一部署，省内各地区逐步完善城乡规划体系，将城镇化建设与产业集群发展结合起来，大力发展县域经济，全面推进县城和新城新市镇建设，稳步提高城镇基础设施水平，积极推进城乡环境综合整治，加大中心镇、城中村、城边村的改造力度，全省城镇化建设取得了较大进展，进一步改善了全省居民的生产生活条件。

沈阳市从2010年开始，在苏家屯区实行了“乡镇变街道，乡村变社区，农民变市民”政策，依托体制创新加快城镇化建设。累计投资4000余万元，新修农村公路360公里，加快沈本产业大道、四环、东部旅游产业大道等交通工程建设，域内形成“九纵五横”的大交通格局，域外与沈阳母城和浑南新区构成一体化连接。以迎春湖水系改造为示范，分步规划实施浑河、沙河、苏抚灌渠等水系改造，全区水系基本实现景观化。优先发展现代服务业，打造东北知名的会展商务中心、物流商贸中心、旅游休闲中心，为加快城镇化进程提供坚实的产业支撑。同时，着眼于基础设施、教育、卫生、文化、社会保障等公共资源在城乡之间的均衡配置，让农村居民逐步享受与城市居民同质化的公共服务。

大连市不断加大城乡统筹发展力度，充分发挥中心城区的辐射带动作用，加速推进城镇化建设并取得明显成效。出台《关于加快推进城镇化建设的意见》（大委发［2011］4 号），明确提出了“十二五”期间城镇化建设的战略目标、重点任务、政策措施和工作要求，全面推进以中小城市（县城）和中心城镇为重点的多中心、网络化、组团式、链条状的城镇化建设，全面启动重点城镇基础设施建设工程。2011 年以来，全市 23 个重点城镇开工建设镇区道路、管网设施、供电供热、文化广场等十大类基础设施项目 180 多个。一大批城镇基础设施和公共服务设施相继开工建设和投入使用，一批特色鲜明的工业重镇、旅游名镇、商贸强镇和都市型农业大镇正在崛起。

2011 年，阜新市结合自身实际提出“城镇化带动战略”，通过推进城镇化进程，带动本地经济社会发展和转型。为此，阜新市将坚持高起点规划、高标准建设、高效能管理。在规划建设中，以中心城区为核心，以清河门和皮革城、温泉城、阜蒙县城和蒙古贞新城、新邱、沈彰新城、彰武县城为成员，建设组团式城市轴线，依托城市轴线上各个城区的辐射带动功能，呈放射性分布地建设一批小城镇，依托各个小城镇的节点平台作用，呈放射性分布地建设一批农村新型社区。同时，以产业化促进城镇化，促进农村人口向城镇转移，实现城区全域城镇化，以村民变居民、村庄变社区为目标，对全市城区的城中村、城边村进行城镇化改造，改善人居环境，提升城市形象。

3. 财政积极作为，保障新型城镇化发展需求。近年来，辽宁省财政部门主动谋划，积极作为，制定出台财政支持政策，整合集中有限财力，为辽宁城镇化发展提供体制机制保障和资金支撑。一是完善省以下财政体制，提高了市县政府保障能力。包括下划增值税等主体税种省级共享收入，调整资源税省市分享比例，试点“省直管县”财政体制，规范了各类转移支付分配办法，逐步消除了基层政府的财力缺口，适应城镇化发展需要。二是出台税收、补贴政策，鼓励引导社会资源投向城镇化建设。如规定市县级城市维护建设税每年新增部分重点用于市县城镇化建设。对县城建设需要征收的房产免征土地增值税，对被拆迁人得到的拆迁补偿款免征个人所得税、契税，对街道、广场、绿化地带等公共用地免缴城镇土地使用税。三是加大财政投入，保障城镇化资金需求。据初步统计，截至2012年，省以上财政共设立相关专项资金59个，资金额度达到581.77亿元，占当年辽宁省财政支出（4550.2亿元）比重12.8%。这些专项多数属于列入年度预算并且是连续年度安排的财政资金，具有较强的稳定性和连续性。四是拓宽城镇化融资渠道，防范财政风险。利用财政信用组建平台公司进行融资，有力地推动了辽宁省城镇化建设规模和水平的提升。同时，建立风险准备金制度，积极研究构建风险预警体系。

（二）新型城镇化的总体进展

1. 城镇化水平居全国前列，城镇化格局进一步优化。近年来，辽宁省经济保持了较高的增长速度，得益于较为雄厚扎实的工业基础，辽宁的城镇化水平一直较高，仅次于全国最发达的上海、北京、天津、广东，居全国第五。2012年，辽宁全省常住人口4389万人，其中城镇人口2881.5万人，城镇化率达到65.65%，比2005年提高6.95个百分点，年均提高近1个百分点。特别是“十二五”时期以来，辽宁省城镇化呈现较快发展态势。城镇化率平均每年提高1.8个百分点。在城镇布局方面，辽宁省基本形成以中部城市群、沿海城镇带和辽西北城镇带为框架的“一群两带”城镇化空间格局。以我国现行的城市规模划分标准，2011年辽宁全省由4个特大城市、8个大城市、9个中等城市、10个小城市（不包括建制镇）及607个小城镇构成的城镇体系初步形成。

2. 城镇基本公共服务体系逐步健全。覆盖城乡的教育、医疗制度不断完善，2012 年，义务教育巩固率达到94.7%，高中阶段教育全面普及，毛入学率达到97.8%。国家基本药物制度实施范围进一步扩大，城乡居民基本医疗保险参保率达到95%，城乡基层医疗服务体系基本建成。创业援助政策和普惠制培训政策进一步完善，城乡一体的就业政策逐步形成。社会救助和社会福利体系建设加快，建立了低保边缘户救助制度。棚户区改造基本完成。

城镇化并不是简单的“造城”，只有配套相应的公共服务，才能真正实现人口和产业的集聚。过去五年间（2008～2012 年），省财政坚持公共财政取向，不断加大公共服务投入力度，民生直接相关支出年均增长23.4%。通过积极促进城乡教育、医疗等社会事业的均衡发展，以及实现养老保险制度城乡全覆盖等一系列措施，辽宁基本公共服务均等化水平得到进一步提高。2012 年，辽宁省财政用于城乡养老保险、医疗保障、最低生活保障、医疗救助和就业等社会保障补助资金达到497.6 亿元，建立了以社会保险为主体，包括社会救助、社会福利和就业在内完善的城乡社会保障体系框架，相应降低了农民工进城落户的门槛。

3. 城市基础设施承载能力不断提升。“十一五”时期以来，辽宁省持续加大城镇道路、燃气、供排水、污水处理等城市基础设施建设力度，沈阳地铁一号线、二号线，哈大客专开通运营，沈丹客专、丹大铁路、大连地铁正在加快建设。2012 年，辽宁全省高速公路通车里程达到3912 公里，电力装机容量突破3800 万千瓦，城市生活垃圾无害化处理率达到85%，城市用水、燃气普及率分别达到98.9%、95.7%，人均城市道路面积、人均公园绿地面积分别达到12.3 平方米和11.3 平方米。

财政资金的支持为城镇化发展奠定了重要的物质基础，促进了沿海与腹地、工业化与城镇化的互动发展。“十一五”期间，省财政特别设立了县域产业园区基础设施建设专项资金，全省44 个县，每县支持0.8 亿元，累计安排35.2 亿元，有力支撑了产业园区的迅速发展。进入“十二五”时期以来，财政进一步加大了基础设施投入力度。2011～2012 年，仅支持沿海经济带基础设施建设就累计投入50亿元。辽西北供水工程、哈大高铁等一系列重点基础设施项目，在财政支持下顺利推进。2011～2012年，省财政累计筹措省以上基本建设资金7.7亿元，重点支持了县城及乡镇道路、供水、供热、污水处理等基础设施建设。同时，安排2亿元“推进城镇化专项资金”，支持了44个县城规划、52个重点镇规划、82个基础设施建设项目。

4. 县域经济综合实力显著增强。以推进县域工业化、农业产业化、农村城镇化为重点，实施了两轮县域经济三年倍增计划，通过引导农业“一县一业”发展，加强县域工业产业集群和服务业集聚区建设，增强了县城和小城镇产业集聚和辐射功能，提高了吸纳农村转移人口的能力。同时，将县城建设作为全省推进新型城镇化的一项重要任务，选择了23个县（市）作为试点并给予重点支持。2012年，全省县城建成区人口达到641万人，比上年增加55万人；县城建成区面积达到762平方公里，比上年增加34平方公里。

在财政的支持下，辽宁省形成了具有特色的城镇化发展模式。全省工业产业集群总量规模迅速壮大，社会贡献日益突出。以2011年为例，全省销售收入过百亿元的产业集群达到55个，10个产业集群向千亿元迈进，有效推进了全省的城镇化进程。同时，全省财政积极落实强农惠农政策。2011年以来，累计投入资金25亿元，支持完成节水滴灌工程面积349万亩；投入农业综合开发资金29.9亿元，实施高标准农田建设；筹措资金8.6亿元，在796个乡镇开展便民服务中心建设。对县域经济和现代农业的支持，一方面推动了农业人口转移进城，在城镇吸纳农民成为市民的过程中，实现在农村之外的“异地城镇化”；另一方面，也促进了农村内部人口和产业的集聚，为实现“就地城镇化”奠定了良好的基础。

（三）新型城镇化的发展趋势

1. 辽宁新型城镇化发展的趋势判断。经过多年的发展，辽宁已经实现了一定程度的城镇化。当前，新型城镇化正处于“人与自然”和“人与人”关系的瓶颈约束期，表现为“经济容易失调、社会容易失序、心理容易失衡、效率与公平需要调整和重建”的关键时期。联合国秘书长潘基文在《和谐城市——世界城市状况报告（2008/2009）》中指出，城市是人类最复杂的作品之一，从来没有完成，也没有确切的形态，就像没有终点的旅程，它是过去，是现在，更是未来。这就是城市，它一直在发展之中，将深刻地影响整个人类的发展。根据联合国的预测数据，2020 年中国城市化率将达到 53.2%，城市人口超过 7.5 亿人。可见，未来一个时期内，辽宁城镇化仍将处于快速发展的上升扩张阶段。

做出这样的判断，来自于两个方面的趋势分析。第一，人力资本价格上涨。过去 30 多年中我国规模庞大的适龄劳动力为经济发展提供了难得的人口红利，创造了巨大生产力。目前辽宁省的人口生育率处于较低水平，老龄化趋势明显。人力资本的廉价时代将一去不返，农民工供过于求的趋势正在发生逆转。农民工供求关系的变化带来普遍性工资上涨，农民工进城务工可以获得更高的福利待遇，市场进一步拉动农村剩余劳动力转移，促进农村人口向城镇转移，推动城镇化发展。第二，城市继续向农村地区扩张。现行制度设计能够调动地方政府的投资积极性，以创造出更多的 GDP。土地开发是地方政府上马项目扩大投资的重要载体。因此，地方政府有动力也有能力主导农村土地开发利用，推动城市进一步向农村地区强力扩张，推动城镇化发展。

2. 辽宁新型城镇化担负的重要任务。统筹城乡发展进而实现城乡一体化发展是城镇化的基本目标，是制定相关政策制度推进城镇化科学发展的基本依据。城镇化发展担负着突破城乡二元的制度转型任务，承载着扩大内需的经济转型要求，面临着农民市民化的社会转型难题。可以说，未来一个时期是我国城镇化发展的关键时期。实现城乡一体化发展需要我们坚持以人为本的理念，以城带乡，以工带农，实现两个方面的反哺，为经济提供强大而持久的发展动力。《国民经济和社会发展第十二个五年规划纲要》提出要积极稳妥推进城镇化，不断提升城镇化的质量和水平。具体来说，城镇化担负着聚集人口、发展产业、完善公共服务等重要任务。

——提供公共服务保障。城镇化不是简单的农民变市民，也不是单纯的住上楼房和开上汽车。它包含着更多层次的社会生活范畴，如教育、医疗、文化、闲暇等。只有提供了完善的公共服务，才算是科学发展的城镇化。公共基础设施建设和公共社会事业发展为城镇居民提供了基本的公共服务，直接影响着城镇吸纳和承载人口的能力。公共服务配套不及时，将影响居民生活质量。同时，城乡二元制度安排是城镇化的最大障碍，直接导致农村进城务工人员难以真正融入城镇。为突破公共服务不足的制约，基层政府应将工作着力点放在做好社会管理服务，努力增加公共服务供给，提高社会公共福利水平，逐步实现公共服务均等化。

——发展集约特色产业。城镇化的根本动力来源于产业集聚，通过产业的聚集发展，实现完善城镇功能，提供就业岗位，吸纳农村剩余劳动力，改善农村社会经济结构。城镇产业的发展要因地制宜，不应盲目追求高、精、尖产业，而是应找准基于本地优势、符合本地特色的产业发展方向。第一要有自己的发展基础。如劳动力便宜的地区，适宜发展劳动密集型产业；而接近原料产地的地区，适宜发展该原料相关产业。第二要规划好产业布局。注重产业布局的梯次性，构建中心城市经济、县级经济和小城镇经济协调发展的经济布局。第三是不能忽视农业发展。随着城镇化的推进农业的功能将更加多元化，农业的基础地位更加重要，必须更加重视农业的发展，将农业作为集约特色产业的重要组成部分。

——推动农村居民向城镇转移。城镇化要求从劳动方式上实现由从事农业向从事包括工业和服务业在内的非农方式的转换，从居住和生活上实现由农村向城镇的空间转变。从全国范围内看，21 世纪第一个 10 年以来城镇建成区面积增加了 50%，而城镇人口只增加了 26%，在每年失地农民中，仅有 1.5% 的人得以安置就业，5.8% 的人得以转为城镇户口，不少农民面临种田无地、就业无岗、低保无份。要平稳较快地推进城镇化，必须突破以“造城运动”、“农民被上楼”为特色的土地城镇化，引导农村居民自然合理、健康有序地向城镇转移。尊重农民在进城与否问题上的选择权利，保护好农民的合法权益，把符合落户条件的农业转移人口逐步转为城镇居民。

三、辽宁新型城镇化面临的问题及财政制度缺失

辽宁新型城镇化取得显著进展的同时存在一些突出问题，尤其是人口城镇化滞后没有得到较好解决，社会风险与矛盾进一步积聚。当前的实践探索已经证明，财政政策对于城镇化具有重要的促进作用。从财政视角分析城镇化进程中出现的种种问题具有现实意义。

（一）面临的突出问题

新型城镇化是一项系统性工程，牵涉范围广泛。改革开放以来，我国采取了渐进式的改革方式，民主监督、城乡二元、收入分配等一些深层次的体制问题还没有得到较好的解决，导致辽宁城镇化发展过程中出现政府职能错位、人口城镇化进程缓慢等问题。尤其是现行的政绩考核体系将经济增长作为重要指标，促使政府官员热衷于推进土地城镇化，变卖土地招商引资，吹大了经济泡沫，积聚了社会风险。具体来看：

1. 城镇化规模结构不尽合理。辽宁城市和乡村人口大大高于小城镇，呈现两头大、中间小的“哑铃”形，包括县城在内的610个建制镇建成区人口仅占全省人口的12.8%，小城镇发展滞后，县域城镇化率明显低于全国平均水平。城镇化横向发展也很不均衡，辽中南地区城镇化发展迅猛，而辽西北等地区城镇化进程相对缓慢。

2. “半城镇化”现象一定范围内存在。由于基本公共服务供给不足，城镇化过程中由农村转入城市的部分居民，特别是农民工群体，与原有城市居民相比，在社会保障、医疗卫生、教育、就业等方面不同程度受到歧视性待遇，处于“半城镇化”状态，难以真正稳定而持久地融入城市生活。

3. 财政风险有所积聚。城镇化建设需要大量资金支持，省内各地区在利用融资平台公司等渠道筹集资金过程中，债务风险也在不断加大，特别是部分地区相关风险指标已经超过国际警戒线标准，形势不容乐观。

（二）财政制度存在的差距与不足

客观地说，与新型城镇化对财政产生影响和提出的挑战相比，现行财政

制度还不能完全适应新型城镇化发展需要，还存在一定缺失。需要强调的是从财税视角出发，城镇化问题背后显现出财政政策的不足，但这并非单纯地来自于财政本身，而是多重利益纠结的结果。

1. 财政政策作用的方向和结构需要进一步调整。当前，辽宁省内部分地区对自身的经济发展状况和财力水平估计不足，运用财政政策支持城镇化发展的方式上有待改进。在财政政策支持方向上，一些地区盲目快速推进土地城镇化，财政直接投入实施项目建设，城镇超规模、超水平和超财力发展，造成了资源环境的消耗与破坏，为地方经济的长期发展带来包袱和隐患。为了增加财政收入，地方政府大肆出让土地，导致人地关系紧张，社会矛盾加剧。一些地区由于城镇化建设资金不足，不顾成本和收益是否相当，通过债务融资取得资金，形成了不容忽视的公共风险。

与此同时，财政政策作用的结构也存在一定偏差，主要表现在两个方面：一是社保体系仍不完善。社保体系虽然实现了名义上的全覆盖，但是仍有部分失地农民和进城农民工没有纳入到社保体系之中，不利于辽宁经济社会的可持续发展，需要财政政策的进一步调整。二是“三农”投入仍然偏低。尽管近些年财政农业支出的总量规模不断增加，但增幅仍然较低。

2. 财政专项资金的使用和管理需要进一步优化。虽然可以归类为支持城镇化发展的财政专项资金将近60个，资金投入的总量规模超过全省财政支出的12%，但是这些专项资金在最初大多不是专门针对城镇化建设而设立的，其资金额度、管理方式、支持范围、使用方式存在很大差异。因此，需要对这些专项资金进行整合优化，进一步规范资金的使用和管理。

具体而言，一是专门针对城镇化的专项资金较少。如2011年设立的“推进城镇化专项资金”，额度每年只有1亿元，而且主要用于县城及镇总体规划和基础设施建设。目前辽宁新型城镇化的当务之急是推进农民工市民化等相关工作，有必要在财力允许的条件下进一步扩大专项资金规模，增强财政资金的引导作用。二是资金分散在多个部门管理，多数专项额度不高。除了省财政之外，涉及资金管理部门多达十几个，5000万元以下的专项资金数量超过20个，占专项总数1/3，不利于财政集中财力支持重点项目建设。三是多数专项以直接投入为主，通过以奖代补、贴息担保等间接投入的专项不多，不利于吸引社会各方利益相关者参与城镇化建设。四是部分专项资金尚未开展绩效评价，不能确切了解资金投入的产出和效果，难以为后续的资金使用和管理提供借鉴和参考。

3. 省以下财政体制需要进一步理顺。当前，地方政府税收的主要来源是以产业为基础的增值税、营业税，而以人口为基础的所得税和财产税规模很小，缺乏能够获得足够财力的主体税种，也没有税收立法权和举债权，即使在得到中央以及省级财政的转移支付之后，财力仍显不足。财力与事权的不相匹配，导致地方政府特别是处于基层的县乡政府财政运转困难，有限的收入难以满足城镇化在基础设施建设和公共服务提供等方面的资金需要。另外，随着市场经济的发展，土地资源的稀缺性越来越明显，土地价格越来越高。因此，体制缺陷促使地方政府转向土地寻求额外收入，通过城镇扩张低价从农民手中征得土地，再以高价出让，以此获得收入满足支出需求。

现行分税制体制，难以保障地方政府完成所担负事权的财力需要，在一定程度上制约着城镇化的健康发展。在城镇化大潮中，地方政府逐渐形成了预算内依靠投资带来的工商企业税收增长，预算外靠“土地财政”的收入格局。土地城镇化导致地方政府财力增加，人口城镇化导致地方政府负担加重，所以在主观意愿上，地方政府更愿意去追求土地的城镇化，不愿意去进行人口的城镇化，因此，需要进一步优化省以下财政体制。

4. 财政支持城镇化的能力需要进一步提高。现阶段，需要财政投入的刚性支出过多，对于本就有限的财力而言，财政对于基础设施投入和公共服务提供就变得很吃力。在融资管理方面，基础设施建设财政投入和银行贷款所占投资的比重偏高，市政债券、股票融资所占投资的比重偏低，市场化融资渠道不畅以及特许经营模式还有待完善。所以说在客观能力上，地方政府促进城镇化发展的能力不足。

对于普通居民来说，最重要的就是要享受到合理水平的公共服务。同样，为辖区内的居民提供均等化、适度的公共服务，也是一级政府的重要职责。但是，省内部分地区的公共服务供给水平仍然较低，居民享受到的公共服务还有待提高，尤其是不同区域内的居民享受到的公共服务数量和质量差距明显。城市核心区往往集中了丰富优质的公共资源，小城镇以及农村地区居民生活所需的教育、医疗、文化、体育等公共资源却明显不足，需要财政提供公共服务的水平和能力进一步提升。

四、国内外城镇化发展的经验借鉴

（一）国外城镇化的发展经验

西方发达国家已经基本完成了城镇化，一些发展中国家也对城镇化进行了有益的探索。实际上，在市场经济初期大多数国家都曾经历过城乡差距拉大、社会矛盾加剧的发展阶段，出现了城乡不协调所带来的种种社会经济问题，并采取了多种措施促进城乡趋向一体化，确保城镇化的健康发展。其他国家的经验做法，对我国的城镇化建设具有重要启示作用，值得我们学习借鉴。

1. 欧美发达国家。欧洲是世界上最早开始城镇化的地区。随着18世纪工业革命的到来，市场机制发挥了主导作用，城镇化开始加速。英国城市发展十分迅速，依托工矿区的聚集效应，一大批工业城市成长起来，大批农村人口进入城镇。18世纪60年代，英国的城镇人口仍在总人口的20%以下，经过将近一个世纪的发展，到了19世纪中叶，这个比例已经上升到了75%。英国城镇化取得的快速发展虽然源于多种因素，但是强大的产业支撑是最重要的因素。为了完善社保体系，英国政府专门建立了“老年年金”制度，将包括农民工在内的所有退休国民纳入其中，可以无条件地从政府领取一定数额的养老金，并且这种养老金与公民的身份、职业、在职时的工资水平、缴费（税）年限无关。

德国是欧美国家城镇化均衡发展的典范。全国共有大中小城市580多个，城镇化水平高达90%以上，各类城市相对协调发展，布局较为合理，在城镇化过程中呈现出分散型的人口流动方式，没有出现过分集中的局面，避免了社会两极分化和畸形发展。在财政方面，德国以明确的事权划分为基础来确定财政管理体制。德国在《基本法》中就明确规定了联邦政府、州、地方三级政府各自的任务。三级政府在事权的划分上虽然也有一定的交叉和重复，但各自的基本职责和事权范围是明确的，并以法律形式固定下来，从而有助于各司其职。德国通过财政方面纵向和横向平衡，构成了一整套保证全国各地协调发展的转移支付体系，实现了各地区均衡发展目标。村镇改造或建设的投资由国家、地方政府和农民共同分担。对于基础设施、公用建筑以及住宅等建设项目，国家和地方政府各自补贴总投资的35%，剩余的30%由农民个人负担。

从19世纪末到20世纪70年代，美国工业化迅猛发展，城镇化水平达到75%。美国政府发挥了积极作用。一是大力推行大规模援助公路建设的财政政策。公路网尤其是高速公路网对美国城市化向城郊化过渡起到了极为重要的促进作用。1921~1983年，联邦政府用于公路建设的费用高达5000亿美元。二是实施有利于郊区发展的住宅政策。20世纪30年代经济大萧条时期，美国政府帮助中高收入者获得住宅建筑抵押贷款，鼓励他们在郊区建新房，从而加速了30年代的城郊化。50年代，美国又提出了在郊区建设小城市的建议。1968年，美国国会通过新城市开发法，并首批批准建立63个新城市，其平均人口规模在2万人左右。60年代以后，美国又实行“示范城市”试验计划，实现分散型城市化。三是积极采取多种政策促进人才与企业进入城镇。采取税收优惠或减免政策、技术和人才培训政策、创造就业机会等方式，帮助家庭从接受福利转向就业，扶持中小企业发展。

由于过于强调市场主导，美国也为城镇化带来的问题付出了高昂代价。由于联邦体制决定了美国的城镇规划和管理属于地方事务，联邦政府调控手段薄弱，市场在城镇化过程中发挥了更加重要的作用，造成了城市的自由放任，突出的表现就是过度郊区化，城市不断向外低密度蔓延，土地资源浪费严重、经济成本居高不下、生态环境恶化，贫富差距逐步扩大。为此，20世纪90年代美国提出了“精明增长”理念，强调集约利用土地，保护空间与环境，有效解决了空间和社会结构性问题。

2. 亚洲发达国家。日本和韩国具有基本一致的城镇化历程，虽然属于市场经济国家，但政府对工业化发展和城镇化建设都发挥了重要作用，最终形成了资源高度集中的城镇化模式。日本政府十分重视城镇发展。一是注重运用法律和规划手段促进农村的城镇化建设，出台《半岛振兴法》、《山区振兴法》，制定多层次多类型的发展规划。二是在工业建设用地、交通设施建设等多方面持续提供多种资金支持，极大地促进了城镇的企业迁入、人口增加和商业繁荣，加速了城镇经济集聚的进程。1951年，日本政府成立开发银行，向国内以电力、海运、煤炭和钢铁为代表的基础设施部门提供长期低息贷款。1951~1955年间提供了2533亿日元贷款。三是直接运用财政转移支付和税收调节来提高落后地区的财政能力。从1950年到2003年，日本中央财政通过国库支出金和地方缴付税等方式对北海道地方财政补助的比例高达70%。四是改革社会保障制度。增加国民养老金的投入，将财政承担的国民养老金比例由现行的1/3提高到2/3。控制养老金的支付额，从65岁开始支付养老金，其金额不再随平均工资的增加而上浮，但随物价上涨而增加。同时引进高龄老人护理制度，使农村中青年安心参与城镇建设。

韩国从20世纪60年代就开始实行“政府主导性增长战略”。为了推进城镇化发展，韩国政府不断加大对农村的财政投入力度。1992~2002年，韩国用于农业方面的投融资达82兆韩元。1970年，韩国开始实施新村运动。政府无偿提供物资改善农民居住条件，修建桥梁、公路等基础设施，推动农村电气化，缩小了城乡差距。

3. 拉美发展中国家。19世纪末，一些拉美国家开始了工业化进程，城镇化建设取得了令人瞩目的成就。但是这些国家经济发展和技术进步的速度没有赶上人口集中的速度。在缺乏工业产业支撑的情况下，人口过于集中在城市，造成了“过度城市化”。城镇化水平与欧洲国家接近，但经济水平只相当于西方国家的1/10~1/20，城市发展质量很低。

巴西就是一个典型的例子。巴西的城镇化有较好的规划与组织，政府的行政行为和国家基础建设的拉动为城镇化提供了动力。1950～1980年，巴西的城市化水平从36.2%增长到67.6%。同样的城市化水平增幅发达国家多花了20年才实现，在这一城市化增幅内，发达国家的人均国民生产总值增加了2.5倍，而巴西只增加了60%。城市化速度超过了经济发展水平，在城市形成贫民窟，给巴西带来了诸如人口过度膨胀、严重的失业问题、收入差距过大、城市环境恶化等一系列社会问题。

（二）国内部分地区城镇化的主要做法

1. 四川省及成都市。四川从本省工业化、城镇化发展阶段的实际出发，坚持新型工业化与新型城镇化协调发展，走出了一条“两化”互动、统筹城乡的城镇化发展道路。四川省在实践操作中强调：坚持以工业化带动城镇化，避免缺乏产业和人口支撑的“空心城镇化”；坚持同步解决“三农”问题，避免城乡脱节的“片面城镇化”；坚持以绿色低碳为导向，避免环境破坏和资源浪费的“粗放城镇化”；坚持科学规划引领和保障，避免遍地开花、盲目随意的“无序城镇化”；坚持以人为本、群众主体，避免鞭赶进城的“被动城镇化”，全力加快新型城镇化进程。

成都市以全国统筹城乡综合配套改革试验区为载体，着重实施“三项制度改革”、“三个集中”、“四大基础工程”和“六个一体化”，加速城乡一体、协调发展的新型城镇化步伐。具体而言，推进农村产权制度、社会保障制度、户籍制度改革，让农民带着财产权利进城，享受与市民平等的社会保障，实现城乡居民的自由迁徙。推进工业向集中发展区、土地向适度规模经营、农民分层次向城镇和新型社区集中，增强产业支撑能力，改善农民生活，提升城镇化质量。推进农村新型基层治理机制建设、村级公共服务和社会管理改革、土地综合整治、新村综合体建设等工程，筑牢农村工作基础。推进城乡规划、产业、市场、基础设施、公共服务、管理等一体化，打破阻碍新型城镇化的体制障碍。

2. 安徽省及合肥市。安徽省通过实施“11221”工程，即推动合肥市建设成为全国较大影响力的区域性特大城市，建设以芜湖市为中心的滨江城市组群，发展20个以上县级中等城市，培育200个左右特色镇，实施万村规划综合整治工程，走出一条产城融合、协调发展、分区分类、生态宜居、彰显文化的特色城镇化发展之路。

合肥市借助区划调整、巢湖成为合肥内湖之机，坚持“城湖共生”、“产城一体”理念推进新型城镇化，坚持政府引领、规划先行，面向全球公开招标，形成了具有国际水准的城镇化规划方案。坚持土地使用权出让全市统筹控制，加大了政府对土地一级市场的宏观调控，保证土地市场管理决策的民主性、科学性。坚持统拆统补，实行政府统一拆迁，净土地出让，统一补偿安置，确保群众权益。坚持融资模式创新，建立政府性债务由投融资管理委员会办公室统一归口，“借、用、还”一体化的管理模式。坚持产城互动，打造合肥滨湖新区国际金融后台服务基地，多家银行已经签约入驻，预计3～5年金融后台服务业将提供8万～10万个就业岗位，成为合肥乃至安徽的支柱产业。坚持生态环保，将循环理念引入新区生活，打造宜居宜业的生态新城。

3. 天津市。天津市从2006年开始就通过开展示范镇建设，推进城镇化发展。示范镇必须符合“四个要件”：通过市场化运作，实现示范镇建设所需资金收支平衡；通过宅基地换房，实现土地占补平衡；充分尊重农民意愿，必须达到95%以上赞成，5%以下不反对，并保证无上访；必须落实农民的薪金、租金、股金、保障金待遇，让农民能够安居乐业。其具体做法是：一是以宅基地换房建设新型小城镇，即农民以宅基地换取小城镇中的住宅并迁入居住，原有宅基地统一整理复耕，同时规划出一块可供市场开发出让的土地，用土地出让收入平衡小城镇建设资金。二是通过“三区”联动，利用房屋置换节约出来的土地建设工业园区，利用复垦的宅基地建设农业产业园，加强居住社区管理和服务，实现小城镇可持续发展。三是坚持“三改一化”。即通过集体经济组织股份制改革、农业户口改为非农业户口、撤销村委会组建社区委员会，实现城乡一体化，保留农民原有待遇，增加其市民待遇。目前，示范镇经济实力显著提升，华明镇财政收入已近10亿元。天津市政府已累计批准四批43个镇开展试点，共规划建设农民安置住宅5400万平方米，总投资300亿元，到2014年全部建成，将有100万农民受益。

（三）经验借鉴与启示

1. 发挥政府的积极引导作用，是推进新型城镇化的有力保证。世界各国大都经历了或者是正在进行着城镇化，在此过程中都不同程度的遇到了这样那样的问题，在发挥市场机制配置资源作用的同时，政府部门都积极运用公共政策手段，对人口、土地、资金等生产要素进行调控，并就基础设施、社会保障、自然环境以及历史文化等直接或间接的投入，开发建设公共基础设施，改善城市生态环境，提供优质公共服务，引导城镇化与市场化、工业化协调发展，实现城镇化的健康发展。

在发挥公共政策促进城镇化的健康发展方面，日本和韩国政府都做出了积极的努力，在开发落后地区、发展农村经济时，普遍采取了政府干预的做法，包括国家投资改善基础设施，提供各种优惠政策甚至直接兴办国有企业等，较好地带动了工业化和城镇化的协调发展，值得我们加以学习。早在2007年，四川省就提出了大力推进新型城镇化的发展战略，2011年，四川省委、省政府出台了《关于加快推进新型工业化新型城镇化互动发展的意见》。2012年，安徽省组织召开全省新型城镇化工作会议，制发了《安徽省新型城镇化“11221”工程实施方案》等一系列政策办法，有力地促进了本地区的城镇化进程。

反观美国和巴西都是过于放任市场发挥调节作用，最终导致城镇化出现问题，并为此付出了代价。美国人崇尚自由选择，为了避开城市中心的拥挤人潮，人口逐渐郊区扩散，政府没有采取相应的政策手段进行调控，形成了过度郊区化问题。同样，巴西在没有形成足够产业支撑的情况下，放任人口向城市聚集，政府也没有解决好就业、收入分配以及环境保护问题，导致城市失业率居高不下、收入分配两极分化、城市环境不断恶化，造成了过度城市化的问题。对于这些前车之鉴，我们决不能忽视。

2. 协调人口和土地的发展关系，是推进新型城镇化的关键环节。城镇化的过程，无非是将多种经济要素聚集在城镇，从而推进经济社会向更高级阶段迈进的发展过程。人口和土地是其中最重要的两个要素。人口是经济发展的最根本推动力，代表着人力资本以及附着在人力之上的生产技术和市场需求。人口城镇化要求农村剩余劳动力与城镇居民一样在教育、医疗以及社保方面享受相当的公共服务，这能为城镇带来劳动力供给和消费需求。土地城镇化要求将农用土地通过基础设施建设转换为城镇形态。土地是城镇化得以实现的空间载体，没有土地，城镇化就无法落到实处。

在世界各国，我们可以发现如果较好处理了人口与土地之间的关系，城镇化就能得到均衡发展。例如，德国的城市布局相对合理，中小城市、小城镇遍布全国各地，分散式的人口流动使得大中小城市齐头并进。与此同时，德国实行了事权划分明确的财政管理体制，各级政府之间各负其责。总的来说，得益于自身的优势和合理的财政制度，德国的农村劳动力没有出现过分集中的局面，城镇建设也保持了均衡的发展态势。天津市华明镇在城镇化过程中，农民要100%参与讨论，农民原有价值4万~5万元的宅基地和房屋，可以置换到价值超过40万元的90平方米住宅，同时还为每户提供了15平方米的经营性住宅，较好地处理了人口与土地之间的发展关系，保障了农民群体的实际利益。

如果没有处理好人口与土地之间的关系，就会在城镇化过程中形成种种问题。例如，韩国最初片面追求将人口集中在城市地区实现人口城镇化，忽视了农村的土地城镇化，导致农村衰败萧条。最后不得不实施“新村运动”，付出了几十年的努力，投入了巨额财力，才逐步改善了农村地区的生活环境。再如，巴西比较重视人口的城镇化，农民进城后就可以享受到与城市居民相同的福利待遇。1990年，巴西开始建立“统一医疗体系”，公立医疗机构免费为患者治疗疾病，住院患者的食宿都由国家承担。在劳动者生病、工伤、死亡时，政府会给予救助。但是由于经济发展水平较低，土地城镇化程度不足，没有足够的产业支撑、基础设施以及财政收入，政府也就无法提供足够的公共服务。随着越来越多的人口涌入城市，过度城市化的问题开始出现，导致社会发展陷入困境。

3. 注重保护自然和人文环境，是推进新型城镇化的必然要求。城镇化不可避免地要对自然环境进行改造，在土地上修建道路桥梁，在生活居住区修建高楼大厦，在工业园区建设厂房。这对自然环境造成了影响，甚至是污染和破坏。当人们逐渐认识到问题的严重性之后，多数国家开始致力于环境保护，保持自然景观的原貌。例如，第二次世界大战后的伦敦向外围的迅速扩展对农业用地产生了巨大的压力，于是在1935年，伦敦郡通过了“绿带开发限制法案”，由伦敦郡政府收购土地作为“绿化隔离带”，引导城市建设开发，减少乡村环境和利益的损害。

在人文环境方面，欧洲国家的做法值得学习。从英国到德国，从大城市到小城镇，欧洲各个国家的历史、文化各异，不过在高度重视历史传统、保护民族文化遗产，协调处理旧城保护与城市化、现代化的关系方面，都是共通的。这得益于相关保护法规、市民强烈的保护意识、严格的城市管理和民间团体的积极参与等。

成都市将工业遗址保护与文化创意产业结合起来，利用东郊老工业区的电子管厂旧址，打造出“东郊记忆”产业园区，吸引了大批文化、娱乐、餐饮等三产企业聚集，推动现代产业、现代生活、现代都市三位一体发展，其做法值得我们借鉴。

五、辽宁新型城镇化发展的宏观取向及财政对策

（一）辽宁新型城镇化发展的宏观取向

党的十八大报告提出：“推动工业化和城镇化良性互动、城镇化和农业现代化相互协调”，新型城镇化是扩大内需的最大潜力，也是解决城乡二元问题的重要途径。在全面振兴辽宁老工业基地的过程中，我们要更加重视新型城镇化发展，以此为抓手促进全省经济转型升级，提高全省公共服务水平，推动富庶文明幸福新辽宁建设目标的早日实现。

我们还要处理好城镇化质量与速度之间的作用关系，避免片面追求土地城镇化而忽略了人的城镇化，将农民工市民化作为当前工作重点，系统长远设计全省新型城镇化发展战略，在原有城镇化建设实施意见制定到2015年发展目标的基础上，明确到2020年乃至更长时期内的发展目标和任务，继续保持城镇化水平处于全国前列，农业转移人口有序融入城镇，大中小城市和小城镇协调发展，城镇化体制机制不断健全，城镇化质量全面提升。一是强化规划引领，优化全省城镇化布局体系。继续修整完善辽宁城镇化中长期发展规划，有效衔接其他各项规划，结合辽宁三大区域发展战略实施和行政区划调整，以城市群为主体形态，分类、分层次推进城镇化体系建设。二是坚持产城互动，推进城乡统筹发展。立足本地资源条件和产业优势，强化工业产业集群发展，大力发展县域经济，通过新型城镇化促进工业和现代服务业的转型升级，做好产业项目的生活配套设施建设，增强城镇的人口吸纳能力，形成产业集聚和人口集聚。三是完善城镇功能，提升城镇综合承载能力。进一步提高城镇建设管理水平，完善基础设施和公共服务设施建设，逐步实现城镇基本公共服务常住人口全覆盖，优化城镇生态系统，形成集约、环保、低碳的城镇发展模式，保护好城镇历史文化遗产，形成各具特色的城镇文化内涵。四是深化体制机制改革，促进城镇化发展。在户籍、土地、社会保障以及投融资制度方面，要进一步推进改革创新，消除束缚新型城镇化发展的难题和障碍，以改革释放出城镇化的巨大潜力。

（二）财政适应辽宁新型城镇化发展的目标定位

城镇化进程的深入推进，要求不断地调整完善财政制度，理顺政府之间、政府与居民之间的财政分配关系。系统完善的财政制度，科学合理的财政分配关系，反过来又有利于城镇化的科学发展。因此，要利用好两者之间的相互作用关系，找准财政的职能定位，坚持“有所为有所不为”，促成城镇化发展与财政改革的良性互动。

在全面推进新型城镇化的大趋势下，财政要切实转变职能，处理好政府与市场、政府与社会之间的关系。一方面，不能缺位，因基本公共服务供给不足而延缓城镇化的进程和质量。要继续完善省以下财政体制，提高市县政府事权与财力的匹配度，激发其发展潜力。要加大对小城镇地区的支持力度，特别是辽西北小城镇地区，实现区域城乡的协调共进。要以农民工市民化为突破口，将基本公共服务与人口绑定，让公共服务跟着人走。另一方面，不能越位，因超过财政承受能力而带来过大的风险，影响资源配置的效率。要合理运用财政信用工具，通过发行债券、银行贷款、贴息担保等方式引导社会化资金流向城镇化建设，有限度地为新型城镇化发展融资，避免财政风险的过度积聚。要协调城镇化发展的各方利益相关者，鼓励其参与到城镇化过程之中，允许公众表达意愿和诉求，争取支持和认同，有效地化解社会风险。

（三）财政担负的重要职责

城镇化的发展动力来自于市场和政府两个方面，市场负责有效配置各种资源要素组合，政府负责弥补市场失灵。其中构建制度环境、提供公共服务是政府弥补市场失灵的主要任务。财政既是政府宏观调控的主要工具，也是提供公共服务的投入来源，在新型城镇化过程中负有重要责任。

1. 完善公共财政体系，优化制度环境。新型城镇化要求公共财政框架及相关的制度机制体系的不断完善，处理好政府与市场之间的关系，逐步退出一般性、竞争性领域，同时对于市场存在缺陷的领域加大财政支持力度，优化城镇化建设的制度环境，实现生产建设型财政向公共财政的转变，有效地满足了城镇化建设对公共服务的需求。

2. 保障基本公共服务均等化，促进农民工市民化。新型城镇化要求政府逐步为公众提供大致均等的基本公共服务，为农民工市民化提供必要条件。特别是要保障好农民的切身利益，保障进城农民工的公共服务需要，提高教育、医疗、社会保障等公共服务的保障水平，给予城镇化过程中农民选择进城或者返乡的自由，保障失地农民得到合理补偿，进一步提高农村地区基础设施水平。

3. 提供财政资金支持，加强城镇基础设施建设。城镇基础设施是新型城镇化的硬件基础。交通、供水、供电、供气、供热、污水垃圾处理、绿化等企业生产、老百姓生活必需的基础设施投资和建设，都需要财政资金支持。尤其是一些公益性较强、投资规模庞大的重点项目，更是离不开财政资金的直接投入。

4. 发挥政策杠杆作用，调节资源配置。新型城镇化要求财政发挥激励引导作用，优化劳动力、土地、货币等重要资源的配置，满足城镇化发展需求。一是要鼓励企业因地制宜，找准基于本地优势、符合本地特色的优势产业。二是要积极引导区域布局，遵循城市发展客观规律，以大城市为依托，以中小城市为重点，促进大中城市和小城镇协调发展。三是要加强对资源环境的保护力度，有效地利用生态环境以及其中的自然资源。四是要利用财政信用向社会融资，这包括发行地方政府债券、银行贷款、信用担保、BT项目融资等多种方式。

（四）具体的对策措施

1. 逐步提升基本公共服务覆盖范围和水平，有序推进农民工市民化。与城镇化建设的现实需要相比，目前与之配套的基本公共服务水平仍然较低。同时，农民工的流动性导致现行体制下，基本公共服务提供存在“盲区”，流入地政府难以有效实现对辖区内常住人口基本公共服务的全覆盖。对此，一是通过进一步完善公共服务体系，有序推进农民工市民化，使基本公共服务跟着人走，逐步实现基本公共服务全面覆盖辖区内常住人口。二是进一步优化财政支出结构，不断提高义务教育、公共卫生、社会保障等公共服务的整体水平和质量，加大对农民工公共卫生、计划生育、子女义务教育、就业扶持以及住房保障等方面的支出补助力度，更多地以常住人口而不是户籍人口作为财政资金投入规模的依据。

2. 加大小城镇建设和农业产业化支持力度，优化产业基础和就业环境。一是支持小城镇建设。结合辽宁城镇化发展格局，当前财政要重点支持小城镇地区发展，择优发展中心城镇，逐步增强其经济实力和集聚辐射带动能力，实行向中小城市、小城镇倾斜的产业、用地和财税政策，引导农民在小城镇地区就地转移、就近发展，实现新型城镇化与工业化协同推进。二是继续加大农业产业化支持力度。财政要整合涉农资金，大力推进农村土地流转，支持农民专业合作社、种粮大户、家庭农场等发展壮大，促进农业规模化、产业化发展，实现城镇化和农业现代化的相互协调。三是支持产业园区建设，引导优势产业向小城镇地区梯次转移，为城镇化提供产业支撑，为农业转移人口提供稳定的就业岗位，实现工业化和城镇化的良性互动。

3. 深化省以下财政体制机制改革，进一步提高市县政府的财政自给能力。目前来看，由于基层政府事权与其财力仍不对等，通过贷款搞建设、卖地上项目等发展城镇化的做法依然屡见不鲜。为此，还需进一步完善省以下财政体制。一是研究推进政府间事权与支出责任的划分改革，力争在义务教育、公共卫生、社会保障等基本公共服务领域，明确界定各级政府的管理权限和筹资责任。二是完善财政转移支付制度，优化转移支付结构，按照中央财政有关要求，进一步整合专项转移支付，实现专项转移支付和一般性转移支付的合理搭配，提高县级基本财力保障水平，更好地保证新型城镇化发展的资金需要。

4. 整合优化财政专项资金，集中财力推进新型城镇化重点领域发展。当前，有必要对支持城镇化发展的财政专项资金进行适当的整合优化，继续发挥好资金的推动引导作用，将这些优质的财力资源更有效率地用于推进城镇基础设施、公共服务设施、社会民生事业以及重点产业发展。一是合理整合相近类别的专项资金，强化财政部门对资金的统筹管理，支持重大项目建设。二是逐步加大城镇化专项资金的投入额度，在财力允许的范围内，进一步加大专项资金投入力度。三是适当调整专项资金的支持方向，考虑设立专门针对农民工市民化的专项资金，加大对农民工社保、就业、子女义务教育、住房等方面的支持力度。四是改进专项资金的使用方式，增加间接投入所占比重，发挥财政资金“四两拨千斤”作用，激励引导社会化资金进入城镇化领域。五是探索开展专项资金的绩效评价，在事前、事中和事后全程考量资金绩效情况，提高财政资金的使用效率。

5. 建立多元化的资金筹措机制，满足新型城镇化的资金需求。城镇化建设的资金需求十分巨大。以农民工市民化为例，辽宁4300多万人口，城镇化率每提高1%，就需要投入几百亿元才能满足相关的基础设施以及公共服务需求。当前，要立足经济社会发展全局，借鉴国内外先进经验，以社会投入为主、财政投入为辅，重视市场化运作方式推进新型城镇化。为此，财政部门要进一步拓宽资金筹措渠道。一是加大预算内新增财力对城镇化建设的支持力度，重点支持县城建设和农民工市民化。二是充分利用世界银行、亚洲开发银行等国际金融组织的资金，并以之为契机学习和引入先进的技术和管理经验。三是充分发挥财政信用，积极向中央争取地债发行额度，补充预算资金的不足。四是在规范管理、严控风险的基础上，继续发挥融资平台的筹资作用，解决城镇化建设资金的缺口。五是有效发挥市场机制作用，以财政担保和贴息等方式，鼓励和引导民间资本进入公共事业领域，实现基础设施投资主体多元化。

6. 加强财政管理，有效防控城镇化过程中的财政风险。为了保持城镇化的可持续发展，需要进一步加强全省财政管理。一是合理把握城镇化的节奏。过度追求跨越式发展，往往会超过政府财政能力的支撑，导致决策风险。要处理好需要与可能的关系，以民主化方式建立相关主体意愿表达和利益诉求机制，实现合理规划，科学决策，进而从源头防控财政风险。二是有效构建地方政府性债务风险预警和防范机制。要科学量化评估未来一个时期再融资的合理规模，切实将政府性债务风险由事后监控变为事前监管。加快建立和完善偿债准备金制度。三是进一步提高债务管理水平。试编地方政府性债务预算，加强对地方政府性债务融资主体的规范管理。强化财政部门主导地位，对债务风险突出地区，应进一步加强风险监控和惩戒力度。

附：测算报告

《辽宁省农民工市民化的成本测算研究》

国家“十二五”规划提出，要把符合落户条件的农业转移人口逐步转为城镇居民作为推进城镇化的重要任务。作为特殊历史时期的特殊社会群体，农民工是我国改革开放和工业化、城镇化进程中涌现的一支新型劳动大军，已经成为推动城乡发展的重要力量，但还没有完全享受到与城镇居民平等的公共服务。当前，以城镇常住人口基本公共服务全覆盖为路径，促进农民工市民化，对于推动辽宁省新型城镇化发展，实现老工业基地的全面振兴具有重要意义。因此，有必要对辽宁省农民工市民化所需的城镇基本公共服务成本进行科学测定，计算出农民工市民化的下限成本和上限成本，界定和划分好政府间的财政支出责任，从而有效应对新型城镇化对财政体制机制的影响与挑战，充分发挥出公共财政的保障作用。

一、基于城镇化视角的辽宁省城镇人口概况

（一）辽宁省城镇常住人口数量及未来增量

据有关年度《辽宁省国民经济和社会发展统计公报》等资料显示，2010年年末，辽宁省常住人口4374.6万人。其中，城镇人口2718.8万人，乡村人口1655.8万人，城镇化率达到62.1%。2011年年末，辽宁省常住人口4383万人。其中，城镇人口2807.3万人，乡村人口1575.7万人，城镇化率达到64%。2012年年末，辽宁省常住人口4389万人。其中，城镇人口2881.5万人，乡村人口1507.5万人，城镇化率达到65.65%，比2005年提高6.95个百分点，年均提高近1个百分点。特别是“十二五”时期以来，辽宁省城镇化速度不断加快，城镇化率平均每年提高约1.8个百分点。

表1　　2010～2012年辽宁省人口情况

年份	常住人口（万人）	城镇人口（万人）	乡村人口（万人）	城镇化率（%）
2010	4374.6	2718.8	1655.8	62.1
2011	4383	2807.3	1507.5	64
2012	4389	2881.5	1507.5	65.65

按照《辽宁省人民政府关于推进全省城镇化建设工作的意见》（辽政发［2011］3号）中设定的城镇化建设工作目标，到2015年年底，全省城镇化

水平达到70%左右，城镇人口达到3000万人以上，新增城镇人口400万人以上。据此推算，2013～2015年辽宁省城镇常住人口每年增加80万人，就可以实现辽宁省既定的工作目标。

（二）辽宁省农民工总量与结构

新型城镇化的核心是人的城镇化，人口城镇化过程中最主要的群体就是农业转移人口，即农民工群体。农民工是指户籍在农村，但主要在城镇从事非农产业的劳动人口。

据有关部门初步调查，截至2011年年末，辽宁省农民工总量约415万人，其中，本省农民工约340万人，占82%；来自外省的农民工约75万人，占18%。从性别看，全省女性农民工约140万人，占全省农民工总量的34%；男性农民工约275万人，占全省农民工总量的66%。从年龄结构看，市内流动的283万本省农民工中，30岁以下90万人，占31%；31～45岁134万人，占47%；46～60岁的58万人，占20%；60岁以上占总数的2%。

调查显示，2011年辽宁省85%的外出农民工选择在本省地域内务工，15%的外出农民工选择在省外务工。一是从行业分布上看，辽宁省农民工主要集中在餐饮业、建筑业、制造业和采矿业四大产业中，从事餐饮业及其他行业的农民工约占40%，从事建筑业的农民工约占33%，从事制造业的农民工约占18%，从事采矿业的农民工约占9%。二是从农民工外出从业的城镇类型分布看，去省辖市市区从业的占65%，在县城及县级市区就业的占24%，在建制镇和其他地区从业的占11%，初步形成了以省内各大中城市为主要务工场所的农民工分布状态。三是从各市农民工分布看，辽宁省农民工分布不均匀，农民工主要分布在沈阳、大连、鞍山、朝阳、铁岭、葫芦岛、阜新，其余省内城市分布相对较少，沈阳农民工约占16%，大连农民工约占22%，朝阳农民工约占10.5%，鞍山农民工约占7%，铁岭农民工约占7%，葫芦岛农民工约占7%，阜新农民工约占6%，辽阳农民工约占5.5%，锦州农民工约占5%，丹东农民工约占5%，营口农民工约占4%，本溪农民工约占2%，抚顺农民工约占1.7%，盘锦农民工约占1%。

（三）辽宁省城镇人口基本特征

在全国范围内来看，辽宁省的人口数量和土地面积都处于中下游水平，与国内其他省份相比，农业人口转移的压力相对较小。2012年年末全省常住人口4389万人，占全国人口3.2%，居全国第14位；全省土地面积14.8万平方公里，占全国土地面积的1.5%，居全国第21位。近年来，在老工业基地振兴战略及沿海经济带战略的引领下，辽宁省经济社会一直保持着较好的发展态势。得益于较为雄厚扎实的工业基础，辽宁的城镇化水平一直较高，城镇化率仅次于全国发达地区中的上海、北京、天津、广东，居全国第五。

辽宁省就近城镇化和就地城镇化的比例高于国内其他省份。与河南、四川、江西等外出务工大省半数以上到省外务工相比，辽宁省农民务工半径相对较小，八成以上在本省地域从业。这主要是辽宁省属工业大省，具有密集的大中城市群。尤其是振兴东北老工业基地以来，辽宁省铁路、公路、住房等基础设施建设力度大，固定资产投资快速增长，经济建设和发展为农民务工和就业提供了大量岗位和机会。

在转化成为市民的意愿方面，辽宁省农民工落户大城市的要求比较强烈。据调查，88.9%的流动人口不打算返乡就业。流动人口居住呈稳定的长期化趋势，在流入地连续居住时间平均为5.3年，半数流动人口在现居住地居住超过3年。

二、基于财政决算数据的辽宁省基本公共服务供给

（一）基本公共服务的主要内容

基本公共服务是指建立在一定社会共识基础上，由政府主导提供的，与经济社会发展水平和阶段相适应，旨在保障全体公民生存和发展基本需求的公共服务。享有基本公共服务属于公民的权利，提供基本公共服务是政府的职责。

为了确保全体公民都能公平可及地获得大致均等的基本公共服务，我国

政府提出了实现基本公共服务均等化的目标，并把它作为完善公共财政体系的重要途径。按照《国家基本公共服务体系“十二五”规划》，基本公共服务主要包括基本公共教育、劳动就业服务、社会保险、基本社会服务、基本医疗卫生、人口计生、基本住房保障、公共文化体育等八个领域（见表2）。

表2　基本公共服务主要内容

项　目	主要内容
基本公共教育	学前教育、九年义务教育和高中阶段教育等
劳动就业服务	就业服务和管理、职业技能培训、劳动关系协调和劳动权益保护等
社会保险	基本养老保险、基本医疗保险、工伤、失业和生育保险等
基本社会服务	社会救助、社会福利、基本养老服务、优抚安置等
基本医疗卫生	公共卫生服务、医疗服务、药品供应和安全保障等
人口计生服务	计划生育服务、计划生育奖励扶助等
基本住房保障	廉租住房和公共租赁住房、棚户区改造、农村危房改造、保障性住房管理等
公共文化体育	公益性文化、广播影视、新闻出版、群众体育等

（二）辽宁省基本公共服务的财政投入状况

近年来，辽宁省认真落实科学发展观，坚持以人为本，统筹城乡协调发展，切实解决涉及农民工利益的问题，努力提高基本公共服务供给水平，较好地推动了全省新型城镇化发展。

基于2010～2012年辽宁省财政决算数据，我们对基本公共服务的主要内容对应的财政投入进行了加总计算。2010年，辽宁省公共财政预算支出中的基本公共服务投入达到913.4亿元，占公共财政预算支出（3195.8亿元）的28.6%。分项目看，基本公共教育支出达到331.8亿元，占比36.3%；劳动就业服务、社会保障、基本社会服务支出达到390.4亿元，占比42.7%；医疗卫生服务支出达到114亿元，占比12.5%；人口计生服务支出达到13亿元，占比1.4%；住房保障支出达到22.6亿元，占比2.5%；公共文化支出达到41.6亿元，占比4.6%。

2011年，辽宁省公共财政预算支出中的基本公共服务投入达到1153.9亿元，占公共财政预算支出（3905.9亿元）的29.5%。分项目看，基本公共教育支出达到398.3亿元，占比34.5%；劳动就业服务、社会保障、基本社会服务支出达到465.9亿元，占比40.4%；医疗卫生服务支出达到141.2亿元，占比12.2%；人口计生服务支出达到15.3亿元，占比1.3%；住房保障支出达到84.7亿元，占比7.3%；公共文化支出达到48.6亿元，占比4.2%。

2012年，辽宁省公共财政预算支出中的基本公共服务投入达到1319亿元，占公共财政预算支出（4558.6亿元）的28.9%。分项目看，基本公共教育支出达到505.6亿元，占比38.3%；劳动就业服务、社会保障、基本社会服务支出达到524.2亿元，占比39.7%；医疗卫生服务支出达到156.7亿元，占比11.9%；人口计生服务支出达到20.3亿元，占比1.5%；住房保障支出达到58.4亿元，占比4.4%；公共文化支出达到53.9亿元，占比4.1%。

表3　2010～2012年辽宁省基本公共服务财政投入情况

基本公共服务	2010年		2011年		2012年	
	数额（亿元）	占比（%）	数额（亿元）	占比（%）	数额（亿元）	占比（%）
基本公共教育	331.8	36.3	398.3	34.5	505.6	38.3
社会保障和就业	390.4	42.7	465.9	40.4	524.2	39.7
基本医疗卫生	114	12.5	141.2	12.2	156.7	11.9
人口计生服务	13	1.4	15.3	1.3	20.3	1.5
基本住房保障	22.6	2.5	84.7	7.3	58.4	4.4
公共文化体育	41.6	4.6	48.6	4.2	53.9	4.1
合计	913.4	100	1153.9	100	1319.1	100

截至2012年年底，辽宁省覆盖城乡的教育、医疗制度不断完善，义务教育巩固率达到94.7%，高中阶段教育全面普及，毛入学率达到97.8%。国家基本药物制度实施范围进一步扩大，城乡居民基本医疗保险参保率达到95%，城乡基层医疗服务体系基本建成。创业援助政策和普惠制培训政策进一步完善，城乡一体的就业政策逐步形成。社会救助和社会福利体系建设加快，建立了低保边缘户救助制度。棚户区改造基本完成。

三、基于上下限方法的辽宁省农民工市民化成本测算

（一）成本测算的基本思路

1. 成本的计算要以辖区为边界算总账，再按人口变化数量算平均账。不同省份、同一省份之内的不同市县之间，在推动农民工市民化过程中所付出的公共成本必然会有多有少，只有算总账和平均账，才能最大限度地消除这种差异对成本测算以及相应的制度安排产生的困扰。

2. 即使是在一个较小范围内，农民工市民化的成本也是可大可小，不会有一个固定的数值。往好了说是具有一定的弹性，往不好了说是具有一定的不确定性。为了更符合实际情况，我们应该把这个成本作一个区间式的界定，测算出成本的上限和下限（简称为“下限成本”、“上限成本”），在这个区间之内的成本，我们认为都是符合常理的、可以接受的。

3. 下限成本应该是现实状态下农民工市民化已经发生的成本。以辽宁省为例说明，2011 年年初辽宁省政府出台了推进城镇化建设工作的政策文件，里面明确提出了城镇化工作目标：从 2011 年到 2015 年，将全省城镇人口增加到 3000 万人以上，新增城镇人口 400 万人以上。目前该计划已经实施了 2 年多的时间。我们可以根据 2010 ~ 2012 年的人口变化情况和基本公共服务支出增长情况作一个比较性测算，即财政为了满足三年间增加的城镇人口的基本公共服务需要增加支出了多少成本，其三年平均数就是成本的下限。

公式一：下限成本 = 基本公共服务支出增量/城镇人口增量

4. 上限成本应该是理想状态下农民工市民化的公共成本，即农民工能够较好的融入城市，转化成为稳定状态下的市民，政府提供相应的基本公共服务需要的财政投入。这其中又要细分为两种情况：第一种是增量农民工转化为市民的成本（简称为“增量转化成本”），对于尚未进入城镇的增量农民工（如 2013 ~ 1015 年预计全省每年新增农民工 80 万人），该成本应该按照他转化为市民所享受的公共服务来测算。当然，这需要以相应的社会事业设施及市政基础设施为载体，也需要付出成本。具体内容包括基本公共教育、社会

保障和就业、基本医疗卫生、人口计生服务、基本住房保障、公共文化体育、市政设施。第二种是存量农民工转化为市民的成本（简称为“存量转化成本”），对于已经成为进入城市的存量农民工（如2011年年末辽宁省存量农民工415万人），他们已经享受到了一部分公共服务。政府只要向他们提供尚未享受到的公共服务即可。

公式二：增量转化成本 = 基本公共教育成本 + 社会保障和就业成本 + 基本医疗卫生成本 + 人口计生服务成本 + 基本住房保障成本 + 公共文化体育成本 + 市政设施成本

公式三：存量转化成本 = 增量转化成本 - 下限成本

公式四：上限成本 =（增量转化成本 × 增量农民工数量 + 存量转化成本 × 存量农民工数量）/全部农民工数量

5. 成本测算存在一定的误差。第一，我们测算的只是可以看到的能够被计算的有形的成本，并且一些成本的标准需要我们估计得来的。此外，还有一些无形的社会成本无法计算。第二，不同年龄阶段的农业转移人口对基本公共服务的需求是不同的，我们在测算中忽略了这种区别。第三，由于无法获得足够的数据支撑，我们不清楚新增城镇人口中到底有多少是农民工，有多少不是农民工？所以只能将全部新增城镇人口都等同为新增农民工。以上误差在一定程度上存在，但是对于尝试性的研究而言仍在可以接受的范围之内。

（二）下限成本的测算

2010～2012年，辽宁省城镇人口变化不大，呈现出缓慢增加的趋势，与此同时，政府提供基本公共服务的财政投入则增长较快（见表4）。

表4　　2010～2012年辽宁省城镇人口及基本公共服务支出变化情况

年份	城镇人口（万人）	增量（万人）	基本公共服务支出（亿元）	增量（亿元）
2010	2718.8	—	913.4	—
2011	2807.3	88.5	1153.9	240.5
2012	2881.5	74.2	1319.1	165.2
平均增量	—	81.35	—	202.85

根据表4，2010~2012年，辽宁省城镇人口的平均增量为81.35万人，全省基本公共服务支出的平均增量为202.85亿元。按照公式一我们可以计算出辽宁省农民工市民化的下限成本，即：

下限成本＝基本公共服务支出增量/城镇人口增量

＝202.85亿元/81.35万人

＝2.49万元/人

也就是说，在辽宁省辖区范围内，2013~2015年如果要继续做好城镇化建设，推动农业转移人口有序转化为市民，则农民工市民化的最低人均成本为2.49万元/人。

按照辽宁省政府的城镇化工作目标，2013~2015年每年至少要新增城镇人口80万人。据此计算，2013年全省农民工数量为569.2万人（415万＋74.2万＋80万），所需基本公共服务支出为1417.3亿元。2014年全省农民工数量为609.2万人（529.2万＋80万），所需基本公共服务支出为1516.9亿元。2015年全省农民工数量为649.2万人（569.2万＋80万），所需基本公共服务支出为1616.5亿元（见表5）。三年累计需要投入4550.7亿元。

表5　2013~2015年辽宁省城镇人口及基本公共服务支出测算

年份	城镇人口（万人）	增量（万人）	基本公共服务支出（亿元）	增量（亿元）
2013	2961.5	80	1417.3	98.2
2014	3041.5	80	1516.9	99.6
2015	3121.5	80	1616.5	99.6

（三）上限成本的测算

按照辽宁省农民工群体的实际情况，我们假定一个代表性农民工具有如下特征：本省人口、年龄31岁，性别男，初中文化。此外，一个农民工转化成市民会带动一定比例的抚养人口进城（可以称之为“转化系数”）。参照国务院发展研究中心课题组的相关测算办法，我们假定转化系数等同于全省从业人员数与年底总人口的比值加上1（2011年该数值为1.556）。因此，在各项成本加总之后时要除以转化系数（即1.556）才能得出真正的人均成本。

长春市新型城镇化进程中财政支出测算及责任划分*

随着新型城镇化在我国的不断推进，大规模的城镇建设和人口流动带来城市繁荣的同时，也使政府之间供给责任的原有格局受到考量。特别是在农民工市民化过程中关于住房、教育、医疗、社会保障等公共服务的供给方面发生的变化，不仅凸显了我国财政体制固有的矛盾，如财力与事权不匹配等，而且加深了财力、财权与事权等财政体制要素组合的不确定性，这无疑将影响地方政府的公共服务供给水平和中央政府的转移支付决策方向，进而增加城镇化进程的不确定性。目前，地方政府要求对中央与地方原有支出责任进行调整的呼声不断加大，其中新型城镇化进程中财政支出的测算及责任划分的诉求更为迫切。为此，本文从长春市城镇化发展现状入手，在深刻领会我国新型城镇化的基本内涵和特点的基础上，对现阶段长春市在新型城镇化建设中的财政支出责任进行了初步的测算，并结合本地区的特点和发展优势，对支出责任的划分提出了我们的设想。

一、对现阶段我国城镇化建设的基本认识

（一）如何评价我国当前的城镇化及其发展水平

城镇化是经济社会发展的必然规律，是一个国家综合国力和国际竞争力的综合表现，也是人类进步的标志。综观各国发展历史，培育和提高城市竞

* 本文为长春市财政局财政科研所参加全国协作课题“新型城镇化建设中的财政支出责任与划分研究”所完成的分报告。课题组长：胡延生，副组长：李晓玲，课题组成员：沈东明、程岂平、郑阳、王康（执笔）。

争力已经成为各国政府的一项重要使命。改革开放以来，我国城镇化进程快速推进。据统计，截至2012年年底，我国城镇人口达到7.12亿人，人口城镇化率提高到52.57%，达到世界平均水平。近年来，作为我国经济发展的重要特征和实质内容，城镇化对拉动我国经济社会发展，促进世界经济繁荣都起到了积极的作用。因此，正确认识和评价我国的城镇化发展现状，对进一步探索城镇化建设的有效途径，促进我国经济社会的全面可持续发展意义十分重大。

多年以来，人口城镇化率（即城镇常住人口占该区域总人口的比例）一直是我国衡量各地城镇化水平的唯一标准。很多时候，不断上升的人口城镇化率被直接视为不断提高的城镇化水平。但是，城市本身具有三大特点：一是“聚居”，即众多人口密集居住在一个特定空间；二是“非农”，即城市聚居人口不以农业为职业；三是“共享”，即城市聚居人口共享道路、广场、绿地、供排水等基础设施及相关的公共服务。因此，衡量一个国家城镇化水平的指标主要包括人口的城镇化、空间和土地的城镇化、经济的城镇化、产业的城镇化、生活质量的城镇化。可见，虽然人口的城镇化是城镇化的核心，但并非城镇化的全部。人口的城镇化率并不是越高越好，城镇化速度也不是越快越好。城镇化的速度和经济发展的阶段、工业化的程度、吸纳人口就业的能力以及基本公共服务的水平必须相适应。

世界城市发展史表明：城镇化的初级阶段主要靠市场来推动，而城镇化的中后期阶段则主要依靠服务来推动。虽然目前我国城镇化在政府与市场的双重作用下，以超过50%以上的速度推进，已经进入中期发展阶段，成为我国最大的内需增长点之一。但从我国城镇化发展的现实来看，由于单纯热衷于追求人口的城镇化率而忽视质量和服务的提高已经带来了一系列的问题。如市民化程度比较低、发展方式比较粗放、城乡发展不协调等，导致大量资源、能源的损耗，特别是与城镇化发展速度相匹配的基本公共服务体系还不十分健全，使我国城镇化进程面临可持续发展的严峻考验。以2012年为例，我国农民工超过2.6亿人，其中到本乡镇以外地方打工的农民工超过1.6亿人，占农民工总数的60%以上，但是农民工中具有城镇户籍的人口总数占总人口的比例却只有35%。这说明大量的农民工虽然实现了地域转移和职业转换，但还没有实现身份和地位的转变，农民工市民化问题亟待解决，城镇化质量亟待提高。为此，党的十八大报告明确提出了未来实现“城镇化质量明显提高”的新要求，“坚持走中国特色新型工业化、信息化、城镇化”道路，推动信息化和工业化深度融合、工业化和城镇化良性互动、城镇化和农业现代化相互协调，促进工业化、信息化、城镇化、农业现代化同步发展。

（二）如何定位政府在新型城镇化进程中的支出责任

城镇化是人类生产和生活方式由乡村型向城镇型转化的历史过程，不仅表现为人口的集聚，而且对于基础设施建设、生态环境保护、就业和社会保障等基本公共服务的内在需求也十分迫切。如前所述，我国将全面进入新型城镇化发展阶段，而新型城镇化的最大特点是人的城镇化。推进新型城镇化就是以推进农业人口市民化为抓手，即推动农民工实现“职业上从农业到非农业、地域上从农村到城镇、身份上从农民变市民”的三维转换，最终实现城镇化质量的全面提高。显然，这一过程的实现不可能单纯依靠市场的力量。

从我国城镇化的发展历程来看，其动力主要来自于政府和市场两个方面。其中，市场对资源配置起基础性作用，政府为城镇化提供公共产品，并弥补市场失灵。实践证明，我国城镇化在其快速推进的过程中，进一步实现了政治、经济、科技、文化等要素的有机联系，并对包括基础设施建设、社会保障、公共卫生等基本公共服务提出了诉求。基本公共服务具有社会财富再分配的功能，是保障公民生存和发展基本权利、提高其可行能力、促进他们更多参与和分享经济社会发展成果的重要途径。理论上，一个国家的贫富差距、城乡差距与区域差距都与政府提供的基本公共服务直接相关。同样，城镇化的健康可持续发展也离不开基本公共服务的支撑，分担农民工市民化的成本是公共财政的主要职责之一。

目前摆在我们面前的现实是，我国城市政府对流动人口的管理仍然带有计划经济的色彩，在城市基础设施、社会保障、劳动就业、教育卫生、住宅建设等方面，很少考虑到流动人口的需要，更没有在公共财政预算安排上得以体现。从全国来看，城市的市政设施普遍欠账严重。特别是随着城镇流动人口的增加市政公共设施的建设包括公共交通、污水处理、绿化、水热气供应、道路桥梁等，这部分资金需求将迅猛增加。此外，适应公共服务均等化发展要求，教育、社保、医疗和公共服务也需要大量增加。目前我国的城镇化率只是达到了世界平均水平，研究表明，城镇化率每提高1个百分点，政府公共投资需求将增加5.9个百分点，“十二五”时期因工业化和城镇化带来的政府公共投资规模将在30万亿元左右。过去城镇化的欠账和未来城镇化的需求是公共财政面临的最大难题，需要找到一条平衡、健康、可持续的政府财政投入模式。

从城镇化本身来看，它既是结果，也是过程，而城镇化的结果如何关键在于过程的把握。作为拉动我国经济增长的新动力，城镇化既是我国现代化建设的历史任务，也是扩大内需的最大潜力所在。但是，没有农民工市民化的城镇化不会成为完整意义上的城镇化，也不可能成为推动经济增长的持久动力。因此，党中央提出了我国现阶段城镇化建设的目标是实现城镇基本公共服务常住人口全覆盖，这既是一个阶段性的目标，也是城镇化进程中的一个关键节点。为此，对公共财政下的政府责任也提出了具体要求：一是尽快建立全国统一的农民工市民化制度。包括农民工的教育、养老、医疗、失业、住房等基本社会保障制度的缺失，不仅影响农民工的基本生存和发展权利，也将成为影响城乡经济社会稳定的重要因素。国家统计局发布的2012年全国农民工监测调查报告显示，我国2.6亿农民工在市民待遇方面普遍有所提高，社会保险参保情况、被拖欠工资状况继续得到改善，但总体仍缺乏保障性。因此，“十二五”期间要想彻底解决农民工市民化问题，根本出路在于赋予农民工与城市居民平等享受基本公共服务的制度建设。二是尽快明确各级政府保障农民变市民基本权益的法定支出责任。“十二五”时期应在科学的测算农民工市民化所需的公共成本的基础上，明确划分各级政府的支出责任并加以法制化。这既是农民工变市民基本权益的保障，也是新型城镇化进程中的一个关键环节，更是当前我国财税体制改革的必然。换句话说，要想充分发挥公共财政在推动新型城镇化健康发展中的作用，就必须对各级政府的支出责任进行清晰的界定。

据悉，国家发改委提出要建立合理的农民工市民化成本分摊机制，旨在明确各级政府对农民工基本公共服务的支出责任，以促进新型城镇化的健康发展。其总体思路是建立政府、企业、个人共同参与的农民工市民化成本分摊机制，统筹考虑农民工的落户需求，加大相关财政支持力度，拓展筹资、融资渠道，加快城市基础设施、社会保障、公共服务能力建设，提高人口承载能力。因此，要保障农民工市民化的顺利推进，包括农民工子弟学校、农民工集聚区、农民工转移人口的专业技术培训，农民工如何融入城市社区、农民工的社会保障等问题，公共财政有责任且必须提前介入做好应对，否则所谓的贫民窟、城市病将不可避免。一句话，新型城镇化就是让为城市的发展做出贡献的农民工享受由该城市发展所带来的给予市民的各种利益。为此，政府负有义不容辞的责任。

二、长春市财政支持城镇化发展的现状

长春市的城镇化建设得益于近年来吉林省政府推行的“优先发展长吉两市，突出长吉一体化，带动全省城镇化进程”战略。在这一战略指引下，财政部门充分发挥自身职能，对全市城镇化建设起到了积极的助推作用。归纳起来主要有以下几个特点：

（一）加大基础设施领域投入力度，使城市承载能力显著提高

据统计，2010~2012 年，长春市城市基础设施建设投入总计 155.9 亿元，其中中央财政补助为 18.4 亿元，省级财政补助为 15.1 亿元，市县财力安排 112 亿元。随着投入的增加，长春市全面加快了新城建设、基础设施建设和基础设施城乡一体化建设，使中心城区、次中心城市、建制镇的承载能力显著增强。几年来，全市道路面积增长 1.2 倍、发电能力增长 1.3 倍、供热能力增长 1.5 倍、天然气供应能力增长 1.4 倍。共新建改造了 29 个公园、

460余处绿地，对30余条主要街路实施了综合整治。同时，加大了城镇饮用水、电、有线电视网络、通信网络、互联网等生活基础设施建设，基本实现了城镇全覆盖。截止到2012年年末，长春市户籍人口为756.9万人，其中非农人口为342.8万人。人口城镇化率从2005年的43.9%提高到2012年的56.5%，年均增长2.6%，比全省城镇化率（53.7%）高2.3个百分点，比全国城镇化率（52.6%）高3.8个百分点，城镇化进程明显高于全省速度，龙头作用日益明显，城市综合质量显著提升。目前长春市超大城市有1个、中等城市4个、建制镇66个，其中5000人以下的城镇占整个城镇数量的69.63%，城镇规模等级序列呈“金字塔”式分布，结构较为合理。

（二）努力提高城市综合实力，使中心城市的集聚效应显著增强

2012年，全市地区生产总值达到4506.6亿元，同比增长12.1%，工业化程度明显增强。全口径财政收入完成927亿元，增长15.4%。其中国税收入560亿元，增长11.8%，增幅比全省高1.6个百分点；地方级财政收入为340.8亿元，增长18.1%，增幅在15个副省级城市中名列第三位，其中地税收入占地方级财政收入比重达到66.3%，全市综合实力显著增强。城市就业人数不断增加，仅“十一五”期间，累计开发就业岗位达61万个，城镇新增就业50万人。农业劳动力转移力度逐年加大，每年农民进城务工人数达到100万人次。同步带动人民生活水平进一步提高，居民收入明显增加。2012年城镇居民人均可支配收入达到22 970元。

城市综合实力的提高使城市周边区域发展迅速，基本形成了一主、三副、十组团的空间格局。其中绕城高速公路以内逐步发展成为城市生活、服务中心；净月、富锋、兴隆组团分别在净月潭旅游开发区、汽车产业开发区以及经济技术产业开发区的政策带动下，形成以教育研发、汽车产业、食品加工为主的三大副城市区域；兰家、合隆、米沙子、卡伦、英俊、劝农、东湖、龙嘉、合心、西新十个周边组团，工业企业发展迅速，已经成为城市发展中重要的轨道客车产业园区、轻工业产业园区以及物流产业园区，城市的集聚效应充分显现。

（三）不断完善基本公共服务体系，使城镇化质量逐步提高

据统计，2007～2012年，长春市累计投入1080亿元，成功推进了涉及城市低收入群体增收、公共卫生、公共服务、扶弱助困、教育均衡、城市环境、文化繁荣和“三农”等民生行动计划，对提高长春市城镇化质量起到了积极的推动作用。

1. 围绕着城镇化发展的总体要求，不断加大对医疗卫生领域的投入力度，完善了基本医疗保障制度，健全了基层医疗卫生服务体系，促进了公共卫生服务的均等化。据初步统计，2010～2012年各级财政部门累计投入资金29.57亿元。其中，国家和省19.83亿元，市（区）9.74亿元。主要包括：一是新农合参保财政补助资金3.83亿元，其中，国家和省3.16亿元，市区0.67亿元。二是城镇居民医疗保险财政补助资金10.09亿元，其中，国家和省8.19亿元，市区1.9亿元。三是城乡医疗救助补助资金10.09亿元，不断加大对困难群体的二次救助，有效缓解了他们的医疗负担。目前，长春市已经形成了较为完善的公共医疗服务网络。

2. 围绕推进城乡文化教育均衡发展的目标，全面提升学前教育、基础教育、高等教育发展水平。据统计，“十一五”期间，全市教育经费从2006年的19.6亿元增加的2010年的57.9亿元，年均增长31.1%，高出全国平均水平10个百分点，高于同期全市财政支出增幅7.8个百分点。2009年重点解决了进城务工人员子女入学和异地高考问题。2011年投入5.4亿元基本建成了覆盖长春市城乡各级各类公办学校和幼儿园的教育信息化公共服务体系。2012年筹措资金3.7亿元新建了一批基础教育学校；投入2.29亿元建成了29所幼儿园；投入资金6.9亿元，对303个中小学校舍安全项目、累计79万平方米危房进行了改造；投入2.3亿元在五县市（包括双阳区）全部建起了集教学、培训、技术推广等多功能为一体的职业教育中心。

3. 围绕城乡社保一体化，使养老保险、失业保险、基本医疗保险覆盖面不断扩大。2010～2012年财政投入城乡居民社会养老保险补贴26 056万元，其中：国家及省投入18 056万元，市、区投入800万元。截至2012年年末，

全市城镇职工养老保险参保人数达到177.8万人，其中领取养老待遇的52万人；城乡居民养老保险参保人数达到182万人，其中领取养老保险待遇的58万人。城镇职工医疗保险参保人数达到160.6万人，城镇居民医保参保人数为245.1万人，新农合参保人数为377万人，以上合计覆盖率达98%以上。

4. 围绕着城镇化发展需要，财政部门针对城市新增人口中的不同人群进行相应的补助：将城镇新增人口中的困难人群，纳入城市居民最低保障范畴；城镇新增人口中的孤寡老人、儿童、残疾人等特殊困难群体，统一纳入社会福利保障范畴；城镇新增人口中符合农村五保供养条件的和城市“三无”人员，按规定享受供养、收养和医治政策；对于城镇登记失业人口，按照规定享受相关税费优惠；被公益性岗位录取的人员按规定享受岗位补贴，服务型企业吸纳失业人员的享受社会保险补贴，失业人员申请小额担保贷款的，财政予以贴息。

5. 围绕改善城镇居民居住条件，开展了“八路安居”、“暖房子”工程以及保障房建设。按照省政府的统一部署，长春市农村泥草房改造工程于2007年开始，至2011年结束，五年间财政共投入近10亿元，共完成泥草房改造120 513户。几年来，“暖房子”工程共投入40.1亿元，其中中央补助4.7亿元，省级补助10.2亿元，市县财力25.2亿元，极大地改善了城镇居民的居住条件。2010~2012年，长春市廉租房建设投入4.3亿元，其中中央补助1.7亿元，省级补助0.4亿元，市县财力2.2亿元；公共租赁房建设投入4.1亿元，其中中央补助3.3亿元，省级补助0.1亿元，市县财力0.7亿元。

此外，从2011年起，长春市财政每年还安排500万元专项资金，主要用于特色城镇化综合配套改革试点补助和基础设施贷款贴息。总之，“十一五”时期以来，长春市逐步建立起了稳步推进城镇化建设发展的财政资金运行机制，构建了适应长春市城镇化发展需要的基本公共服务体系，使长春市城镇化建设逐步走上了健康发展的轨道。

三、基于政府支出责任视角的长春市城镇化发展问题

综上所述，在全市上下的共同努力下，几年来长春市城镇化建设取得了

可喜的成绩，但是也暴露出一些问题。比如城镇化发展速度不快、城镇化结构不优、城镇化质量不高、基本公共服务保障能力偏弱、配套改革措施不到位等。其中城镇化质量不高是其中的关键问题之一，而产生这一问题的原因与政府间支出责任不清有着直接的关系。下面从长春市实际出发，对长春市城镇化进程中的政府间支出责任以及由此产生的一系列问题进行重点分析。

（一）财力与事权严重不匹配，加重了长春市城镇化建设的债务风险

从长春市来看，分税制以来长春市全口径财政收入虽然逐年增长，但可用财力增长有限，无法满足支出需要。以2012年为例，长春市全口径财政收入927.7亿元，占全省财政收入的48.5%。其中上划收入586.9亿元（上划中央486.4亿元，上划省100.5亿元），上划收入占全口径收入的63.3%，地方级收入即可用财力占全口径财政收入的36.7%，只占全省财政收入的17%。但作为省会城市，长春市的支出责任却远远超出这一比例。特别是在城市建设发面，为了适应城市发展的需要，仅2010~2012年，长春市城市基础设施建设投入总计155.9亿元。按照长春市“十二五”发展规划，为把长春市建设成为城市功能更加完善、城市形象更加现代、城市品质更加优良、群众居住环境更加优美的绿色宜居城市，预计未来3~5年，长春市城建共需要完成投资1800亿元，这对政府部门将是一个巨大考验。事实上，为了满足城镇化进程中的基本公共产品及服务的需求，长春市财政已经越来越多地依赖间接借款、预算外收入及土地出让金等，地方政府财力和事权之间存在严重不匹配。截止到2012年年底，长春市政府性债务余额已超过1000亿元，风险不容忽视。

（二）支出责任缺乏明确的划分，直接影响了城镇化质量的提高

从长春市的情况来看，尽管政府用于城镇化建设的支出不断增长，但由于缺乏明确性，政府职能缺位、越位、错位现象同在。特别是在基础教育、公共卫生、社会保障等公共服务领域中央或上级财政投入不足，严重制约了城镇化建设的发展进程。由于受财力的限制，长春市社会公共服务设施配套缺失等现象还很普遍，供求间的矛盾较为突出，城镇功能还处于低水平状态。

城市周边的非农人口生产生活方式还缺乏城市特征，虽被统计为城镇人口，但他们的人均拥有道路面积、万人拥有公车数量、人均居住面积、人均公园绿地面积等城镇化发展指标，没有达到国家规定的相应标准，不仅公共财政的职能没有得到充分发挥，还直接影响了城镇化质量的提高。

（三）相关财政制度的缺失，导致城镇化建设中基本公共服务的供应不足

第一是省以下财政体制还不够完善。分税制改革以后，随着财权的逐渐上移，政府的基本事权却呈现下移趋势，而且这种情况在省及省以下各级政府间更加突出。尽管中央政府在增加民生投入方面有目共睹，但是尚未从制度上构建起完善的基层政府公共服务资金保障机制。第二是转移支付制度还存在不足。目前，我国转移支付制度的特点是一般性转移支付比重小而专项转移支付比重较大。从专项转移支付制度的出发点来看，是想通过专款解决地区间具有外溢性的基本公共服务的供给问题。近年来，长春市专项转移支付比重不断增加，对长春市的基本公共服务不足的问题起到了缓解作用，但是中央在下拨专项转移支付的同时要求地方政府提供配套资金，这种制度违背了公共产品提供的受益原则，在一定程度上影响了地方政府对基本公共服务的有效供给，使资金投向分散、项目交叉重复等现象时有发生。第三是从长春市城镇化发展历程来看，相关财政制度的安排在很多方面与城镇化发展要求还不相匹配，城市基本公共服务长期供给不足的状况还没有得到根本改善，义务教育、社会保障等体系还有待进一步完善。从医疗卫生资源分布来看，长春市虽然集中了绝大部分的优势医疗卫生资源，但与其他公共性消费支出相比，财政对公共卫生支出比例较低。在社会保障制度方面存在统筹层次低、资金筹集缺乏强制性、管理和服务社会化程度低等问题。在住房保障方面，由于资金有限，建设缓慢，并且存在规划不合理、资金不配套、保障标准偏高、模式单一等问题。2012 年，长春市新提供的廉租房占新增住房总数的比例不到 10%。

总之，过去 30 多年的财政改革已经极大地改善了中国财政制度，但同时

也产生了很多遗留问题和尚未完成的任务。从长春市城镇化建设中存在的问题来看，与政府支出责任不清有很大关系。为此，尽快明晰中央与地方在城镇化进程中的支出责任、改革财政体制、协调财政制度、完善财政政策等将成为长春市新型城镇化能否顺利进行的关键所在，而其中支出责任的界定最为紧迫。

四、对中央与地方在城镇化进程中的财政支出测算及责任划分

（一）对长春市在城镇化进程中财政支出责任的测算

在党的十八大精神和省委关于城镇化工作的战略部署指导下，长春市提出了坚持以人的城镇化为核心，以产业发展为支撑，以城镇基础设施建设为依托，以改革为动力，以改善民生为重点的城镇化发展新目标。主要包括：一是城镇规模不断扩大。到 2017 年，主城区建成区面积达到 450 平方公里，全市常住人口将达到780 万人，城镇化率达到60%，实现40 万农业转移人口在城镇落户，形成以中心城区、县城、卫星镇和特色镇梯次发展的城镇化体系。二是经济快速发展。到 2017 年，人均 GDP 突破 16 000 美元，城镇居民人均可支配年收入达到 4 万元以上，年均增长 12%，农民人均年纯收入达到 1.4 万元，年均增长 10%。三是公共服务能力更强。到 2017 年，高中阶段教育普及率达到 100%；城镇居民基本医疗保险参保覆盖率达到 90% 以上，新型农村社会养老保险覆盖率达到 60%；城市日供水能力达到 180 万立方米，集中供热普及率达到 85% 等。长春市政府又提出了 2020 年年末，全市农村进城农民住房保障覆盖率达到 4% 的目标。可见，未来长春市城镇化发展的目标是要在提升经济总量指标的同时，更加注重城乡居民收入的增加和生活水平提高的新型城镇化。

如前所述，城镇化的过程也是农民工市民化的过程。在这一过程中，政府、企业和农民工个人都需要一定的投入。其中政府部门的投入主要是提高各项公共服务的支出，比如城市基础设施和各种社会保障的费用等。目前，各地在农民工市民化所需公共成本的测算方式上各有所长。鉴于长春市实际

情况并考虑到城市的基本特点以及共性等问题，以下测算我们参照辽宁省发改委的测算模式。为测算方便，我们仅考虑新增一个代表性农民工，政府给予其市民化待遇所需的成本或费用。具体分为住房成本、市政设施成本、义务教育成本、社会保障成本四项。

——住房成本。按照长春市保障性住房租赁补贴标准，两口之家的补助标准平均为 195 元/月（低保家庭无房户 320 元、有房户 160 元；低收入家庭无房户 200 元、有房户 100 元），以此为测算依据，每年政府承担农民工市民化住房成本约为 2340 元/家，长春市农民工市民化住房成本每人约 1170 元/年。

——市政设施成本。根据建设部 2006 年调研数据，每增加 1 个城镇人口需配套建设市政设施投资情况：小城市 2 万元、中等城市 3 万元、大城市 6 万元、特大城市 10 万元。据此测算，长春市每增加 1 个城镇人口需配套市政设施投资约 5 万元（平均值）。

——九年义务教育成本。近年来，教育投入的不断增加以及农村人口的大量外流，长春市义务教育支出呈现了“逆城市化”现象。以 2012 年为例，长春市城市和农村小学生教育事业费支出分别为人均 10 321 元/年、11 166 元/年，城市比农村少 845 元/年；城市和农村中学生教育事业费支出分别为人均 14 264 元/年、18 095 元/年，城市比农村少 3831 元/年。如此，我们推算长春市农民工市民化六年义务教育成本为负数，拟设定为零成本。

——社会保障成本。社会保障成本主要包括城镇居民基本医疗保险（新型农村合作医疗）、企业职工基本养老保险、城镇居民社会养老保险（新型农村社会养老保险）城市居民最低生活保障（农村最低生活保障）、城市医疗救助（农村医疗救助）以及基本公共服务均等化等。鉴于基本公共服务均等化补助项目已覆盖城乡，城镇居民基本医疗保险与新型农村合作医疗、城镇居民社会养老保险与新型农村社会养老保险在标准上已基本一致，我们只测算如下成本：企业职工养老保险财政补助每月 217 元/人（2012 年财政补助养老金 103 232 万元共 395 461 人）、城市与农村居民最低生活保障差额每月192元/人（城市低保400元/人、农村低保208元/人）、城市与农村医疗救助差额每月100元/人（2012年长春市城区城市医疗救助51 029人次共2403万元，人均400元；城区农村医疗救助29 147人共905万元，人均300元），据此测算，长春市农民工市民化人均年度社会保障成本约6108元。

综上，长春市农民工市民化成本约6万元/人。

长春市新型城镇化目标是，到2017年，全市常住人口达到780万人，其中城镇常住人口达到468万人，城镇化率达到60%。按照这一目标，以2012年长春市市区人口432万人（含暂住人口52.3万人），人口城镇化率56.5%、农民变市民的成本约在6万元左右为测算依据，到2017年，长春市将有36万农民工实现市民身份的转换，总计需投入216亿元。

（二）对新型城镇化进程财政支出责任的划分

在推进新型城镇化发展的关键时期，明晰中央与地方的支出责任有两大重要意义：一方面为实现农民工市民化提供基本公共服务保障；另一方面为公共财政体制的完善奠定基础。为此，界定中央与地方政府在城镇化进程中的支出责任，应遵循以下原则：一是受益原则。所谓受益原则是指某项特定服务的受益地域和负责提供服务政府的级别应该是总体对应的。总的说来，中央政府职责一般都是全国范围的，具有宏观经济和再分配及稳定性意义的支出。相应的，地方政府的职责多数涉及地区或当地范围内的服务。二是效率原则。所谓效率原则是指政府提供服务的有效性，必须以尽可能地满足纳税人的需求和喜好为目标。应避免由于服务产生的规模经济和辖区外溢性的存在，导致服务供应不足，效率低下。三是责任原则。财政部财政科学研究所副所长刘尚希提出的划分思路为："针对事权的构成要素划分"，每项事权由决策权、执行权、监督权与支出责任等要素构成，针对这些构成要素在各级政府之间进行界定。

目前理论界的基本共识是，中央政府负责制定公共服务的范围、内容、标准以及部分领域的规划。在此基础上，中央政府应当负责全体社会成员无差别享有的、不能市场化的、体现社会公平的最基本的公共服务。若保持目前的财政体制不变，新型城镇化进程中包括农民工义务教育、基本医疗、社会保障等涉及国民素质的基本公共服务应逐步调整为由中央政府承担。省级政府负责公共性相对较差一些的公共服务，包括高中阶段教育和高等教育中政府负担部分、社会救助、促进就业、区域性的防灾减灾、社会治安、公共文化等。城市政府应当负责受益对象十分明确的保障城市运营和功能所必须的市政公用设施的供给，如道路、桥梁、公交、城市污染和垃圾处理、城市公园和绿地、城市水资源地保护、廉租房和公租房等。

按照上述原则，我们认为在新型城镇化进程中中央与地方之间的支出责任应作如下调整：

一是义务教育方面。由于基础教育本身属于国家战略，中央应该负有很大的责任。加之在快速推进的城镇化进程中基础教育逐渐显现的外溢性，包括全国公共教育教师待遇支出、流动人口子女义务教育经费保障责任，以及高中教育和中等职业教育支出责任等应逐渐划入中央或省级财政支出范围。二是公共卫生和基本医疗服务方面。公共卫生财政支出责任应由中央与省级分担，以中央为主；基本医疗服务由省级、市级和县级政府共同分担，以省级为主。探索基本医疗预算和公共卫生预算分设。公共卫生预算由中央财政解决，基本医疗服务由省、市、县合理分摊，加大中央对贫困地区基本医疗的转移支付。逐步减轻市、县两级政府的财政负担。加大中央与省对市、县政府的投入，减少基层政府的配套资金规模；同时强化对其执行责任的考核。三是基本社会保障方面。中央主要负责制度设计，在承担出台政策和指导原则、统一基本社会保障制度安排和设计全国社会保障体制框架责任的同时，加大对全国社会保障的转移支付力度；全国性的公共产品，如养老保险、失业保险等应由中央负责，地方性的公共产品由地方政府负责。四是公共就业服务方面。公共就业服务属于地方政府的职责范围。但是，由于大量农民工在全国跨区域就业，我国公共就业服务的外溢性超强，“十二五”时期从公共就业服务均等化的需要出发，中央应承担更多的公共就业服务支出职责，例如公共就业服务培训经费，尤其是农民工，应由中央财政负责流出地的培训经费；进一步强化中央财政对困难地区、特殊行业、特殊群体的就业服务提供重点支持的制度；包括农民工在内的再就业、困难群体就业培训费用，应由所在地政府承担；所在地政府应划出专项资金用于改善公共就业服务条件。五是城市基础设施方面，原则上属于地方政府的职责范围，但鉴于目前的财政体制，中央财政可通过专项资金重点解决地方政府的一些燃眉之急。比如农民工子弟学校教学条件的改善，农民工聚集区供排水管网、燃气和集中供热、城镇污水和垃圾处理设施等基础设施建设等，进而助力地方政府推进社区公共卫生、义务教育和文化体育等公共服务配套设施的建设。六是基本住房保障方面。根据目前住房保障责任划分，保障性住房建设由省级政府负总责，市、县政府抓落实，中央财政对地方补助部分建设资金。未来应进一步明确省级政府的主导地位和市、县政府的具体责任，建立起省级政府切实承担资金统筹责任的机制，合理确定地方政府间资金配套比例，加大中央财政对欠发达地区住房保障的支持力度是改革的方向。七是完善转移支付制度方面。转移支付制度作为平衡经济发展和解决贫富差距的重要手段之一，目前是财税体制改革的焦点。鉴于目前地方政府的支出现状，建议在调整中央和地方财权的基础上，在总量上对一般性转移支付与专项转移支付进行控制，而在结构上要进一步扩大一般性转移支付比例，压缩专项转移支付的占比。

（三）几点建议

综上，为实现长春市新型城镇化的发展目标，我们提出如下建议：

一是在成本分摊机制方面，如上所述，农民工市民化是一系列权利保障和公共服务享受的实现过程，需要中央政府、地方政府和市场加大相关投入共同负担。为此，我们建议中央和省级政府通过转移支付承担农民工市民化的教育、医疗和社会保障支出；地方政府主要承担农民工市民化的廉租房等的住房成本支出；其余部分通过市场解决，用于支付农民工市民化的土地、基础设施和部分住房成本。值得注意的是，长春市作为吉林省政治、经济、文化的中心，城镇化建设标准高、规模大、资金投入多，并且主要承担了许多国家、省下放的企业剥离办社会职能，建议按照省市共建的模式，加大对长春市城镇化建设专项资金的投入，主要是轻轨、地铁等国家重点工程以及公交、热力、供水、燃气等民生项目的投入。

二是在资金筹集方面，建议进一步加大预算内新增财力对城镇化建设的支持力度，特别是对现有专项资金要进行整合，以提高财力资源配置的效率；要在规范管理、严控风险的基础上，继续发挥融资平台的作用，解决城镇化资金缺口；要充分发挥财政资金“四两拨千斤”的作用，以财政担保和贴息等方式，鼓励和引导民间资本进入各个事业领域，实现基础设施投资主体多元化。

三是在财政体制改革方面，建议进一步规范省以下财政体制，特别是要在明晰政府间事权与支出责任的基础上，对农民工市民化所需基本公共服务的管理权限和筹资责任加以明确。同时，建议提高中央和省共享税种的分享比例，增加地方财力，特别是希望省下放一定比例的金融保险营业税，支持长春市金融保险业的发展，为全市城镇化建设提供资金支持。

四是在转移支付制度改革方面，建议进一步整合专项转移支付，力求专项转移支付与一般性转移支付的合理搭配，以提高地方政府的基本财力保障水平；在一般性转移支付测算上，建议将地区总人口作为权重，改变过去以财政供养人口为因素的分配方法，因为从长春市发展情况看，地方财政已逐步走出“吃饭”财政的局限向“发展”及“服务”型财政转变，特别是为推进城镇化建设提供基本公共服务如能以区域总人口为依托，更可以如实地反映长春市城镇化发展进程中的财政支出需求。

五是在促进新型城镇化可持续发展方面，建议财政资金重点向小城镇建设倾斜，逐步增强小城镇的经济实力和集聚辐射带动能力，实现就地城镇化以缓解大城市的压力，走城乡一体化协调发展的道路；建议继续加大整合涉农资金，大力推进土地流转，支持农业合作社、种粮大户、家庭农场等发展壮大，助力新型城镇化建设；建议以加强产业园区建设为抓手，一方面为城镇化提供产业支撑，另一方面提供稳定的就业保障为实现农民工市民化创造条件。

昆山市新型城镇化进程中财政支出责任问题研究*

城镇化是指随着一个国家或地区社会生产力的发展、科学技术的进步以及产业结构的调整，农村人口不断向城镇转移，第二、第三产业不断向城镇聚集，从而使城镇数量增加、规模扩大的一种历史过程。它既是社会进步的标志，也是经济社会发展的必然。改革开放以来，中国的城镇化取得了瞩目的成就，城镇化水平由1978年的17.92%提高到2011年的51.27%，年均增长3.23个百分点，从发展规模上看，我国城镇化正在进入加速发展阶段。

党的十八大报告把城镇化放在突出重要的位置，报告指出，“要坚持走中国特色新型工业化、信息化、城镇化、农业现代化道路，还强调加大城乡统筹发展力度，推动城乡发展一体化，构建科学合理的城市化格局，这些要求和部署符合世界潮流、符合中国国情，体现中国特色。”这实际上提出了以新型产业以及信息化为推动力，追求人口、经济、社会、资源、环境等协调发展的城乡一体化的新型城镇化发展道路。

多年来，昆山紧紧围绕率先基本实现现代化总目标，坚持从制度创新和政策设计入手，把民生幸福作为城镇化的出发点和落脚点，经过多年努力，昆山的城镇化建设取得了很大进展，目前城市化率已经达到69.9%，①处于城市化与工业化、信息化、现代化、国际化相互交织的一个新阶段。因此，积极探究城镇化进程中的地方政府经济职能定位，科学分析地方政府在城镇

* 本文为江苏昆山市财政局参加全国协作课题“新型城镇化建设中的财政支出责任与划分研究”所完成的分报告。课题组成员：李建英、周建华、夏明军、屈瑜、沈鲁清（执笔）。

① 按照昆山户籍人口测算，昆山城镇化率已达79.3%；文中城镇化率按照城市常住人口测算，即以常住市区人口和建制镇人口占全部常住人口的百分比来表示。

化过程中财政支出责任划分，有助于加快推进城镇化发展方式转变，进一步提升城镇化的水平和质量。

一、昆山城镇化现状

（一）昆山经济和社会发展基本情况

昆山地处中国经济最发达的长江三角洲，东靠上海、西邻苏州，是上海经济圈中的一个重要新兴工商城市，历史悠久，物产丰饶，素有“江南鱼米之乡”的称号。1989 年昆山撤县设市，辖区面积 927 平方公里，户籍总人口 73 万人，常住人口 163.9 万人，下辖 8 个镇和 3 个国家级经济技术开发区、2 个省级开发区。改革开放以来，昆山率先改革、率先开放、率先发展，以自费开发为起点，走出了一条以改革开放为时代特征、以“创业、创新、创优”精神为强大动力、以全面建设小康社会为显著标志、以人民幸福为不懈追求的率先发展、科学发展、和谐发展的“昆山之路”，基本建成全面小康社会，走在了江苏“两个率先”的前列，被列为我国 18 个改革开放典型地区之一。昆山的发展之路历经四个阶段：20 世纪 80 年代开始了奠基阶段，实现“农转工”的历史性跨越；1992 年邓小平同志南方讲话前后步入开创阶段，实现“内转外”的格局性转变；1997 年亚洲金融危机之后进入拓展阶段，实现“散转聚”的阶段性变化；党的十六大以来处于提升阶段，呈现“低转高”的发展新态势。特别是昆山位居全国百强县（市）首位、实现“第一个率先”目标后，深入开展整体发展学新加坡、产业提升学韩国、自主创新学台湾地区的“三学活动”，经过“补短、补缺、补软”，不仅保持了经济平稳较快增长，而且巩固和扩大了科学发展的领先优势。昆山连续八年获得中国中小城市综合实力百强县市第一，连续四年在福布斯中国大陆最佳县级城市排名中位列第一，并在台湾电电公会“大陆综合实力极力推荐城市”的评选中实现四连冠。2012 年，昆山完成地区生产总值 2725.3 亿元，实现财政公共预算收入 220.3 亿元，工业总产值 8520.5 亿元，全社会固定资产投资 770 亿元，社会消费品零售总额 495 亿元，完成进出口总额 865.7 亿美元。

（二）昆山城镇化历程及特点

1. 昆山城镇化历程。与昆山经济发展情况类似，昆山的城镇化经历了四个阶段：

一是以乡镇企业发展带动小城镇建设为标志的工业化启动时期。改革开放以来，特别是进入20世纪80年代以来，乡镇企业异军突起，乡镇工业蓬勃发展。通过大力发展“横向联合”，东依上海，西托三线，内联乡村，全市乡镇工业从无到有，从少到多，由小变大，由土变“洋”，不论是数量还是质量都有了明显提高，促进昆山工业经济上台阶。到1990年，全市工业产值达到58.9亿元，其中乡镇工业达到41.7亿元，占全市工业总产值的70%。工业化进程的推进，催生了一批新型集镇的加快建设，建制镇由3个发展为13个，城镇化水平达到48.3%。

二是以开发区建设带动城市扩容增量为标志的工业化推动期。开发区作为新兴经济活动的空间载体，必然对所在地区的空间结构产生影响，并成为近20年来昆山市空间结构变化的主要内容之一。昆山经济开发区创办于1985年，1992年8月经国务院批准成为国家级开发区。获得国家政策支持后，开发区抢抓机遇，经济规模日益扩大，综合实力不断增强。截至2000年年底，开发区完成地区生产总值84.6亿元，工业产值253亿元，进出口总额25.65亿美元，财政收入8.9亿元，分别占全市比重的42.1%，58.8%，68.1%，44.3%，在全市经济发展中龙头作用明显。伴随开发区经济建设发展过程中带来的土地开发、经济要素重组、人口聚集流动、新旧城区及中心与边缘区的相互作用等，使得资本、劳动力、技术、土地等主要的生产要素在空间上进行重新组合，由此引发或加速整个城市的空间重构。到20世纪末，全区已初步建成规划控制面积达10平方公里，常住人口超过7万人的一个具有现代化气息的城市副中心。

三是以全面实施城市化战略为标志的城市化与工业化互动时期。进入21世纪，昆山全面实施城市化战略，把经济国际化战略与城市化战略很好地融合起来，使工业化与城市化互动并进、互相促进，从根本上提升城市的综合竞争力。在开发区外向型经济迅猛发展的带动下，各镇纷纷建设工业小区为开发区做配套，带动小城镇发展。为改变工业小区遍地开花，出现了资源浪费、效率低下及各自为政的情况，2002 年昆山以编制城市总体规划为手段，推行片区发展，以产业发展布局现状为依据，以产业发展趋势为导向，对许多工业小区进行整合，形成数镇一带、数镇一区的片区发展格局。至“十一五”规划中期，全市已形成各具特色并功能互补、有机联系的七大功能片区。

四是以编制新一轮城市总体规划为标志的城市化提高时期。从 2008 年开始，昆山利用新一轮城市规划（2009 ~ 2030 年）编修之际，打破城乡地域分割，率先实现城市规划的全覆盖。在城乡统筹发展理念下，昆山全市 927 平方公里作为一个整体来规划，分别从中心城区、城市副中心、小城市和特色镇、农村新型社区、自然村落五个层面加以推进，形成了中心城市与中心镇、特色镇各展所长、各具特色的城乡协调发展的城镇体系格局。从执行层面来看，坚持从制度创新和政策设计入手，着力打破和消除城乡二元结构，在城乡发展规划、产业布局、基础设施、资源配置、公共服务、就业社保、生态建设、社会管理等八个方面，积极探索城乡一体化发展的新路径，促进了城乡协调发展、共同繁荣，城乡统筹和城乡一体化发展走在了江苏省前列。

2. 昆山城镇化特点。从昆山城镇化发展历程来看，昆山城镇化呈现出如下特点：

一是工业化与城镇化互动。世界各国城市发展的实践证明，工业化是城市化的“发动机”，城市化是工业化的“推进器”。工业化与城市化互为因果，互动发展。昆山的城市化实践也验证了这一规律，同时也展示出自身的个性和特色。改革开放后，昆山经济由农到工、由内到外、由散到聚、由低到高，发生了多次质的飞跃，而在此基础上昆山的城市规模、城市化水平也有了明显的提高和质的提升。

二是外向经济发展与城镇化互动。外向型经济是昆山的显著特色。到目前为止，昆山外贸依存度仍高达 199，已累计吸引来自世界 56 个国家和地区的7000多个项目，总投资超过800亿美元，实际利用外资超过227亿美元。外来资本的大量涌入，大大加速了昆山工业化的进程，直接推动了昆山产业结构的调整和产业层次的提升，统计表明，1990～2011年昆山外贸与地区生产总值、工业生产总值相关系数分别高达0.986和0.998。同时，昆山的城市化也在外来资本的强力推动下加快了进程。

三是城区、开发区、乡镇互动。昆山从本地区实际出发，依托老城区，兴建开发区，推动卫星城镇建设，将开发区、卫星镇建设与老城区改造有机结合，创造了城镇化发展的特色。在昆山的城镇化过程中，各镇主动接受城市辐射，加快了工业向小区集中，农民向城镇集中，住宅向居住区集中的步伐，逐步形成了城乡一体化新型城镇格局。作为昆山经济发展的重要引擎的昆山经济技术开发区、昆山花桥经济开发区经过二十多年的开发建设，已建设成为一个个充满现代都市气息的新城区，极大地丰富了昆山城市的空间结构。城区、开发区和乡镇的互动发展大大地加快了昆山城镇化进程。

四是农村现代化与城镇化互动。城市化的过程就是农民变市民的过程。一方面昆山迅猛发展的外向型经济，为昆山农民离开土地开辟了大量的就业、创业渠道，为农民变市民提供了许多富民之路，奠定了城镇化的基础；另一方面，在昆山，城乡一体化建设既解决“三农”问题的现实需要，也使农村变城市水到渠成。无论是贯穿城镇化过程的“三有工程”和“富民强村工程”，还是村级集体经济“三大合作”改革，以及现代都市农业的快速发展，均为农村变为城镇、农民变为市民提供了物质基础。

（三）当前昆山城镇化主要做法和成效

当前，昆山城镇化建设主要围绕加快推进城乡一体化建设这一主题。通过城乡一体化建设，加快促进工业向园区集中，农村居民向社区集中，农业生产实现集约化，这不仅是昆山经济社会发展的现实需要，也是缓解外向型城市扩容压力、解决城市人口高密度带来的一系列大城市管理弊病的有效探索。具体做法包括以下几个方面：

1. 推进城乡发展规划一体化。统筹城乡资源配置、功能定位，打破城乡二元地域分割，引导城乡空间和产业有序融合，积极推进区镇合一发展，更加有效地利用发展空间，整体提升城市化和镇村现代化水平，城市化率达到79.3%。坚持城乡一体、层次分明、布局合理、功能互补，推进“一核五城”规划建设。以城乡一体化发展综合配套改革为契机，总结推广花桥、千灯等4个先导区的试点经验，注重区镇个性特色，加快片区功能集聚，提升城镇品质品位。完成区镇控制性详细规划和120个保留村庄整治规划，在全力保持江南水乡风貌的同时，不断改善农村生态环境，提升村民生活质量。

2. 推进城乡资源配置一体化。加快推动城乡要素双向流动、优势互补，探索以工促农、以工强农、以企联村、以企带村的新路子。一是积极稳妥推进“三置换”改革试点，农民实现了持股进城、换房进城，促进了工业向园区集中、农地向规模经营集中、居住向城镇集中。截至2012年年底，全市工业企业向园区集中达90%以上，农业用地向规模经营集中达94%以上，农民居住向城镇集中达73%以上。二是完善农村集体土地使用制度，全面落实村级集体留用地政策。引导农户委托集体统一流转土地承包经营权，全市土地规模化率达94%。三是深化农村“三大合作”组织改革，切实增强村级“造血”功能。全市累计成立“三大合作”经济组织510家，入社农户10.3万户，占全市农户的92%。2012年，全市村均集体经济总收入579万元；三大合作组织共分红2.7亿元，户均分红达2590元；农村居民财产性收入占比达34.5%。

3. 推进城乡基础设施一体化。以市域交通与环保基础设施为重点，统一布局，统一建设，形成无缝对接、城乡一体的基础设施网络，助推城乡生活同质化。一是发挥交通引领发展的作用，推进城市中环等快速交通系统建设，构建以“三环四轨五高”为重点，纵横贯通、内畅外联、安全高效的立体式、快捷化现代城市交通体系。二是加快环保基础设施建设，推进城乡污水处理厂及其管网建设，目前全市已建成污水处理厂24座、污水管网1428公里，工业污水处理率达100%，城市生活污水处理率达97.1%。三是加快区域供水设施建设，建成第二饮用水源长江引水工程，实现城乡饮用水同一水质。成为国内第一个具备“江湖并举、双源供水”和饮用水深度处理的城市。饮用水源水质达标率100%。

4. 推进城乡公共服务一体化。制定出台关于加快实施民生幸福“五有”工程的实施意见，加快完善覆盖城乡、惠及全民的公共服务体系，保障城乡公共服务均等化。一是教育资源向农村倾斜。近三年教育投入40多亿元，形成了与片区规划相适应的教育布局，成为江苏省首批教育现代化建设先进市，所有乡镇成为省教育现代化先进镇。二是医疗卫生向农村延伸。稳妥推进医药卫生体制改革，新建社区医院等各类医院40多个，形成城区医疗、乡镇医疗、社区医疗有机结合的医疗服务体系。日益完善居民养老公共服务机构，2012年新建养老机构2家、日间照料中心40家，新增养老床位1706张。三是文化功能向农村辐射。建成文化艺术中心、市民文化广场等一批文化设施，完成社区体育设施“三个一”（一片篮球场、一个健身点、一个活动室）和乡镇文化“五个一”（一个多功能文体活动中心、一个文化广场、一个图书馆、一个标准文化站、一个电影放映队）工程。全面完成村（社区）公共服务中心建设，村均面积1500平方米，完善了城乡行政管理、日常便民、文化体育、医疗保健、社会安全、党建活动等服务功能，形成了“十分钟文化圈”、“十分钟健身圈”、“十分钟购物圈”和“一刻钟健康医疗圈”。

5. 推进城乡就业社保一体化。积极实施城乡居民同样的就业社保等政策福利，着力办好各项惠民工程，让每一位市民都能享受现代化建设成果。一是统筹城乡劳动就业，积极扩大就业、鼓励创业，出台新一轮就业创业政策和促进低收入农户增收政策，城镇登记失业率2.29%，零就业家庭保持动态清零。二是统筹城乡富民工作，缩小城乡收入差距，不断深化产业富民、创业富民、就业富民、物业富民等富民举措，形成较为完善的持续增收机制，2012年全市城乡居民收入比缩小到1.71：1。三是统筹城乡社会保障，积极提升城乡保障水平，深入推进户籍制度改革，实现城乡保障并轨和制度统一。进一步提高居民养老保险和企业退休人员养老金标准。低保标准提高到每人每月590元，企业最低工资标准提高到每人每月1370元。新增参加企业职工社会保险24万人。基本社会保障综合指数达99%以上。

6. 推进城乡生态建设一体化。近几年，昆山从城镇（乡）的空间格局、产业结构、生产方式、生活方式等各方面，加快建设资源节约型和环境保护型的“美丽昆山”。一是开展镇、村环境整治。2012年对905个自然村庄全面开展环境综合整治，共建设三星级康居村47个，二星级康居村70个，一星级康居村203个。开展全市水环境综合整治，农村地表水环境质量综合达标率达85%以上。全力提高城镇（乡）绿化水平，每年新增绿化面积超过1000万平方米。二是大力保护生态资源。昆山在认真落实保护发展苏州“四个百万亩”任务的基础上，结合实际情况，进一步提升昆山粮油、水产、果蔬、林木绿地“四个十万亩”的层次和水平，优化土地空间开发格局，加快生态修复和环境再造，实施“碧水蓝天”工程，推进“绿色昆山”建设，促进民生持续改善、环境持续优化。三是培育生态文化意识。做好生态文明宣传教育工作，制定公共文明行为促进办法，全面提高公民道德素质。引导新老昆山人将生态文明理念自觉融入到各自工作中去，形成尊重自然、爱护环境的文明行为和生活习惯，倡导绿色健康的消费方式。

（四）当前昆山城镇化过程中突出的问题

城乡一体化是城镇化与工业化高度发展后的产物，也是经济发达地区对“工业反哺农业”的新模式的探索，因此在推行城乡一体化建设进程中，还存在一些突出问题，主要表现在：

1. 制约城乡协调发展的一些深层次体制机制因素依然存在。实施城乡一体化建设后，农村居民集中居住，村民自治集体组织变成了社区居民自治组织，同时外来人口大幅度增加，客观上要求政府提供更多的社会管理和公共服务，为基层财政带来一系列增支因素，包括原村级干部的人员与公用经费的补助，社区的公共管理费用等。由于乡镇财政分成比例低，而上面出台的许多政策大都需要乡镇来“埋单”，因此，随着城乡一体化改革的不断深化，事权与财力不对等的问题越来越明显，这种“小马拉大车”式的财政管理体制和庞大的公共支出负担不相适应的矛盾最终会严重阻滞一体化进程。

2. 资源、资金对城乡一体化推进的制约日益显现。“三集中三置换”政策实施之初，每年可为昆山全市腾出近6000亩土地用于第二、第三产业开发。但是随着土地资源日益稀缺，既要确保基本农田保护红线不动摇，又要保障合理适度的建设用地需要，土地集约化使用带来的边际效应已逐步缩小。土地资源约束已成为拓展城乡一体化发展空间需要认真解决的问题。而城乡一体化过程中金融支持滞后问题日益突出，一是在推进“三集中三置换”中，需要垫支大量资金进行先期建设和向农民补偿，往往缺乏政策性银行和政策性担保公司的支持，仅仅依靠财政资金“单打独斗”，既不利于加快推进城乡一体化的进度，又直接影响了财政其他职能的发挥。二是在“三大合作社”经营运作过程中，由于合伙企业性质与缺乏有效抵押物等因素制约，难以获得商业性金融机构的信贷支持，阻碍了合作社快速发展。三是缺乏有效政策引导手段的条件下，银行等金融机构往往具有市场经济条件下经济主体固有的逐利特征，对农业项目的信贷支持存在“市场失灵”，使得金融资金、民间资本对都市农业、生态休闲农业“望而却步”。

3. 城乡居民收入、消费水平和城乡基础设施、社会事业等方面还存在一些差距。虽然实行“三置换”、“三集中”后，农民脱离了土地的束缚，获得了更多的创收机会，收入不再单纯依靠农业，还包括投资性收入、财产性收入和工资报酬收入。2012年全市农民人均纯收入达23 186元，其中工资报酬收入占42.05%，经营收入占32.36%，资产性收入占9.76%，政策性福利收入占15.83%，农民走上了“人人有技能、个个有工作、家家有物业”的多元化致富之路。但是必须看到，2012年，农村居民人均收入和人均消费支出与城镇居民的收入、消费支出与之比为1∶1.71，仍存在明显差距。此外，一些农村地区基础设施建设尚未完成，城乡居民同质化生活生产的目标仍存在一些差距。

4. 在城乡一体化背景下社区管理水平和社区居民素质的提升还将是一个逐步转变的过程。城乡一体化以后，一些农村居民对于城市化集中生活方式不习惯，仍然沿袭原来自然村落的生活、生产习惯，对于新型社区管理带来了新的压力和挑战。例如，部分居民对于社区物业管理不理解，造成物业管理费收缴困难，物业管理难以为继，主要依靠财政贴补；农村居民对于社区公用环境设施的随意处置、破坏，违章搭建等，这些现象都给新型社区管理增加新负担，随着动迁小区的增长，这笔新增开支给财政带来巨大压力。以花桥经济开发区花安小区为例，小区于2009年年初建成，建成动迁房面积29 590平方米，当年财政支付物业管理运行费用129万元，截至2011年年底，财政支付物业管理运行费用增至259万元，年均增幅高达41%。

二、昆山城镇化过程中财政支出现状

（一）昆山城镇化过程中财政支出的重点

1. 加快城镇功能提升是财政支出的重中之重。实现“城市，让生活更美好”这一主题，关键在于完善和提升城市功能，让不同居住群体都能得到全面优质的公共服务。近年来，昆山围绕城乡统一规划的综合引领作用，统一布局，统一建设，形成无缝对接、城乡一体的城市功能设施网络，助推城乡生活同质化。一方面，构建了覆盖全市城乡区域的大交通框架，建成了全市城乡区域内统一的供水体系设施建设，实现了城乡污水、垃圾统一安全处理；建成了一批区域天然气门站、LNG储配站、天然气加气母站、CNG和LNG汽车加气站建设，2012年天然气民用户达33.8万户，供气4.29亿立方米。城区管道燃气气化率100%，全市达到61.2%，基本实现城乡供气保障需求。另一方面，建立并完善了城乡社区公共服务体系，目前为止全市共完成了147个农村公共服务中心和82个城镇社区公共服务中心建设，实现了城乡统一标准的便民公共服务全覆盖。2010～2012年，昆山市财政对政府性项目投入资金每年均超过30亿元。

2. 不断提升公共服务保障水平是财政支出的重点领域。根据人民群众日益增长的物质和文化需要，昆山市积极推进义务教育、医疗卫生、社会保障等各项事业发展，不断强化基本公共服务体系建设，逐步提高市民公共服务保障水平。优化统筹城乡教育资源，稳步提高生均教育经费标准，加强师资队伍建设，教育现代化建设达到或超过江苏省县（市）教育现代化建设主要指标，教育支出占公共财政预算支出比例达到13.66%，超过省定标准。对外来民工子女学校给予专项扶持，缩小公办与民办学校差距。设立教育基础设施建设统筹专项资金，全年拨付建设补助资金2.87亿元，新建、扩建学校25个，支持教育资源均衡发展；巩固和完善基本药物制度，推进医药卫生体制改革，全面推进医疗卫生服务体系不断完善，完成25家社区卫生服务中心和142家社区卫生服务站标准化建设。城乡居民普遍享有均衡优质的基本医疗和公共卫生服务，健康水平不断提升，主要健康指标和资源配置标准达到发达国家水平；逐步提高企业退休人员基本养老金和农保基础养老金发放标准。完善了城乡居民最低生活保障制度，建立与经济增长和物价水平相适应的救助标准调整机制，逐年提高城乡低保水平。① 支持居家养老服务推广，对符合条件的社区日间照料中心给予建设和运营补贴。财政“埋单”推进民生保险工程实施，33.8%的户籍人口受惠。2010～2012年，昆山市每年用于提升城乡居民公共服务水平支出近百亿元，② 年均增幅12.8%。

3. 促进城镇经济又好又快发展是财政支出的重要方面。走新型城镇化道路，要坚持农业现代化与工业化、信息化、城镇化“四化同步”，同时经济发展也为城市人口集聚创造条件，因此，城镇化建设离不开经济发展。近年来，昆山围绕城市产业升级与转型，加快形成以高新技术产业为导向、先进制造业为基础、现代服务业为支撑、现代都市农业为特色的现代产业体系。一是培育壮大新兴产业。大力实施“3515”计划，围绕光电、高端装备制造、可再生能源、生物医药等新兴产业，加快形成一批千亿元级产业、百亿元级企业。二是提速发展服务经济。以花桥国际商务城为龙头，着力发展商贸物流、会展经济、总部经济、电子商务、金融外包等服务业态，服务业增

① 2012年7月1日，城乡居民最低生活保障标准由目前的515元/月调整到590元/月，同比增长14.6%。城乡居民最低生活保障标准每年均随物价上涨水平发生调整。

② 城乡公共服务支出，按照财政决算统计口径，包括：教育支出、科学技术、文化体育与传媒、社会保障和就业、医疗卫生、环境保护、城乡社区事务、农林水事务、交通运输、住房保障支出等10个功能性科目。

加值占比每年增加 2 个百分点左右，上年为 39. 2% 。三是大力发展“创新性”经济。财政用于科技支出经费从 2006 年的 6308 万元提高到 2012 年的 12. 47 亿元，增长 19 倍；科技支出占财政一般预算支出的比重从 1. 12% 提高到 6. 3% 。全社会研发投入占 GDP 的比重从 1. 6% 提高到 2. 8% ，越过了国际公认的科技起飞“黄金拐点”，达到创新型国家投入水平。四是加快发展现代都市农业，以海峡两岸（昆山）农业合作试验区建设为契机，大力推进园区化、科技化、规模化建设，全市农业亩均效益达到 2850 元，农业现代化水平位居江苏省前列。2010 ~ 2012 年，仅市级预算安排用于经济发展与促进产业转型升级的支出每年均超过 10 亿元，年均增幅超过 16% 。

4. 实现城市可持续发展战略是财政支出的战略重点。国际城市化经验告诉我们，尊重自然、顺应自然、保护自然是城镇化可持续发展的重要基础。近年来，昆山市政府坚持以国家生态文明市创建为抓手，以建设江南人文宜居名城为目标和追求，扎实推进生态型城市建设。统筹考虑经济发展和生态建设，坚决淘汰高污染高能耗企业，大力发展绿色循环经济，不断优化生态产业体系，从产业源头上防止污染。全面推进机动车排气污染防治，加快构建绿色公交和慢行交通体系，深入推进水环境综合治理，开展城市垃圾资源化利用，加快低碳社区和绿色建筑建设推广，努力营造更好的宜居环境。推进“绿色昆山”建设，提高城乡绿化水平，每年新增绿化面积超过 1000 万平方米，2012 年城镇绿化覆盖率 41. 97% ，村庄环境整治率达 100% 。2010 ~ 2012 年，昆山市镇两级预算安排用于环保节能和城镇绿化、村庄整治支出每年约 10 亿元。

（二）昆山城镇化过程中财政支出快速增长的主要原因分析

1. 城镇化过程中，群众对公共产品的普遍需求提高对财政支出的影响。一方面，随着昆山市经济社会日新月异的发展，群众不但对公共产品和公共服务的需求量不断增加，需求内容快速更新，而且对公共服务和公共产品的质量也有着较高的期望和要求。例如农村环境的都市化管理，乡镇治安管理的加强，社区公共文化活动的增多均说明这一点。另一方面，随着城市化进程的加快，城镇人口规模的扩增，使政府实际提供的公共服务及公共产品的对象和范围不断扩大，财政资金投入基本公共服务支出逐年提高的正效应正逐渐被快速扩张的居住人口所淡化。为满足人民群众日益增长的基本公共服务需求，财政支出压力日益增长。近5年来昆山财政决算数据表明，随着城镇化进程的加快，城市常住人口从2008年年末的127.28万人，增至2012年年末的163.89万人，而城乡公共服务财政支出也持续快速增长，从2008年的66.67亿元，到2012年增至147.49亿元，翻了一番多，平均每年增幅22%；人均城乡公共服务财政支出从2008年的5238元，增至2012年的8999元，增长72%，年增幅达14.5%。

2. 城镇化过程中，“农民变市民”对财政支出的影响。昆山城乡一体化建设过程中，通过“三集中三置换”，农民实现了持股进城、换房进城，促进了企业向园区集中、农业用地向规模经营集中、农民居住向城镇集中，加速推进本地农村居民就地城镇化。据统计，实施城乡一体化之前，共有农户11万户，人口约为40.8万人，而至2012年年底，全市投资450亿元累计建成农民集中居住区97个，农民集中居住率达73%。而从现在起至2015年年底，城乡一体化建设进入高峰期，全市计划新建动迁房870万平方米，还需要大量资金集中投入，这些资金对于财政来说是一个巨大负担，也是一个不小的风险。此外，如前所述农村居民集中居住后，新社区的管理事务，同时带来了新的财政支出，决算资料表明，从2007年实施一体化综合改革以来，各区镇财政支出中仅对社区和村集体补助支出两项增长了近3倍，年均增长24%，比每年区镇财政支出平均增幅高出12百分点。

3. 城镇化过程中，外来人口对本市财政支出的影响。改革开放以来，昆山发挥区位优势，积极实施外向带动战略，大力引进、利用外资，坚定不移地走自主创新的外向型经济发展之路。伴随外向型经济的高速发展，外来劳动力大批涌进，至2012年年底，登记的外来人员达155.99万人，外来人口为户籍人口的2.1倍。大量外来人口的涌入，为昆山市城市建设和经济发展做出了积极的贡献，同时，随着人口总量的急剧增长，昆山市城市功能的承载能力面临极大挑战，基本公共服务需求与供给之间的矛盾日益突出，财政支出压力越来越大。按照“十二五”规划，为满足城市人口的扩增，“十二五”期间，昆山市将投资近400亿元用于新建、扩建近百所中小学校，新建、扩建医疗机构11家，新建道路、污水处理、供水等城市基本基础配套设施。

三、基于当前形势下对昆山地区人口城镇化的公共支出成本的测算

（一）人口城镇化公共成本的定义

城镇化最根本的不是土地的扩张，也不是城市面积的扩大，而是人的城镇化，也就是农民变市民。一般来说，在市民化过程中，农民个人、企业和政府都需要一定的投入。作为农民个人，要在城市定居，需要负担更高的生存费用支出；企业的投入也不可或缺，不过相对较少，主要是为市民化的农民提供更加稳定的工作条件和更普遍的福利；而政府部门的投入主要是提供各项公共服务的支出，例如提供城市公共基础设施和各种社会保障的费用。而所谓人口城镇化公共成本主要是指由政府部门投入的公共服务的支出，根据基本公共服务的内容，包括六项成本：（1）农民工随迁子女教育成本。（2）医疗保障成本。（3）养老保险成本。（4）民政部门的其他社会保障支出。（5）社会管理费用。（6）保障性住房支出。①

对于当前我国人口城镇化公共成本测算有多种版本，在不同的假设和实证环境中测算结果也参差不齐，例如，国务院发展研究中心对重庆、武汉、郑州和嘉兴四市的调查分析报告指出，一个农民工如果成为市民需要增加政府的支出约为8万元左右；此外，住建部2006年所做的一项调研显示，每新增一个城市人口需要增加的市政公用设施配套，小城市为2万元，中等城市为3万元，大城市为6万元，特大城市为10万元；中国发展研究基金会发布的《中国发展报告2010》中认为，中国当前农民工市民化的平均成本在

① 金三林：《农民工市民化的成本测算》，国务院发展研究中心调查报告。

10万元左右。

基于当前城镇化现状，在一定时期内人口城镇化公共成本可以从三个方面考虑：一是经常性支出，包括农民与城镇居民同等待遇带来的公共财政支出、社会管理成本增加带来的财政支出；二是基本公共服务设施建设投入，包括教育、医疗、保障房等公用事业设施带来的公共支出；三是城市因人口规模扩增带来的基础设施建设投入，包括道路、供水、污水处理等基础功能性设施带来的公共支出。

（二）关于人口城镇化公共成本测算的几个问题

1. 关于测算时段确定问题。2013年是“十二五”规划实施的关键之年，因此根据昆山城市发展“十二五”规划测算未来三年（2013～2015年）城镇化公共支出成本有现实意义。2012年为本次测算的基期年。

2. 关于城镇常住人口口径问题。昆山是一个外来移民城市，除了本籍居民就地城镇化，还包括外来人口异地城镇化，而城镇化更多考虑的是人的城镇化，所以在测算过程中统一考虑城市常住人口概念，不区分人员户籍划分。

3. 关于城镇基本服务支出内容问题。按照《国家基本公共服务体系“十二五”规划》，基本公共服务包括基本公共教育、劳动就业服务、社会保险、基本社会服务、基本医疗卫生、人口计生、基本住房保障、公共文化体育等八个领域。因此测算时根据财政决算资料相关科目分析计算。

（三）昆山常住人口现状预测与当前基本公共服务支出情况

1. 当前昆山常住人口现状及未来三年增量。2012年年底，昆山普查常住人口为163.89万人，① 其中，户籍人口73.06万人，常住非本籍人口90.83万人，全市登记年末暂住人口121.76万人。按照昆山市《国民经济和社会发展“十二五”规划》，至“十二五”期末（2015年年末），预计昆山城镇常住人口达230万人，也即预计2013～2015年昆山城镇常住人口将增加66万

① 常住人口为国际上进行人口普查时常用的统计口径之一。中国第三次人口普查规定，常住人口不仅指常住在普查区内并登记了长住户口的人，而且还包括普查期间无户口或户口在外地而住本地1年以上的人，但不包括在本地登记为常住户口而离开本地1年以上的人。

人，平均每年增加约22万人。

2. 2012年昆山基本公共服务财政支出情况。根据2012年昆山市财政决算数据，2012年全市公共预算支出195亿元，涉及教育、劳动就业、社会保障、基本社会服务、医疗卫生、人口计生、公共文化、住房保障等基本公共服务支出达67.1亿元，占公共财政预算支出的比重34.4%。其中公共教育服务支出27亿元，占40.2%；劳动就业服务、社会保障、基本社会服务支出25.5亿元，占38%；医疗卫生服务支出6.6亿元，占9.8%；住房保障支出1.9亿元，占2.8%；人口计生服务支出0.8亿元，占1.3%；公共文化支出5.3亿元，占7.9%（见图1）。

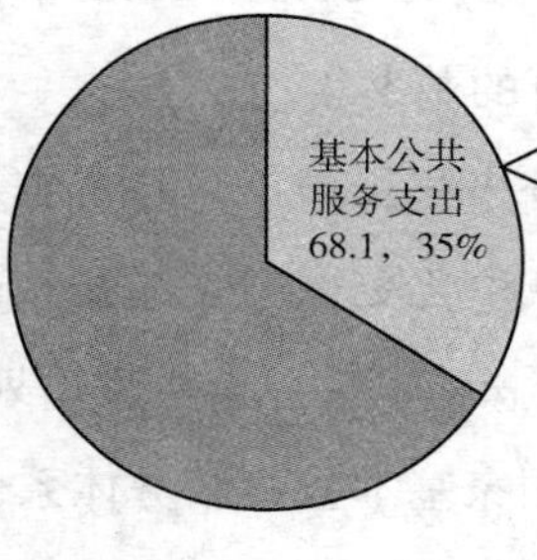

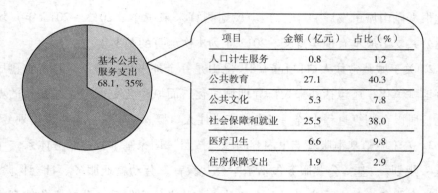

项目	金额（亿元）	占比（%）
人口计生服务	0.8	1.2
公共教育	27.1	40.3
公共文化	5.3	7.8
社会保障和就业	25.5	38.0
医疗卫生	6.6	9.8
住房保障支出	1.9	2.9

图1　2012年昆山市基本公共服务占公共财政预算支出比重及其支出结构表

（四）未来三年昆山常住人口城镇化公共支出成本的测算

1. 未来三年城镇常住人口增加所带来的公共服务经常性支出的增量测算。根据2012年决算资料分析，2012年全市用于上述诸方面的基本公共服务经常性支出（剔除行政运行及公共服务设施建设投入）总量为38.64亿元（见表1），分摊至每个常住人口估算，每人每年约需要基本公共服务方面的经常性支出2360元。2013~2015年，如果每年增加22万人常住人口计算，那么财政每年约新增5.2亿元基本公共服务经常性支出。如果考虑物价上涨等因素，基本公共服务标准提高，按支出水平年均增长10%测算，那么从2013~2015年，每年比2012年新增的财政经常性支出分别为4.4亿元、10.4

亿元和 15.8 亿元。

综上分析，2013 ~2015 年期间，城镇基本公共服务方面的经常性支出与 2012 年相比，累计增加 46.2 亿元。

表 1　　2012 年昆山市基本公共服务类别及支出结构表　　单位：万元

预算科目	基本公共服务类别或项目	2012 年公共财政预算支出	基建支出和其他资本性支出			2012 年基本公共服务支出
			合计	基建支出	其他资本性支出	
一般公共服务		7645	208	0	208	7437
人口与计划生育事务	人口和计划生育公共服务	8057		0	208.45	
行政运行	剔除项目	412				
教育		230 241	102 981	14 530.52	88 450	127 260
普通教育	学前教育、九年义务教育及高中教育	180 547		7170.52	34 516.78	
高等教育	剔除项目	21 570				
职业教育	高中阶段教育	5294			1754.38	
高等职业教育	剔除项目	100				
特殊学校教育	九年义务教育	805				
教育费附加安排的支出	九年义务教育高中教育	65 265		7360	52 178.84	
文化体育与传媒		33 678	13 601	10 427	3174.21	20 077
文化	公益性文化服务	29 758		10 427	2033.95	
行政运行	剔除项目	749				
博物馆	公益性文化服务	102			28	
群众体育	群众体育	906			260	
广播影视	广播影视	3386			760.45	
新闻出版	新闻出版	330			91.81	
行政运行	剔除项目	55				
社会保障和就业		191 151	10 245	0	10 245.2	180 906

续表

预算科目	基本公共服务类别或项目	2012 年公共财政预算支出	基建支出和其他资本性支出			2012 年基本公共服务支出
			合计	基建支出	其他资本性支出	
人力资源和社会保障管理事务	就业及社保服务	10 771			271.89	
行政运行	剔除项目	1160				
金保工程	剔除项目	242				
拥军优属	基本社会服务	802				
老龄事务	基本社会服务	246				
财政对社会保险基金补助	社会保障服务	75 939				
就业补助	就业公共服务	2707				
抚恤	优抚安置	2437				
退役士兵安置	优抚安置	1933				
社会福利	社会福利	10 117			3800.23	
残疾人事业	残疾人基本公共服务	1613				
行政运行	剔除项目	220				
一般行政管理事务	剔除项目	13				
城市居民最低生活保障	社会救助	1424				
其他城市生活救助	社会救助	1142				
自然灾害生活救助	社会救助	51				
农村最低生活保障	社会救助	2553				
其他农村生活补助	社会福利	2874				
其他社会保障和就业支出	就业及社保服务	78 177			6173.08	

续表

预算科目	基本公共服务类别或项目	2012年公共财政预算支出	基建支出和其他资本性支出			2012年基本公共服务支出
			合计	基建支出	其他资本性支出	
医疗卫生		64 029	15 605	5599.86	10 004.75	48 424
公立医院	医疗卫生服务	15 443		3533.86	6554.5	
基层医疗卫生机构	医疗卫生服务	12 162		66	1538.96	
公共卫生	医疗卫生服务	19 540		2000	754.29	
医疗保障	社会救助	13 001				
中医药	医疗卫生服务	211			160	
食品和药品监督管理事务	药品供应与安全保障	569			420	
一般行政管理事务	剔除项目	78				
其他医疗卫生支出	医疗卫生服务	3181			577	
住房保障支出		6162	3854	0	3854.42	2308
保障性安居工程支出	基本住房保障	6162			3854.42	
合计		532 906	146 494	30 557	115 937	386 412

2. 未来三年城镇常住人口增加所带来的公共服务设施建设投入的增量测算。按照“十二五”规划，结合昆山市城市基本公共服务设施现状，对现阶段亟须解决学校、医疗卫生机构、保障性住房三类公共服务设施进行增量测算。初步测算，2013～2015年，这三个方面需增加投入252亿元。

一是由于城镇人口增长城镇中小学幼儿园新建投资及保障性经费48亿元。根据教育部门预测，随着新型城镇化的推进，2013～2015年，城镇中小学幼儿园在校生数量将进一步增加，预计新增城镇中小学幼儿园入校生总数8万多人，因此，初步预计全市将新增中小学校幼儿园共计84所，其中：新增办学规模为4轨12班及以上的幼儿园40所；新增办学规模为6轨36班及以上的小学28所；新增办学规模为8轨24班及以上的初中13所；新增办学

表2　　从2013年到2015年昆山城镇基本公共服务设施投资需求　　单位：亿元

指标	目　标	测　算	投资总额
教育设施投资及保障性经费投入	至2015年，全市新增规模为4轨12班及以上的幼儿园40所；2012年生均建筑面积标准8平方米；单位面积校舍投入标准5000元/平方米。	40所×12班×30人/班×8平方米/生×5000元/平方米	5.8
	至2015年，全市新增办学规模为6轨36班及以上的小学28所；2012年生均建筑面积标准8.2平方米；单位面积校舍投入标准5000元/平方米。	28所×36班×45人/班×8.2平方米/生×5000元/平方米	18.6
	至2015年，全市新增办学规模为8轨24班及以上的初中13所；2012年生均建筑面积标准13.5平方米；单位面积校舍投入标准5000元/平方米。	13所×24班×50人/班×13.5平方米/生×5000元/平方米	10.5
	至2015年，全市新增办学规模为12轨36班及以上的高中阶段学校3所；2012年生均建筑面积标准22.2平方米；单位面积校舍投入标准5000元/平方米。	3所×36班×50人/班×22.2平方米/生×5000元/平方米	6
	按照目前昆山市师生比、人员公用经费配置标准，测算三年共需增加教职工经费和公用经费等保障性投入7.4亿元。	测算详见表3、表4	7.4
	合　计		48.3
医疗卫生设施投资	市公共卫生中心	83 093平方米	5.5
	东西部二大医疗服务中心	180 000×2平方米	30
	中医药特色门诊病房楼	约4000平方米	0.8
	第三人民医院新建病房大楼	13 000平方米	1.2
	周庄医院（迁建）	18 000平方米	1
	老年护理院（淀山湖医院）	24 000平方米	3.5
	康复医院扩建（二期）	36 000平方米	2.9
	市老年病医院（锦溪医院迁建）	28 500平方米	1.5
	花桥人民医院（迁建）	35 000平方米	1.8
	高新区同心、陆家镇夏桥、淀山湖镇花园、张浦镇南港等社区卫生服务中心建设	12 000平方米	1
	合　计		49.2

续表

指标	目　标	测　算	投资总额
保障性住房投资	按照2015年城市人口230万人，城镇户数约为77万户计算，覆盖率20%，扣除目前保障房覆盖户数9.8万户，及货币补贴户数0.4万户，按户均面积85平方米（按照昆山目前保障房建设要求），建设成本3500元/平方米。	(77万户×20%－9.8万户－0.4万户）×85平方米/户×3500元/平方米	155
总　计			252.5

规模为12轨36班及以上的高中阶段学校3所。根据教育部门统计，全市2012年，幼儿园生均建筑面积标准8平方米、小学为8.2平方米、初中为13.5平方米、高中为22.2平方米；新增校舍单位面积投入标准为5000元/平方米。据此测算，2013～2015年，全市将新增中小学幼儿园建设投入41亿元。同时，按照目前昆山市师生比、人员公用经费配置标准（见表3），测算三年共需增加教职工经费和公用经费等保障性投入7.4亿元（见表4），其中高中0.7亿元、初中1.6亿元、小学3.5亿元、幼儿园1.6亿元。以上两项合计投入48亿元。

表3　　昆山学校师生比、人员公用经费配置标准

学校类型	2014年部门预算要求生均公用经费标准	昆山"师生比"备注	师生比江苏省要求	
			江苏省	昆山市
幼儿园	1500元/人、年	省标准增加5%	1:16	1:15.23
小学	1080元/人、年	省标准增加9%	1:21	1:22.9
初中	1250元/人、年	省标准增加9%	1:16	1:17.44
高中	1500元/人、年	省标准增加9%	1:13	1:14.17
教职工人员经费	150 000元/人、年			
校舍维修经费	14元/平方米			

表4　　2013～2015年新增学校相关经常性经费测算　　单位：万元

学校类型	校舍面积（平方米）	学生人数（人）	教职工人数（人）	经费测算			
				合计	人员	公用	校舍维修
幼儿园	115 200	14 400	945	16 496.28	14 175	2160	161.28
小学	371 952	45 360	1980	35 119.61	29 700	4898.88	520.7328

续表

学校类型	校舍面积（平方米）	学生人数（人）	教职工人数（人）	经费测算			
				合计	人员	公用	校舍维修
初中	210 600	15 600	894	15 654.84	13 410	1950	294.84
高中	119 880	5400	381	6692.832	5715	810	167.832
合计	817 632	80 760	4200	73 963.56	63 000	9818.88	1144.685

二是由于城镇人口增长城镇医疗卫生设施建设投资49亿元。根据卫生部门预测，以昆山市“十二五”期末千人床位数达到5张，千人卫生技术人员数6.5人计，昆山市主要卫生资源缺口还比较大，按期末服务人口230万为基数，床位数需达11 500张，还缺6651张；卫技人员数需有14 950名，尚缺近8045名。为满足人口增长对城镇卫生医疗服务的需求，结合昆山市城市总体规划、人口增长和城乡一体化发展要求，“十二五”期内将新建和改扩建一批医疗卫生服务机构，包括，新建8万平方米的市公共卫生中心、新建位于城市东、西部的2个18万平方米的医疗服务中心、新建4000平方米的中医药特色门诊病房楼、扩建第三人民医院病房大楼13 000平方米、迁建18 000平方米周庄医院、新建老年护理院（淀山湖医院）24 000平方米、扩建康复医院36 000平方米、迁建市老年病医院（锦溪医院）28 500平方米、迁建花桥人民医院35 000平方米，建设高新区同心、陆家镇夏桥、淀山湖镇花园、张浦镇南港等社区卫生服务中心（共计12 000平方米）。根据测算，2013~2015年，上述新建或改扩建项目总投资达49亿元。

三是城镇人口增长保障性住房投资需求155亿元。目前，昆山市已制定出台了住房保障城乡一体化实施意见，在政策、资金、土地等方面给予全面保障，突出公共租赁住房建设，确保住房困难家庭应供尽保，每年均全面完成省下达的保障性安居工程建设任务，基本实现住房保障供给率100%。2012年年底以前，昆山市累计开工建设保障性住房9.8万套，其中：廉租房0.02万套，公租房3.96万套，经济适用房0.27万套。限价商品住房5.5户，低收和低保户补贴0.05万户。按照2015年年末城镇常住人口总量230万人、折合户数约为77万户，按保障面20%测算，需提供保障房15.4万套，扣除2012年年底前已保障户数9.8万套，再减去通过货币补贴方式保障的户数0.4万户（按原有货币补贴户数占比），未来三年实际需要建设保障性住房5.2万套，按目前昆山市保障房建设户均80～90平方米标准，建设成本（不包括用地成本）3500元/平方米测算，总投资约需155亿元。

3. 未来三年城镇常住人口增加城镇基础设施建设投入的增量测算。城镇基础设施是城镇居民生活和生产所必须具备的基础载体，它包括城市道路、公园绿地、供水供气设施、污水和垃圾处理系统等工程设施。近年来，昆山在城市规划的指引下，通过优化城乡资源配置，根据地区产业布局和发展情况，对城市重大基础设施建设统筹实施，集中实施一大批交通和水、电、气、生态环保工程，使城乡基础设施和功能设施不断完善。但随着城镇人口规模的逐步扩大，城市基础设施呈现供不应求的态势，尤其在城市道路、给排水、垃圾及污水处理等方面，出现了供需不平衡。按照目前昆山市常住人口数以及城镇基础设施配置标准，初步测算，每增加1个城镇人口，所需城镇基础设施投资为6.6万元（见表5），未来三年，假设常住人口增加66万人带来的城镇基础设施投入约435亿元。

通过上述测算分析表明，未来三年，昆山推进新型城镇化过程中，将新增基本公共服务经常性支出、基本公共服务设施、城镇基础设施投入总资金需求约733亿元。倘若，考虑公私合营（PPP）模式，引进社会或民间资本，那么三年之间通过政府直接投资、融资建设的财政支出压力将减轻。根据上述测算结果，如果考虑20%的基本公共服务设施投资以及30%的城镇基础设施投资通过PPP模式满足，并分摊在建设期（3～5年）后的若干年（10～30年）时间里逐年发生，那么在未来三年内政府直接增加的投入为553亿元（见表6）；如果相关机制设计是否科学、周全，社会或民间资本投资意愿强烈，可以考虑适当调高公私合营模式占比，若30%的基本公共服务设施投资以及50%的城镇基础设施投资通过PPP模式满足，那么在未来三年内政府直接增加的投入约为440亿元，财政当期支出压力将大为减轻。

表 5　　昆山市每万人城市基础设施建设成本测算

项目类别	配置项目指标(每万人)			单方造价指标(每平方米、千米)			每万人增加投资总额			
	数量、标准	用地面积(亩)	建设工作量(处、千米、平方米)	征地费用(万/亩)	拆迁安置(万/亩)	建筑安装(万元)	合计(万元)	征地费用	拆迁安置	建筑安装成本
合计							66 400	6094	32 648	11 562
道路	万人拥有道路 4 千米(按 30 米宽城市道路计算,占地面积按照 50 米宽)	300	4	14	×75	1410	32 340	4200	22 500	5640
公园	人均占有公园面积为 9 平方米,万人拥有量为 90 000 平方米	135	90 000	14	×75	0. 035	15 165	1890	10 125	3150
排水	万人拥有管道长度平均值 4. 8 千米		4. 8			93	446. 4	0	0	446. 4
* 污水处理	万人拥有 0. 09 处		0. 09			500	45	0	0	45
供水	万人拥有管道长度平均值 5. 1 千米		5. 1			200	1020	0	0	1020
供气	万人拥有管道长度平均值 15. 3 千米		15. 3			76	1162. 8	0	0	1162. 8
* 街道环卫设施	万人拥有垃圾转运站 1. 5 处	0. 3	1. 5	14	×75	65	124. 2	4. 2	22. 5	97. 5

续表

项目类别	配置项目指标（每万人）			单方造价指标（每平方米、千米）			每万人增加投资总额			
	数量、标准	用地面积（亩）	建设工作量（处、千米、平方米）	征地费用（万/亩）	拆迁安置（万/亩）	建筑安装（万元）	合计（万元）	征地费用	拆迁安置	建筑安装成本
其他设施（按20%估算）							10 061			
不可预见费（按以上投入的10%估算）							6036			

注：1. 污水处理厂：按每人产生污水0.2吨/每日，目前每处污水处理厂处理能力2.2万吨/日，每万人需增加污水处理2000吨，折合1万人设处理厂0.09处，每处500万元测算。

2. 街道环卫设施：按每人日均产生垃圾0.75公斤，每万人产生7.5万吨，目前每处中小型垃圾处理站处理能力5吨/日，则每万人需设环卫设施1.5处。根据最近评审资料，每处中转站建设成本65万元。

3. 经测算综合拆迁征收成本为每亩土地约750万元。根据全市典型建设项目情况，就是市政项目用地中大约有10%比例的涉及拆迁安置。据此测算，昆山市市政用地综合拆迁成本约为750×10%，75万元每亩。

表 6 公私合营模式对未来三年昆山市城镇化过程中财政直接投资压力的影响

公私合营（PPP）模式占比情况	基本公共服务经常性支出（亿元）	基本公共服务设施建设（亿元）	城镇基础设施投入（亿元）	政府直接投入的城镇化公共成本（亿元）	新增城镇人口人均城镇化公共成本（万元/人）
全部政府直接投入	46	252	435	733	11.1
公共服务设施 20% 基础设施 30%	46	202	305	553	8.4
公共服务设施 30% 基础设施 50%	46	176	218	440	6.7

四、基于当前形势下昆山人口城镇化过程中财政支出风险的若干问题

1. 受经济形势影响财政增收趋缓与城镇化过程中财政支出刚性增长的风险。根据上述测算，随着城镇常住人口规模的扩大，与社会基本公共服务保障标准的提高，财政经常性支出将呈刚性增长态势，而财政收入在基数逐渐增大、结构性减税、一般贸易进口减速或者是产业转型升级等因素影响下，增速会出现逐步放缓，届时财政收支矛盾将愈演愈烈。目前昆山市实施城乡一体化改革，主要采取“三置换”的做法，将农民土地置换成股权、村集体资产置换成股权、农民宅基地置换成商品住宅。实行“三置换”后，农民变成股民，收入依靠经济发展而不单纯依靠农业。作为农村集体资产保值增值的和农民致富的重要载体的之一的社区股份合作社，主要发展“房东经济”，依托的是扎实的工业经济基础，通过建造标准厂房、打工楼、店面房、农贸市场等出租，满足大量外资、台资和国内资本经营者以及大量外地劳动者的生产、生活需要，并且合作社税费实行返还，发生经营亏损时财政补贴保障对村民的承诺分红。当出现经济危机或者是地区性经济衰退，或者按照产业梯度转移规律，劳动密集型加工制造企业集中发生迁移，出现地方产业“空心化”时，租赁经济难以为继，财政也会面临空前巨大的支出压力。

2. 城镇化过程中城市流动人口规模变化与保障公共产品运转刚性增长的风险。传统的人口预测是从现在看未来，城市人口规模预测，是以目前平均

每年城市人口增长量为基础，按经济、社会发展的基本态势，以及城市最终承载能力，推算未来若干年的人口规模。回顾昆山城市发展历程，昆山的人口规模与昆山外向型经济的发展紧密联系，过去的二十多年里，昆山增加外来人口154万人，平均每年增加7万人，平均每年增幅高达约为27%，而外籍人员与本籍人口比例由1990年的0.02∶1上升为2012年的2.14∶1。随着经济的发展和企业运营成本结构的变化，城市产业的升级换代成为一个不可阻挡的趋势，因此外来人口的居住停留的不确定性，在产业结构变化或劳动密集型产业成本上升外迁时，有可能造成当地的“产业空心化”和“人口空心化”问题。事实上从2010年以来，昆山一些大型电子产品代工企业如富士康、仁宝等企业外迁中西部地区，外来人口增长也出现了停滞现象。而城市水资源、交通、医疗、教育等公共产品提供却严重供不应求，为弥补欠账以及长远发展计，一些公共设施已经在建或筹建中，倘如昆山在转变经济增长方式的过程中，真出现了人口外流大潮，那么闲置公共设施的运转成本不容小觑，这对于昆山的长远发展而言，是一个潜在的风险。

3. 城镇化过程中公共产品建设引入市场主体与市场主体逐利目标的风险。国际经验表明，许多发达国家对于城镇化过程中的准公共产品或者是公共服务，通常引入市场机制，积极吸引各类社会资本、市场主体，参与建设与经营。但是在看到公私合营的优点之时，也必须清醒地看到政府与私营投资者目标利益的冲突风险，政府是公众利益的代表，而私营投资者则是以经济利润最大化为目标。在政府财力不足，社会资本尚处于发展时期，私营投资者往往通过专业信息的非对称、公共产品的受益面广以及准入门槛高竞争者少等特点，迫使政府在项目实施的过程做出更多让步，从而私营投资者达到获得更多经济利益的目标。多年来，昆山市在市政设施、教育、公交等多个领域内开展了诸多公私合营的尝试，但是最终效果不尽如人意（案例）。因此，在城镇化过程中引入私营投资者参与公共产品提供与运营，应合理界定公私作业边界，建立有效的监管体系，逐步完善公共项目投资市场，形成有效竞争，才能使公私合营模式扬长避短，为当地的城镇化建设发挥应有作用。

【案例】

昆山公交经营机制改革

从20世纪90年代初开始，为克服资金不足与公交发展的矛盾，昆山公交开始大力推行市场化，1991年昆山客运公司推出了个人承包经营的“公私合营”举措，通过向私人出让线路资源、实行承包制等方式来解决发展瓶颈，有效地解决公交发展资金不足的难题，公司添置车辆，新建、改建公交站亭，公交车辆及线路一度得到快速发展，在一定程度上它也减轻了当时政府财政支出的压力，承担了一定的社会公共服务功能。但随着昆山市经济和社会的快速发展，城市人口迅速增加，公交需求规模和服务要求也不断提高，私人承包经营“重营收轻服务”的弊端也日益显现，私抬票价、服务态度差、长时间停站待客、相互压班、争抢客源、不愿延长末班服务时间、客流不多的线路和班次不愿开等现象日益严重，市民投诉不满日渐增多，同时，私营承包者对于一些新开线路以及政府惠民措施，往往采取回避态度，这种特许经营权模式已无法适应昆山市经济社会的发展和满足市民出行需求，制约了公交的长远健康发展。为彻底解决昆山市公交承包经营的弊端，同时适应全市经济和社会发展的新形势，按照尊重历史、稳妥推进的原则，从2007年开始，昆山市逐步推进公车公营运营机制改革，并对所有承包线路进行国有化回购，2012年12月，随着最后一条承包线路——公交130路的收回，标志着长达6年的昆山公交公车公营机制改革取得了决定性的胜利。昆山公交的发展从此也进入了一个崭新的发展阶段。与实施承包经营相比，昆山目前公交运行车辆、公交线路、公交线路总里程、公交分担率（%）分别增长了165%、255%、195%和167%。

资料来源：课题组据相关资料整理。

此外，在城镇化领域中公私合营模式的广泛推广，会激发地方政府投资建设的冲动，在现行行政考核体制下，“新官不理旧债”，会使地方政府债务规模急剧攀升，造成地方政府债务风险，这也是一个值得注意的问题。

五、优化城镇化进程中的地方财政支出责任的若干建议

1. 科学界定政府的财政支出范围。城镇化过程资金需求量巨大，涉及面广泛，个人、企业和政府都需要一定的投入。要划分各级政府的支出责任，首先应厘清政府和市场的界限，在政府与市场之间做出明确的职责划分。一方面，政府应强化其在公共服务等领域的职能，在某些领域不应缺位和失位；另一方面，政府不能在一些市场或者社会，乃至个人可以提供服务的领域，大包大揽，过度介入。具体来说，对于城市基础设施、公用设施建设、基本公共服务的提供，政府应起主导作用，责无旁贷，要避免将基本公共服务推向社会和企业，如借引入市场机制为名，将医院、义务教育阶段学校等基本公共服务设施一卖了之，推向社会。同时，对于一些不应该由政府包办的事务，应充分尊重市场规律，坚持需求和市场导向引导社会和市场主体去做，如一些准公共产品，其标准超过了基本公共服务支出水平，包括高档特色医院、收费私立学校、高档公共娱乐设施（如大型歌剧院、文艺中心等），可以视市场需求交由企业或私营投资者建设运营。此外，一些地方政府为了维稳需要，将由个人承担的义务（如农民拆迁安置的社区物业管理费）纳入公共财政支出，其结果是饮鸩止渴，长此以往，既损害了公共财政的公正性，也不利于培养新市民承担义务的主动性。

2. 明确划分各级政府的支出责任。从人的需求层次来看，生存和安全保障是每个人最基本的需求，而更高的需求往往更具备个性化，取决于个人与环境发展的综合作用。从这个角度来说，每个民众基本生存状态是政府必须维持和保障的底线，譬如社会救济、最低生活保障、基础性社会保障、义务教育、基础性公共卫生、基础性住房保障等责任，而让每个民众有更多发展机会和发展能力，取决于民众所处环境和自身努力程度，往往具备多样性，

不能由中央政府按照统一标准给予保障。所以对于中央与地方政府财政支出划分责任来说，基本社会保障、基础医疗卫生、基础性教育、保障性住房等具有收入再分配性质或需要全国统一标准的公共产品和福利，主要应该由中央层级政府来提供；而对当地居民的生产、生活具有直接影响的城市建设、公共卫生、公共文化、治安管理等，具有较强的地缘特征，由于各地经济发展水平、资源禀赋、文化传统等不同，由地方政府来保障更具优势。

3. 稳步推进新型城镇化建设进程。城镇化是经济发展到一定阶段顺其自然的产物，城镇化进程是积极稳妥、渐进发展的历史过程，欲速则不达。目前，昆山城镇化已步入加快推进时期，发展主要由量态扩张向质态提升转变，持续增长的城镇化建设需求与有限的财政保障能力之间的矛盾日益显现。为此，在现行财政体制框架下，要循序渐进、走可持续的城镇化发展之路。一是要扎实稳妥推进城乡一体化建设。从全市调查情况看，已建和在建的农民动迁房投资量大，目前仍有40%的资金尚未支付，而按照城乡一体化目标任务，从2012年起至2015年年底，城乡一体化建设进入高峰期，还需要大量建设资金投入，这对于财政来说是一个巨大负担。因此，对于农民动迁要根据各自实际情况有所取舍、有所侧重。对涉及重大产业项目、重点工程和市政建设需要动迁的，必须抓紧抓早抓快实施动迁。对非必需的农房动迁，应考虑实际情况，采取缓迁或者不迁的办法，稳步发展。二是逐步扩大基本公共服务覆盖范围。外来流动人口对于昆山发展和建设功不可没，实现基本公共服务无户籍全覆盖理所当然，也势在必行。但是，在当前情况下，实施无条件将外来务工人员全面纳入基本公共服务均等化范畴，只能是让所有人享受低标准、低水平的基本公共服务，只有通过统筹规划，按照一定比例、一定条件逐步放开管制，实现基本公共服务覆盖辖区内所有常住人口。三是稳步提高基本公共服务标准和水平。罔顾经济发展水平，盲目进行“福利赶超”，只能给经济和社会持续健康发展带来损害。要因地制宜，根据地方经济发展实际，逐步提高基本公共服务标准和水平，真正体现新型城镇化以人为本的核心要素。

4. 合理把握经济发展与城镇化关系。城镇化离不开经济发展和产业支撑。一方面，经济发展能创造出就业机会；另一方面，经济发展，保障了财力增长，才能有效解决优质的教育、医疗、文化、社会保障等公共服务。一直以来，昆山的工业化进程主要依赖外资推动。在经济全球化的背景下，外资的转移十分频繁，一味依靠外资发展制造业存在较大风险。要认识到适度的产业转移既是不可避免的，也是必要的，这是既由资本的流动性所决定，也是一个城市产业升级的必然结果，而城市服务业的发展离不开第二产业的发展规模和速度。因此，必须加快昆山的产业结构调整，为城镇化提供更强有力的经济支撑。应积极推广应用高新技术改造传统产业，使传统简单加工制造业向高新技术产品制造业转化，促进产业结构的整体升级。同时，凭借扎实的工业基础，大力发展现代生产性服务业和现代农业，形成合理的三次产业结构，实现城市经济发展和人口规模稳定增长态势，促进城镇化的可持续健康发展。

佛山市南海区城镇化发展及财政支出责任研究*

城镇化是农村人口向城市迁移、农业向非农产业转型、城市与现代文明不断扩散的表征。我国正处于快速城镇化的关键时期，改革开放以来大幅提升，从1978年的17.9%上升到2012年的52.57%，城市发展水平突飞猛进，城镇人口大幅增加，城镇化水平的提高大大促进了第三产业尤其是服务业的大幅度发展。但城镇化在快速发展的同时也出现了一些问题，主要表现为：土地城市化和人口城市化脱节；快速城镇化过程中的征地拆迁等引发了大量社会矛盾；城镇化对我国农田保护和生态环境带来较大挑战；大量外来人口没有真正融入城市化过程中，享受不到城镇化带来的各种就业和基本公共服务的发展成果。

佛山市南海区，一个位于改革开放的前沿阵地——广东省珠江三角洲地区的县级区，由于经济发展起步较早，经过三十多年的快速发展，目前的城市化发展水平在全国来说处于较高水平。近年来，南海区按照省市的统一部署，全力推进新型城镇化发展战略。新兴城镇化的核心要义是“人的城镇化”，“人的全面发展”和“经济、社会、环境协调发展”（李克强，2013）。新型城镇化与传统城镇化的最大区别，在于城镇化质量的提升，它对教育医疗卫生等基本公共服务均等化、外来人口融入本地化、加速提升市民的公民意识和现代文明程度等提出了更高的要求。而具体推进落实新型城镇化，需要大量的财政投入，这无疑对政府公共财政投入制度和体制提出了新的挑战。

---

* 本文为广东省佛山市南海区财政局参与全国协作课题“新型城镇化建设成本测算与财政支出责任研究”所完成的分报告。课题组成员：林平武、陈胜安、崔永诗、韦伴玲、胡明霞、陈佩仪、周瑞莲、尹宁宁、李志强。

本课题主要目的就在于：分析南海地区不同于全国其他地方尤其是经济欠发达地区的城镇化水平和发展特征差异明显的地方，以推进新型城镇化为目标，结合南海的现实情况，深入分析南海区城镇化的现状和特点，以及城镇化过程中的需求状况，据此判断中央与地方在城镇化过程中的支出责任问题，为建构科学合理的财政支出制度，推动南海新型城镇化的健康发展提供科学的支撑和借鉴。

一、如何定位政府在城镇化进程中的支出责任

城镇化是人类生产和生活方式由乡村型向城镇型转化的历史过程，不仅表现为人口的集聚，而且对于基础设施建设、生态环境保护、就业和社会保障等基本公共服务的内在需求也十分迫切。城镇化也不能简单看成是一个农村人口转化为城镇人口的过程，它同时也是一个制度变迁的过程。自20世纪90年代中期以来，我国城镇化建设进入了快速推进阶段，取得了长足发展，这给当前的财税体制提出了新的挑战。我国现行的财政体制，无论是收入和支出责任的划分，还是转移支付制度的设计，都是以假定人口不流动为前提、以辖区户籍人口为基础的。对处于流动状态的庞大人口的公共服务供给，在我国财政体制框架中是一个盲区。城镇化带来的庞大流动人口，为各地公共服务的供给带来了难题。特别是人口流入较大的地区，流入人口的公共服务面临“两不管”的尴尬境地，即流入地和流出地政府都不负责其公共服务的供给。目前，虽然一些地方开始重视并着手解决农民工子女上学、就医等问题，但如果体制不变就很难从根本上解决问题。因此，南海作为经济处于相对发达的改革开放的先行地，从南海角度看待政府在城镇化进程中的支出责任提出了以下方面的具体要求。

（一）政府应该履行在建立全国统一的基本公共服务均等化制度中负有重要责任

包括外来人员的教育、养老、医疗、失业、住房等基本社会保障制度的缺失，不仅影响他们的基本生存和发展权利，也将成为影响城乡经济社会稳

定的重要因素。城镇化的推进，必然带来中央以及地方各级政府原有责任的调整。特别是在公共服务的供给方面，城镇建设和人员流动带来政府之间供给责任的变化。在城镇化过程中，不仅出现了“劳动力进城、抚养人口留乡村”这种辖区人口结构的变化，也出现了公共服务的双重需求，即在农村有需求，在城镇也有需求，例如住房、教育、医疗、就业服务等，这给政府之间责任的划分带来了难题。① 这些变化，不仅加深了我国财政体制固有的矛盾，如财力与事权（支出责任）不匹配，而且增加了财力、财权与事权等财政体制要素组合的不确定性，这无疑将影响基层政府的公共服务供给水平和中央政府的转移支付决策方向，进而增加城镇化建设的不确定性。

（二）政府在合理的中央与地方之间的财政关系框架下建立财权与事权相匹配的财政体制中负有重要责任

在1994年确立的分税制框架下，对政府的事权以及各级政府的事权划分未能予以规范，而“分税制”财政体制改革的发动者是上级政府，下级政府没有多大的发言权，结果导致：一是在与下级地方政府划分财权和收入时，上级政府是以既按税种又按企业隶属关系这种不规范的方式进行的。这样，往往是上级政府首先把好的税源、稳定可靠的税种的征收权掌握在自己手中。二是政府的事权以及各级政府之间事权划分的不规范使得上级政府常常将支出的责任以行政命令的方式安排给下级政府。比如上级政府常常出台在预算中没有的增支政策，而具体的支出却要下级政府安排。如此导致政府级次越低，财政困难就越大。对此的改革认识和趋势是调整地方政府的事权范围、扩大地方政府的财权和财力、给予地方政府税收立法权和公债发行权以及改革上级政府对下级政府的转移支付制度。广东作为全国财力第一大省，为中央财政做出的贡献最大，没有享受到应有待遇。因此，面临的一个问题是财政体制如何实现财权与事权的匹配，使经济发达地区也能享受到应该享受到的体制照顾和财力补助标准，争取财力贡献

① 刘尚希：《城镇化对财政体制的挑战及对策思考》，载于《中国财政》2012年第5期。

度与享受公平待遇相匹配。

二、南海城镇化发展的阶段、特征及问题分析

研究新型城镇化发展问题及对相应的财政制度安排，具有重要的理论与现实意义。与全国其他地方相比较，南海的城镇化发展有着自己的特点。首先，南海发迹于自下而上的农村工业化，是推动城镇化发展的重要动力。农村工业化有力地推动了南海城镇化的发展，而且是就地的城镇化。根据数据测算，2012 年南海区的城镇化水平高达 95.59%，工业化水平则为 51%，相对于中国未来城镇化水平要达到 70% 的目标来说，南海区的城镇化水平已经处于一个相当高的水平，远远高于全国平均水平。但南海城镇化的质量尚未达到理想状态，甚至还存在较多城镇化发展进程中普遍出现的一些诟病，如城市化景观、城市文明覆盖水平、基本公共服务均等化等与城镇化发展不相协调问题。因此，如何在新型城镇化发展过程中提升南海城镇化的质量是当务之急。2013 年 3 月，广东省在发布的《广东省城镇化发展“十二五”规划》中明确提出，提升广东省城镇化水平和质量，是“十二五”时期广东省经济和社会发展的重要任务。隶属于佛山市的南海区与佛山市一道，正在结合工业化和城市化发展不平衡的现状，提出“产城融合”发展战略，探索城市化发展的新模式，折射出转变城市化发展的惯性路径走新型城镇化发展路子的必要性和紧迫性。

（一）南海城镇化发展历程

1. 探索农村工业化的初级阶段（1987～1991 年）。从历史发展进程看，凭借位于珠江三角洲核心区位的地域优势，南海的城镇化发展起步较早。1987 年，南海就被国务院批准成为农村改革试验区之一，开始了农村合作组织建设方面的探索，开始了用地的非农化使用，是珠三角“自下而上”的农村工业化地区。村民以自愿方式，出让家庭联产承包责任制下分到土地的使用权为村集体，由村集体进行“三通一平”的基础设施建设后，转为建设用地对外承包。这使南海农村集体经济得到了快速发展，集体经济发展就初见

规模。农村集体经济的快速发展带来了土地和收益分配问题。总的看来，这一阶段农地转用的规模不大，承租人开始以本村人居多，初期的承租土地很多被用做废品收购站。

2. 推行股份合作制的中级阶段（1992~2009 年）。1992 年，随着市场经济的推行，南海区进一步深化改革，对农村集体经济发展实行了股份合作经济方式，把土地承包权和使用权实行分离，村民自愿将手中的土地交给村的经济联社（集体经济组织）统一规划，统一开发，将承包经营权作为股份，并惠益到全体农民，使农民成为股东，取得土地收益分配权，实行股份分红。与前一阶段相比，这一阶段开始有了大规模的农地转用，在增加农民收入、推进城镇化等方面取得较为明显的成效。但是，这一阶段的中后期，利益格局重构形成的新问题、历史时期形成的“后遗症”与当前政策法律形成的制度壁垒也大量凸显出来。侵害农民权益、确权矛盾纠纷、擅改农地用途、改革方向不明等问题成为困扰集体土地流转改革继续深化的障碍，成立农村股份合作制企业之初，董事长多数是由村“行政”一把手兼任，甚至有的监事会、董事会成员普遍由村党政干部兼任，政企不分，行政干预经济问题比较突出，对一把手缺乏有效的监督。此外，区内的社会公共事务由村集体向各企业收取低廉的管理费维持，难免造成“脏乱差”的环境卫生问题和复杂的治安问题。

3. 实施“政经分离”的高级阶段（2010 年至今）。为进一步推进与完善市场经济体制，加速解决原有股份合作制的各种弊端，2010 年，南海推进农村集体资产市场化，积极鼓励、支持、引导无土地资源的“城中村”、“园中村”的村组集体经济组织，将农村集体资产进行评估、拍卖，公平合理地处理给集体经济组织成员，让村民“持币进城”，农民持股进城后，既可以“股东”身份参与集体分红，还可以“居民”身份享受城市公共服务，减少了农民对土地的依赖，从生活方式和生产方式上深入地推进城镇化进程。①

① 龚晓浩、王婷：《经济快速发展地区非农化现象研究——以佛山南海为例》，《生态文明视角下的城乡规划——2008 中国城市规划年会论文集》，2009 年版。

2011年，南海区实施“政经分离”，让村居党组织、自治组织和集体经济组织各归其位。党组织和自治组织负责自治与社会管理服务，集体经济组织专职发展集体经济。“政经分离”后，严格将农村的土地规划、城建规划、产业规划纳入全区统一规划，分步推进“村改居”、社区合并和村民小组整合，逐步实施“大市政”和城乡一体管理，推动城乡居民心理融合。2011年年初开始，南海区启动了“政经分离”的农村综合体制改革，并搭建了农村集体资产交易平台和农村财务网上监控平台。① 此外，为强化土地的集约节约利用，南海区以“三旧”改造作为集体土地集约利用的抓手，探索出“社员股东、政府合作开发”和“政府规划引导，社员股东自主开发”等不同模式，将大部分利益分配给社员股东，成功将部分阻力变成动力。

（二）南海城镇化的发展措施

南海在推动城镇化过程中，遵循现代化发展规律，实现工业化城镇化相互促进、协同发展，财政在支持新型城镇化发展的措施包括：

1. 统筹城乡基础设施建设，加大财政投入不断完善城乡一体化建设。包括加快建设城乡一体生态网、加快建设城乡一体路网、启动健康村建设工程、支持革命老区基础设施建设。全区224个行政村、1590个自然村已通水泥路，开通镇内公交线路达46条，并试点开行跨镇“绿巴”快线，在全国率先建成城乡一体化公交体系；推进农村保洁市政化，自来水、电视、互联网普及率达100%。此外投入绿道建设资金5亿元，建成区域绿道达541公里。目前全区森林覆盖率为7.7%，绿化覆盖率为42.4%，

2. 加大财政向农村民生事业领域的投入力度，努力缩小城乡差距。一是开展农村社区建设。2009~2012年，南海区启动了农村社区建设工作。全区先后投入4.9亿元，重点建设了“三大中心”（社区服务中心、社区活动中心、社区综治中心）和“三站”（“一站式”便民办事服务窗口、社区卫生服务站、社工工作站），全面覆盖了全区224个村，使农村群众基本实现了生

① 骆咪：《解读南海农村经济改革》，载于《科技信息》2013年第1期。

活服务不出村。二是启动社区卫生服务站建设。先后建立起128个社区卫生服务站，平均配备医生3.1人，护士3.4人。2012年全区在基层医疗机构门诊就诊人次占全区门诊就诊人次的37.01%，同时广泛开展社区卫生服务站免费健康服务全面铺开，中医和妇幼保健服务向社区延伸，城乡居民健康档案建成达80.9%，累计有224个村成为“星级健康村”。三是积极开展义务教育。建立了城乡统一的九年免费义务教育，农村九年义务教育入学率达100%。

3. 大力发展都市型产业，做大做强农村集体经济。先后安排财政资金近5000万元扶持经济后进村、重点培植村的发展，增强经济后进村、重点培植村发展经济能力，力促区域均衡发展。2012年农村经济总收入达5783亿元，同比增长8%；农村集体资产超500亿元；农村集体可支配收入51亿元；农村居民人均收入16 673元，同比增长12.6%；人均股份分配金额超3100元，同比增长13.90%。农村集体经济的稳健发展，为统筹城乡发展夯实了坚实的基础。

（三）南海城镇化发展的特征

南海原先作为广东珠江三角洲较为发达的农村地区，具有了珠江三角洲农村地区经济发展的两大基本特质。

1. 农村工业化是南海城镇化的重要动力。不同于国家行政力量主导下的自上而下的城镇化模式，也不同于经济开放地区外资力量驱动下的自外而内的城镇化模式，[①] 南海地区依托改革创新体制与环境、交通区位条件、土地与劳动力供给状况及本地资源禀赋等优势，发展起独特的自下而上的城镇化模式。这种模式运作下，民营经济异常活跃，遍布全域，相对于前两种模式出现的国企和外企相对发展迅速。产业顺利实现非农业，村民离土不离乡，也就是“就地城市化”。

2. 从专业镇的发展向组团式发展转变。改革开放以来，随着工业经济的

---

① 薛凤旋、杨春：《外资：发展中国家城市化的新动力——珠江三角洲个案研究》，载于《地理学报》1997年第3期。

发展，南海区城市化的步伐也不断加快，发展水平逐步提升，在创新城市发展模式，探索发展路径，完善城市功能，提升城市水平等方面积累了丰富的经验。经过30多年的发展，逐步由家家点火的专业户、村村冒烟的专业村，发展到一镇一品的专业镇，并以专业镇为载体，加快工业化和城镇化进程。2003年，在融入大佛山的背景下，为贯彻落实佛山“2+5”城市组团建设的决策部署，南海提出了“东西板块、双轮驱动”发展战略，明确东部和西部的城市功能和产业定位，为南海组团式城市建设奠定了基础。2005年，按照“地域相邻、人文相近、资源互补、产业配套”的原则，将17个镇（街）调整为8个，建立适应组团式城市发展的管理格局。2009年，实施简政强镇事权改革，加速推动组团式城市建设。2010年，南海实施“中枢两翼、核心带动”发展新战略，进一步优化区域空间布局，促进三大片区同城异质、错位发展，具体措施如下：

（1）划分片区，组团发展。根据辐射半径、辖区人口、地理位置、交通状况等地理因素，以及产业基础、文化形态、行政区域等现有条件，按照组团式城市建设思路，将全区划分为东、中、西三大片区。

（2）建立机构，统筹发展。为了加强组团之间与组团内部各镇街的统筹协调发展，在划分片区的基础上，分别成立三大片区管委会，履行“统一、统筹、协调、服务”四大职能。即：统一负责各自片区的城市规划和整体宣传策划，统筹招商引资，协调跨镇事务，建设及服务重点项目。

（3）规划先行，引领发展。编制东中西三大片区总体战略规划和三大片区分区规划，开展“一山两站三湖三核三轴”重点地区的实施性规划设计和建筑设计。在三大片区管委会规划局的基础上成立三大片区规划管理直属局，推进三大片区规划管理的整合和统筹。加强片区之间交通规划设计。

（4）立足优势，错位发展。根据各片区的区位优势、资源优势、产业优势等因素，明晰各片区发展定位，形成各片区之间同城异质，错位发展。

（5）依托平台，集聚发展。在东、中、西三大片区分别打造一个国家级发展平台，即东部把广东金融高新技术服务区打造为国家级金融高新技术服务区，中部把南海省级高新技术产业开发区提升为国家级高新技术产业开发区，西部把广东省旅游综合改革示范区打造为“国家旅游产业集聚（实验）区”。

（6）利益共享，和谐发展。南海在片区组团发展过程中，在涉及相关利益者利益时，坚持利益共享的原则，合理照顾各方利益，营造和谐发展氛围。

（7）核心带动，重点发展。组建大项目服务团队，着力研究解决一批重点企业、重点产业集群存在的问题。

（8）立足人才，智造发展。围绕“产业人才集聚、产业智库构建”两大任务制定政策。相关部门配合区委区政府制定了《关于实施人才立区战略的决定》；《南海区博士后管理工作暂行办法》、《佛山市南海区高层次人才认定评定暂行办法》、《佛山市南海区高层次人才认定评定标准（2011—2012年）》、《南海区关于推进十万雄兵工程的实施意见》、《佛山市南海区高层次人才奖励和培养资助暂行办法》；编制了《南海区中长期人才发展规划纲要（2011—2020）》、《南海区人才开发导向目录（2009—2010）》。与此同时，成立区人才服务中心，为人才提供“一站式”服务，解决人才引进、落户、子女上学、社保医疗等问题。

3. 各类型改革举措一直为南海城镇化提供体制和制度保障。从最早的农村改革时期，南海在全国范围内率先开始了农村合作组织建设方面的探索，到中期的股份合作制改革，土地作为重要的生产和发展要素，土地资本化进程加快。到21世纪初期的以“政经分离”为代表的体制与机制改革。上述改革举措在全国都具有示范和标示性意义，对于解放和提高南海经济和发展过程中的生产力、协调和顺畅各种复杂多元的人际关系都起到决定性作用。

（四）南海城镇化存在的问题分析

1. 短期内大量流动人口涌入城市，公共服务均等化任务艰巨。20世纪90年代以来，南海区彻底摆脱了传统农村相对封闭的经济和产业发展模式，大量流动人口涌入进来，人口结构发生了结构性变化，户籍人口变动不大，但流动人口与日俱增（见图1）。但这些流动人口都游离于政府公共服务体系之外，政府提供的教育、医疗、卫生、社会保障、医疗保险等公共服务和社会保障体系基本只针对本地户籍人口。2009～2012 年，南海区的公立医院没有增加，学校也仅仅增加 1 所，大量外来工就读于私人开设的外来工子弟学校，或遍布于各村镇的“麻雀学校”。① 在就业、就学、医疗、保险等诸方面外来工都与本地人有着不同的待遇。对于政府而已，新型城镇化是大势所趋，其核心要义是“人的城镇化”，其中当然包括外来人口的城镇化，从南海人口结构变化看，2012 年南海区的户籍人口达到接近 140 万的规模，人口的快速增长无疑给南海区公共财政的基本公共服务保障能力带来了巨大的挑战。

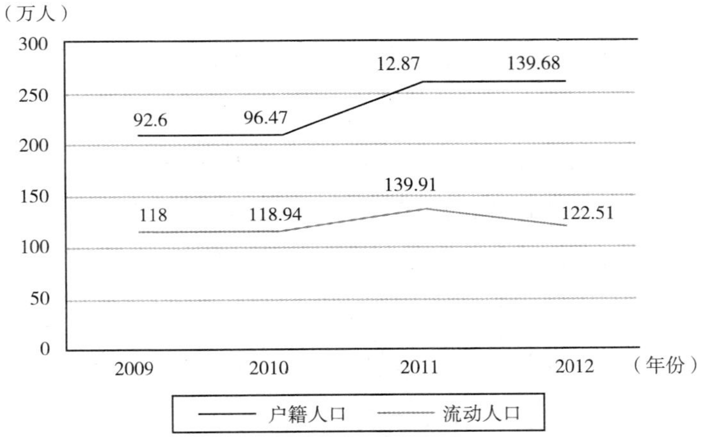

图 1　南海区人口结构变化情况（2009～2012 年）

资料来源：南海区委政策研究室，《南海内参》（2010～2013 年）。

短期内城市人口数的快速增加以及大量的外来人口增量带来的各项支出给南海财政带来巨大压力（详见附件）。一是因城镇常住人口数量增加带来的新增支出就达 6.8 亿元。根据财政决算资料测算，每增加一个城市常住人口，每年需要增加基本公共服务方面的经常性支出 1519 元，测算依据为南海 2012 年财政经常性支出与常住人口的比值。南海区按每年增加

① 佛山市南海区财政局：《南海区财政信息专报》，第 38 期，2011 年 7 月 29 日。

7.5 万人测算（其中户籍人口 1.6 万人，外来人口 7.5 万人），三年累计 6.8 亿元。二是城镇常住人口经常性支出水平增加带来的新增支出 12.1 亿元。按支出水平年均增长 10% 测算，2013 年、2014 年、2015 年城镇基本公共服务经常性支出分别比 2012 年增加 3.7 亿元、4 亿元和 4.4 亿元，三年累计 12.1 亿元。三是三年内需要增加建设的各类与基础公共服务相关的基础设施达 51.7 亿元。其中：中小学、幼儿园等教育设施方面需要新增投入约 20.85 亿元、医疗卫生设施 24 亿元、保障性住房 6.5 亿元、体育设施 0.35 亿元。四是城镇基础设施建设配套也随人口增长需要增加 160.4 亿元，其中道路 92 亿元，公园 63.4 亿元，供水、排水、污水处理、环卫设施等增加 5 亿元。

仅上述项，就增加支出达 231 亿元，远远超出南海区的可支配财力的增长速度。尤其需要关注的是，随着城镇常住人口的增加，不仅基本公共服务支出增加，政府在社会管理方面的支出也趋于增加。一些发达地区的城镇化建设进程表明，基础设施的建设成本会因为规模效应而出现边际成本递减，但社会领域的一些管理成本则相反。随着人口居住由分散转向集中，社会领域风险加大，社会治安、维护稳定等方面的人均管理成本将不断增加，城市规模越大，边际成本越高。囿于区级财政级别和编制，南海区的公共服务均等化任务十分艰巨，对未来的财政统筹与安排提出严峻挑战。

2. 城镇化发展与工业化不平衡，发展质量有待提升。南海城镇化是在农村底子上成长和发展起来，以集体经济为代表的工业化模式方兴未艾，工业化水平一直较高，虽然城市化水平也很高，但城市化发展质量严重滞后，医疗、教育、卫生及科技、文化、金融、信息与综合服务等城市型经济业态发展严重滞后。其结果是，工业化和城镇化严重脱节。由于我国城乡规划体制分割，城郊结合部建设混乱，20 世纪 80 年代以来的农村工业化迅速发展和集体土地需求快速增长的新情况，没有在法律、制度上做出安排，城市和农村规划从法律规章、管理理念、机构人员做成了两张皮，造成了具体中国特色的城市郊区病。

另外，原有的城镇化在发展过程中，对环境保护不太重视，有些地方环境破坏严重，生态保护压力大。南海的农村工业化具有几大特征：一是产业或行业类型多为劳动力密集型行业，多属于从城市转移过来的淘汰型与低端产业，比如废品回收行业、造纸行业、小冶金行业、木材加工行业；二是地方政府多从税收角度考虑，更多考虑招商引资，而无力去建造大中型、成规模的垃圾处理设施；三是企业主或村民本身的环境保护意识不高，对利润的追求远大于对环境保护的需求。在此局面下，南海区在工业化进程中，原有生态受到破坏，环境恶化，原有生态保护压力大。

3. 随着城镇化水平的上升，土地等资源约束条件凸显。城市土地是稀缺资源，随着城镇化的快速发展，位于珠三角经济发达地区国土面积仅有 1073 平方公里的南海，土地资源约束效应明显。在城镇化进程中，暴露出来的问题，一是与土地收益相关的社会矛盾纠纷多。作为发达地区的农村地区，南海在近些年工业化和城镇化进程中，经济发展迅速，但社会问题尤其是以征地、拆迁为代表的社会矛盾异常突出。土地出租市场和集体经济繁荣带来的一个重大问题是利益纷争的多发。2012 年，南海区集体经济组织经营性资产达 306 亿元，76 万股民人均分红 3516 元。① 由于集体产权和股民资格模糊，引发“出嫁女”、退伍军人等群体以各种激烈方式要求分配股权，农村群体利益分化，矛盾纷争不断。相关数据显示，南海区最近 5 年，89.2% 的案件与土地拆迁、村民安置有关。② 以至于社会事件的处理成为很多领导干部的主业，替代从前的发展经济。据调研，南海区很多基层干部为解决矛盾纷争疲于奔命，无暇兼顾公共管理和服务，更没有时间精力潜心发展集体经济，个别村居更因利益问题出现拒绝城市化的“逆城市化”现象。因征用土地给财政带来的支出压力很大，据测算，未来三年全征地农村居民养老保险补贴 1.9 亿元。自 2005 年 1 月起，南海区对农村居民实施“全征地养老保险补贴”制度（以下简称“全征地补贴”）。截至 2013 年 6 月，南海区共有 435

---

① 燎原：《南海：“自治”的城镇化》，载于《南风窗》，2013 年 8 月 1 日。

② 南海区委政策研究室：《南海内参》第 329 期。

个农村股份经济合作社纳入全征土地农村居民基本养老保险补贴参保范围，共计16万人被纳入参保范围，其中享受待遇（即男满60周岁，女满55周岁）3.4万人。2005年1月至2012年12月，“全征地补贴”按每人每月150元的标准筹集，其中，区镇财政补贴75元，股份合作社75元，个人不缴费。2013年1月起，“全征地补贴”按照每人每月300元标准筹集，其中，区镇财政补贴150元，股份合作社150元，个人不缴费。目前全区只有享受补贴人数的3.4万人接受补贴并享受待遇，2011年至2012年，补贴标准为150元/人·月（区镇各负担37.5%，股份合作社负担75元），每年向参保人发放慰问金100元（区级财政负担），参保人去世后发放一次性丧葬费1000元（区镇各负担50%，即各500元），每年财政投入约3400多万元（其中区负担1870万元）。自2013年1月起，每月补贴标准调整为300元/人（区镇各负担75元，股份合作社负担150元），其他待遇标准不变。预计每年区级财政投入约3400万元。按当前情况测算，预计2013～2015期间，南海区两级财政将一共投入约1.9亿元，其中区级财政约1亿元。

与此同时，存在无地可用和低效利用的双尴尬。改革开放令珠三角经济发展取得举世瞩目的成就，地区生产总值从1978年的97.53亿元增长为2012年的47 897.25亿元。已经从一个农业地区发展成为全球主要的制造业基地。[①] 但前30年是以资本、土地、劳动力等生产要素的高强度投入为前提。随着后备资源的日益紧张，不可避免面临发展“瓶颈”，其中，土地资源的约束最先显现。这一情况在南海区也同样存在。由于农村集体组织大多成为土地经营者，大量土地低效利用，往往以极低的土地租金吸引大量企业在集体建设用地开办工厂与市场，主要存在两大问题：（1）无地可用。南海建设用地占土地总面积的比例超过40%。土地开发强度超过50%，集体建设用地占全部建设用地的70%以上，大部分工业和商业都建筑在农村土地上。[②]

① 广东省统计局：《2012年粤东西北GDP与珠三角对比图》，2013年7月30日。

② 袁奇峰、杨廉、邱加盛、魏立华、王欢：《城乡统筹中的集体建设用地问题研究——以佛山市南海区为例》，载于《规划师》2009年第4期。

（2）土地低效利用。南海区地均GDP仅为1.89亿元/平方千米，仅为2004年日本的15.9%，美国的13.6%，新加坡的11.5%。[①] 为增加可持续发展能力，谋求地区发展模式转变成为南海区政府的工作重点。

三、南海财政支持新型城镇化发展的目标和任务

相对于全国各地来说，南海城镇化水平已经处于较高水平，实现了“少有所学、壮有所用、老有所养、病有所医、住有所居、贫有所济”的新型城镇化公共服务目标。当前正朝着城市化管理模式发展。南海的新型城镇化并不是把村民转移到城市当中来，而是就地城镇化，其特点是农村人口不离开农村，而是把农村建设成为新型的城镇。从国际经验看，城镇化并非都是建设大规模的人口聚集的特大型城市，恰恰相反，是发挥中小城镇的作用。南海城镇化建设未来的目标与任务，一是城乡公共服务均等化向更高水平发展。逐步实现幸福南海目标，解决外来公务人员的子女入学教育问题、医疗保障问题，共享城镇化发展的成果。二是加快城镇产业化转型建立乐居家园。南海区产业同样面临着产业转型升级的问题，不断提高“土地、人口、环境、资源”的统筹协调问题，走“集约、智能、绿色、低碳”的新型城镇化道路。三是深化财政绩效管理进一步提高财政资金的使用效率。财政收入规模增长与财政支出刚性的矛盾始终存在，近几年，南海区用于教育、医疗、社保、就业、文化等公共服务的支出占公共财政预算支出比重逐年上升，从2006年的33.8%上升到2011年的39.5%，增速远高于其他项目的支出，民生导向型的财政支出结构逐步建立。如何在财政收入增速大幅减缓的背景下解决财政收支缺口和矛盾，通过财政绩效管理提高用于支持城镇化发展的财政支出的资金使用效率，也是推动南海新型城镇化发展的重要内容。

---

① 杨廉、袁奇峰：《珠江三角洲“二次城市化”中的土地再开发——以佛山市南海联滘地区土地整合案为例》，载于《城市规划和科学发展——2009中国城市规划年会论文集》，2009年版。

四、南海新型城镇化面临的财政问题及原因分析

城镇化发展作为一项系统工程，南海在推动新型城镇化发展中肯定会面临众多问题，这种问题既跟政府与市场的财政关系安排有关，也就是财政支出的方向和效率问题；也跟政府间的财政关系的体制安排相关联，也就是由于政府间支出责任划分不清问题，这些问题的存在都影响和制约了南海新型城镇化的进一步发展。

（一）从财政视角看南海新型城镇化面临的问题

1. 从财政体制设计看，财权事权的不匹配给南海的城镇化财力保障造成了压力。从政府间财政关系视角看，地方财政收入上移与基本公共服务支出下移的矛盾问题。2012 年，南海四级（中央、省、市、区）公共财政预算收入 285. 6 亿元，南海区一级留下 119. 2 亿元，上缴 166. 4 亿元。同时，2012 年，南海区基本公共服务支出 38. 3 亿元，其中区本级 36. 5 亿元，上级补助（含中央级）1. 8 亿元，中央级补助仅 0. 7 亿元。这与地方承担的支出规模不相称。一方面是大量的财政收入上缴中央和省市，而基本公共服务支出全部由南海自身承担。尽管从经济总量和财政收入视角看，南海要比全国尤其是欠发达地区的县级行政区的规模大很多，但是从财政支出的角度看，压力可能要更大。在地方财政收入向中央财政转移的同时，中央财政没有随着事权的下放给予地方政府相应的财力支持，使得承担过多公共服务供给事权责任的县乡政府由于没有正常的融资渠道，财力不断萎缩，农村公共服务供给的资金缺口变得更大，影响城镇化建设质量。

而作为发达地区的南海要推进新型城镇化，对财政也提出了比经济相对欠发达地区更大更高的需求，这对南海区财政保障能力来说是个巨大的挑战。2012 年，南海地区生产总值为 1966. 18 亿元，其中第一产业增加值 42. 05 亿元，增长 3. 7%；第二产业增加值 1078. 03 亿元，增长 10. 1%；第三产业增加值 845. 92 亿元，增长 5. 5%；综合经济实力列全国百强区第 4 位。其中，地方财政一般预算收入 129. 18 亿元，增长 12. 1%；税收总额 316. 13 亿元，

增长3.0%。但南海的公共服务支出压力巨大，很多公共服务设置依据镇村级标准设置，但实际的常住人口已经超过270万，本地财政难以负荷。可见，南海实施新型城镇化发展道路，对财政安排产生重大需求，这种需求来源于两个方面：一是南海城镇化过程中存在的各种问题；二是南海为了实现新的发展目标，积极响应国家、省市的城镇化总体要求、原则与方向。归结起来，南海推进新型城镇化对财政制度安排产生巨大需求：（1）大量外来工融入城镇化，积分入户制度的落实，为其享受教育、医疗、保险等公共服务；（2）环境污染和生态破坏问题；（3）城镇基础设施建设与规划；（4）户籍居民的素质和能力培训、教育。

2012年，南海区公共财政预算中的基本公共服务经常性支出为364 331万元（约36.4亿元），其中，分项目看，一般公共服务（主要是人口与计划生育事务）共支出13 877万元，公共教育支出235 818万元，文化教育与传媒9367万元，社会保障与就业支出47 337万元，医疗卫生支出55 093万元，住房保障支出2838万元。可以知道，公共教育支出所占比例最大（65%）。

2. 从财政政策执行看，中央财政政策执行不到位带来的中央与地方支出责任不清的问题。从我国政府的运行看，“中央决策，地方执行”是我国事权划分的总体特征。虽然近年来中央政府在一些基本公共服务方面开始承担起支出责任，但大部分基本公共服务尤其是教育、医疗和社会保障等还是地方政府负责提供，事权的产生来自上级政府的决策，而所需财力则主要靠下级政府的解决，而按照1994年实施的分税制使财力不断往上级政府集中，南海作为经济发达地区，贡献度较大，这样地方自留的本来就比例不高的财力不仅需要完成大量的自身应该承担的公共服务，还需要承担一些本来属于中央政府的支出责任，正是这种责任不清，使地方政府本已有限的财力面临着更大的支出压力。在中央层面，有些该由中央财政做的中央没做，比如社会保障问题、农民工市民化的户口身份问题，中央只出政策而让地方政府进行财政支出，支出责任划分不清；同时，中央各门间的政策也不统一，甚至存在着相互矛盾的地方，像农民培训问题，统一口径差别大，直接导致财政支出的规模确定问题。目前我国中央和地方政府之间的责任并行情况比较突出，而中央政府的专有责任则屈指可数。国防问题专属中央政府，市政维护和建设支出专属地方政府，除此而外，其他公共服务大多数表现为中央和地方并行或共担责任。

以较为普遍的外来工子女教育为例，经过测算，每年接收外来人口子女就读所产生的人员经费和公用经费约7亿元。该标准与本市户籍学生的费用是一样的，由此计算出外来人口子女增加的经费为小学5.16亿元，其中教职工经费为2.89亿元，公用经费为1.16亿元，校舍维修费1.11亿元；中学增加的经费为1.83亿元，其中教职工经费为1.16亿元，公用经费为0.46亿元，校舍维修费0.21亿元。以上两项合计约6.99亿元。

3. 从政府支出视角看，面临着财政支出规模增长与支出效率之间的矛盾问题。幸福南海、和谐南海建设要求完善的公共财政体系提供坚实的财力和体制保障，幸福南海应包括繁荣的经济发展、合理的收入分配、良好的生态环境、畅通的诉求渠道、完善的公共服务、安定的社会环境和良好的社会心态等内容。完善公共财政体系与建设幸福南海之间具有内在的统一关系，公共财政可以在幸福南海建设中发挥更大作用，包括协调区域发展，缩小居民收入差距，健全基本公共服务体系，推进生态环境保护、维护社会稳定等这些都是幸福南海建设需要解决的重要问题。但是财政分配方式的不科学，基数加增长的财力分配方式，导致不断增长的财力被切割和固化，使得新型城镇化发展需要政府保障的财力支出效果受到极大的限制。

（二）南海新型城镇化进程中财政支出问题的原因分析

1. 分税制财政体制下的财力与事权不匹配加剧导致地方财力紧张明显。从中央层面看，1994年的分税制财政体制改革，只在财权和财力上做了划分，但最核心的事权却没有划分和明确，经过近二十年的运行，中央收入占总收入的比重不断上升，而与此同时，地方的财政支出责任和承担的支出项目越来越多，因此，财力紧张。尽管从全国层面看，中央集中的财政收入大部分以转移支付给了地方，但是对于南海这种发达地方，一方面是上缴的收入要远远高于欠发达地区，而基本上享受不到转移支付的补偿。从中央层面来看，由于中央各部门出台和制定了五花八门的政策，并且用各式各样的政策来考核地方政府，形成了财力切割和固化的财政分配格局，于是财政支出的固化，倒逼形成中央财政收入增收的压力机制，因此，划分中央与地方的支出责任，给地方下放财力就难以实行。而且由于中央专项转移支付过多，层层往下分配的资金分散，导致资金使用效率低下。中央财政专项越多、配套越高，使用范围就越窄，但是中央部委对于基层的情况难以做到完全掌握，导致专项转移支付有内容而无科学化精准化，于是“跑部钱进”，作为经济发达地区由于大量的外来工的基本公共服务的支出，很少获得中央财政的转移制度补助，对本来就紧张的财力支出增加了更大的压力。

2. 行政管理体制改革的滞后导致财力切割和固化，使新型城镇化发展财力保障面临着制度性障碍。我国当前的需要急迫改革的对象是行政管理体制，从财政分配的角度上看，财政部门行使的财政分配权利相当部门被架空，财政资金当中财力切割与固化问题没有改变，导致财政二次分配和资金寻租等一系列问题。部门单位为了自身利益而影响甚至自我进行政治决策，获得一定的财政分配权，财政资金绩效体现不出来，政府无法依法理财、科学理财，造成政府无法“集中财力办大事”，这个制度障碍成为阻碍城镇化支出尤其是基本公共服务均等化支出的重要影响因素。因此，必须彻底改革行政管理体制，打破财力切割与固化的难题，归还财政部门的财政分配权和管理权，部门单位只要按照岗位职责和目标责任，执行自己的职责即可，各有所归，各司其职。

3. 财政支出绩效管理改革的成效是影响财政支出责任划分的重要影响因素。财政支出浪费和膨胀的最根本原因在于缺乏对支出结果的绩效约束，而支出的膨胀和浪费不能有效遏制反过来又制约了已经固化的中央和地方财力分配格局，因此，能否打破这种固化局面关键在于能否推行财政绩效管理，提升财政支出的绩效。但是在财政支出绩效管理进度方面，从整体上看，这项改革还是处于较为滞后的状态，包括中央和绝大多数地方在内的基本上还是处于事后的绩效评价阶段，由于缺乏财政支出的绩效结果约束，财政支出的不断增长的财力规模被各个职能部门掌握财政分配权，项目审批和资金分配公开透明的程度不够，绩效浪费和膨胀现象明显，因此，膨胀固化的财力支出格局下，调整政府间的财政关系极为困难。由于上级财力的固化格局没能通过财政绩效管理予以打破，因此，根据财力与事权相匹配的支出责任划分就难以落实。

2012 年南海户籍人口 1 225 093，外来人口 1 172 365，近七年南海人口情况统计如表 1 所示。

表 1　　1990 年以来南海区人口情况

年份	户籍人口（人）	外来人口（人）	户籍人口年增量（%）	外来人口年增量（%）
2005	1 117 109	835 642	0. 4	0. 2
2008	1 159 302	1 051 554	1. 3	8. 6
2010	1 189 432	939 401	1. 3	-5. 3
2011	1 208 709	1 037 623	1. 6	10. 5
2012	1 225 093	1 172 365	1. 4	13. 0

资料来源：南海区公安局提供资料。

从城镇常住人口提供基本公共服务所需的经常性支出、公共教育支出、医疗卫生支出、保障性住房投资、社会保障与就业、公共文化体育公共服务以及城镇基础设施等几方面进行初步的和大概测算，2013 ~ 2015 年，佛山市南海区新型城镇化财政基本保障新增预算大约 231 亿元，平均每年大约为 77 亿元。该增量相当于 2012 年南海区公共财政预算支出 129. 8 亿元的 178%，平均每年增长 59%。不要说这么大的财政支出难以得到有效保障，即使有了充裕保障，短期内迅速增加的大量资金如果没有有效的绩效约束制度来提升支出效果，那么用于支持城镇化发展的效果将会大打折扣，巨额资金将会打水漂。从全国范围来说，未来若干年用于支持城镇化发展的资金更将是天文数字，如何提升天文数字般的用于城镇化支出的资金的支出效果是未来城镇化发展中的一项重中之重的工作。

五、对完善财政支出责任推动新型城镇化健康协调发展的设想

根据城镇化对财政支出责任的任务和要求，结合南海城镇化发展的现状，下一步可考虑从以下几个方面来对财政支出责任进行调整和完善。

（一）完善政府间财政管理体制，形成建立约束相兼容的政府间财政体制安排

1. 进一步明确各级政府的财政支出责任，赋予地方政府与承担财政支出责任相适应的财权和财力，进一步完善政府间收入安排。按照社会主义市场经济的要求，对政府职能和财政保障范围进行深入研究，逐步改革，系统推进，合理界定公共支出的内涵，充分保障基本公共服务的财政投入。在明确政府整体的支出界限之后，按照受益性、效率性、公平与稳定等相统一的原则，以地方性法规形式，明确省、市、县等各级政府的事权范围，建立清晰的事权目录和支出责任，在支出责任划分的基础上合理配置各级政府的财权，使收入划分与支出责任相匹配。

2. 完善转移支付制度，推动地区间公共服务均等化。以人为本（基本依据），改变以经济发达与欠发达的地区一刀切划分作为标准，科学确定统一、规范的财政转移支付标准，优化转移支付结构，清理和压缩现有的专项转移支付项目，完善激励型财政转移支付制度与监督考评体系，推动各级政府形成提供高效高质公共服务的有效竞争，将区域经济不均衡发展（效率）和人的公平发展（公平）统一起来，促进区域、城乡协调发展，为城镇化发展提供一个公平与效率相统一的制度环境。

（二）完善分税制财政体制，进行合理的支出责任划分，为地方城镇化发展创造良好的体制条件

当前中央和地方在财政支出责任上划分不清，该由中央财政履行的支出责任就应该由中央承担，不能随便下移到地方。从合理的支出责任划分看，中央财政职责主要是全国范围的，具有宏观经济和再分配及稳定性意义的支

出，而地方政府的职责多数涉及地区或当地范围内的服务。中央政府负责制定公共服务的范围、内容、标准以及部分领域的规划。在此基础上，中央政府应当负责全体社会成员无差别享有的、不能市场化的、体现社会公平的最基本的公共服务。新型城镇化进程中包括农民工义务教育、基本医疗、社会保障等涉及国民素质的基本公共服务应逐步调整为由中央政府承担。省级政府负责公共性相对较差一些的公共服务，包括高中阶段教育和高等教育中政府负担部分、社会救助、促进就业、区域性的防灾减灾、社会治安、公共文化等。城市政府应当负责受益对象十分明确的保障城市运营和功能所必须的市政公用设施的供给，如道路、桥梁、公交、城市污染和垃圾处理、城市公园和绿地、城市水资源地保护、廉租房和公租房等。

（三）在支出责任划分基础上，解决地方事权与财权不匹配问题，提高地方用于发展城镇化支出的积极性

地方政府财权与事权很不匹配，地方政府任务多、职责重，而相对应的财权又不适应需要。我国中央与地方政府之间在公共服务供给责任的确认和分担标准等方面，缺乏明确有效的分担机制。含糊不清的支出大多被分配给下级政府，明确归属中央或省级地方政府的事权在实际执行中却发生了错位。如基础教育、基本医疗等都属于全国性公共服务应当由中央政府提供但实际供给责任却由县乡政府以及村委会承担。大量的具体支出责任主要落在了县市基层政府身上，而基层政府可支配财力又很少，形成责任在基层、财权在上级的不合理局面。当前亟待理顺中央和地方政府的支出责任。应适当加大中央财政的支出责任，将某些全国性、跨地区的重大支出划归中央。对于属于中央支出责任的事务，有些可委托地方管理，但资金由中央全额安排；对属于地方支出责任的事务，中央不再安排具体的支出项目。中央制定新的支出政策，一般不在年度预算执行中出台，应列入下年度预算安排，对执行新政策有困难的地方，应由中央财政通过增加转移支付给予保障。

（四）以财政绩效管理推动行政管理体制改革，打破财政切割与固化，为城镇化发展提供有力的财力保障

1. 大力推行财政绩效管理制度，为打破财力切割与固化提升城镇化支出的财力保障建立制度基础。在财政支出方面，今后的城镇化财政支出更应注重资金使用绩效，用科学适量的财政资金“多办事、办好事、办实事”。要大力推行财政绩效预算，以引入第三方评价为基本手段，建立了绩效预算—中间过程管理—绩效评价—绩效审计—绩效问责等链条式、完整的财政绩效管理框架体系，实现了“事前绩效预算，事中绩效跟踪，事后绩效评价、绩效审计和绩效问责”动态的、循环的绩效管理。通过动态、管理流程，形成了管理的闭合环，上一个管理流程的结果和效果成为了下一个管理流程的基础和起点，使财政绩效管理不断积累、深化和完善，充分体现财政在城镇化过程中的基础支撑和关键性作用。

2. 创新财政分配方式转变，通过竞争性财政分配提高城镇化支出的资金绩效。竞争性方式就是将财政资金分配从“一对一”单向审批安排，转向“一对多”的选拔性审批安排，建立多中选好、好中选优的项目优选机制，以强化绩效优先观念，形成科学的财政资金分配决策机制，从而提高资金的管理水平和使用效益。竞争性方式要求预算单位部门实行零基预算，即财政预算安排方案从零开始，通过竞争性方式，引导财政资金向“用财有效”的道路上走，从而提升财政资金的使用效益，这样就能在资金使用主体之间开展资金竞争，充分发挥财政政策的杠杆调控和政策引导作用，最大限度地实现了“花小钱办大事”、“少花钱多办事”、“花了钱办实事”，大大提升城镇化支出中大量用于与老百姓和民生相关的资金的使用效益，从而提升城镇化发展的有效性。

（五）建立推行城镇化发展过程中的民主机制，提升城镇化发展的群众满意度

城镇化发展，是以人为本的城镇化，城镇化发展的效果归根结底要取决于享受城镇化发展成果的市民的评判。因此，在决策城镇化的各项工程时，

要习惯于从过去的“政府配餐”转变为“群众点菜”，制定为民办事问民意的机制，对于跟老百姓息息相关的城镇化中的项目，要在预算编制、执行、反馈的全过程逐步引入民主决策机制，推进重大民生政策和重点项目征询社会公众意见，确保“群众的幸福由群众做主”，落实他们的知情权、参与权、表达权、监督权，依法参与民主决策、民主管理、民主监督，使得城镇化发展真正按照广大市民的要求来决定办什么、怎样办，确保城镇化中的各项民生工程成为人民群众满意的工程。

附件：测算报告

佛山市南海区新型城镇化财政保障测算研究报告

佛山市南海区处于经济发达的珠三角地区，目前的城镇化水平高达95.59%，未来的新型城镇化发展方向是在高起点上追求更高水平的并且是以人为本的城镇化。立足于南海区城镇化发展实际，结合公共财政职能，课题组对南海区2013～2015年新型城镇化进程中的财政保障能力进行了深入测算。在支出需求测算中，按照以人为本的城镇化为核心、以城镇常住人口的基本公共服务全覆盖为重点的原则，研究报告着重从以下几方面进行测算：城镇常住人口提供基本公共服务所需的经常性支出、公共教育支出、医疗卫生支出、保障性住房投资、公共文化体育公共服务的基础设施建设支出等几方面进行初步和粗略性的测算。测算方法主要依据城镇化需求测算指标体系进行计算（见附件），同时紧密结合南海区经济社会建设实际，在充分调研的基础上计算。具体测算过程及结果如下：

一、测算涉及的基本公共服务的主要内容

按照《国家基本公共服务体系“十二五”规划》，基本公共服务主要包括基本公共教育、劳动就业服务、社会保险、基本社会服务、基本医疗卫生、

人口计生、基本住房保障、公共文化体育等八个领域。其中，基本公共教育主要包括学前教育、九年义务教育和高中阶段教育等；劳动就业服务主要包括就业服务和管理、职业技能培训、劳动关系协调和劳动权益保护等；社会保险主要包括基本养老保险、基本医疗保险、工伤、失业和生育保险等；基本社会服务主要包括社会救助、社会福利、基本养老服务、优抚安置等；基本医疗卫生主要包括公共卫生服务、医疗服务、药品供应和安全保障等；人口计生服务主要包括计划生育服务、计划生育奖励扶助等；基本住房保障主要包括廉租住房和公共租赁住房、棚户区改造、农村危房改造、保障性住房管理等；公共文化体育主要包括公益性文化、广播影视、新闻出版、群众体育等。

二、南海财政对基本公共服务的投入现状

2012 年，南海区公共财政预算中的基本公共服务经常性支出为 364 331 万元（约 36.4 亿元），其中，分项目看，一般公共服务（主要是人口与计划生育事务）共支出 13 877 万元，公共教育支出 235 818 万元，文化教育与传媒 9367 万元，社会保障与就业支出 47 337 万元，医疗卫生支出 55 093 万元，住房保障支出 2838 万元。可以知道，公共教育支出所占比例最大（65%）。

三、南海城镇常住人口现状及 2013～2015 年增量预测

2012 年南海户籍人口 1 225 093 人，外来人口 1 172 365 人，近七年南海人口情况统计如下：

表 1　　2005 年以来南海区人口情况　　单位：人

年份	户籍人口	外来人口	户籍人口年增量（%）	外来人口年增量（%）
2005	1 117 109	835 642	0.40	0.20
2008	1 159 302	1 051 554	1.30	8.60
2010	1 189 432	939 401	1.30	-5.30
2011	1 208 709	1 037 623	1.60	10.50
2012	1 225 093	1 172 365	1.40	13.00

按照大略估计，预计2013～2015年南海城镇户籍人口每年增加1.3%，大概增加1.6万，那么户籍人口2015年年末将达大约127.3万人。预计外来人口每年增加5%，每年增加大概5.9万人，那么2015年年底外来人口将达到134.9万人。所以，2015年南海区常住人口大概增加22.5万人。

基于上述人口数据，课题组对2013～2015年向城镇常住人口提供基本公共服务所需的经常性支出、公共教育支出、医疗卫生支出、保障性住房投资、社会保障与就业、公共文化体育公共服务等六个方面的新增投入需求进行了预算估算。

四、南海城镇常住人口公共服务全覆盖投入测算

根据测算，2013～2015年南海区城镇常住人口公共服务全覆盖所需增加的经常性支出约18.9亿元。

基本公共服务支出包括经常性支出和设施建设方面的支出。设施建设支出是一次性的，经常性支出则每年稳定发生。经常性支出可以分为两大类：一是个人待遇类支出，二是公共服务机构运转支出。

初步测算，2013～2015年，南海区城镇基本公共服务方面的经常性支出与2012年相比，累计增加约18.9亿元。主要包括：

（一）城镇常住人口数量增加带来的新增支出6.8亿元

根据财政决算资料测算，每增加一个城市常住人口，每年需要增加基本公共服务方面的经常性支出1519元，测算依据为南海2012年财政经常性支出与常住人口的比值。南海区按每年增加7.5万人测算（其中户籍人口1.6万人，外来人口5.9万人），三年累计新增支出6.8亿元。

（二）城镇常住人口经常性支出水平增加带来的新增支出12.6亿元

按支出水平年均增长10%测算，2013年、2014年、2015年城镇基本公共服务经常性支出分别比2012年增加36 433万元、40 076万元和44 084万元，三年累计12.1亿元。

需要关注的是，随着城镇常住人口的增加，不仅基本公共服务支出增加，

政府在社会管理方面的支出也趋于增加。一些发达地区的城镇化建设进程表明，基础设施的建设成本会因为规模效应而出现边际成本递减，但社会领域的一些管理成本则相反。随着人口居住由分散转向集中，社会领域风险加大，社会治安、维护稳定等方面的人均管理成本将不断增加，城市规模越大，边际成本越高。这方面的支出需求未包含在上述经常性支出中。

五、南海公共教育支出测算

根据测算，2013～2015年南海公共教育支出基础设施约20.85亿元。

南海现在的中小学生源情况，截至2012年年末的统计情况见表2。

表2　　中小学幼儿园人员情况

学段	学校数量（个）	教职工数（人）	在校生数（人）	其中外来人子女数（人）
高中	16	3252	43 367	6200
初中	50	5946	71 364	24 810
小学	126	6634	149 009	86 910

2013～2015年每年城镇小学、初中、高中在校生数量预计，见表3。

表3　　2013～2015年学生预测　　单位：人

	2013年学生数	2014年学生数	2015年学生数
小学	150 000	161 000	162 100
初中	72 400	73 500	74 600
高中	45 000	46 200	47 500

注：预测依据为：一是外来人口每年增加，二是2016年实行异地高考政策。

可以计算，未来三年南海中小学总在校生总人数达到约284 200人，增加20 460人。从每年增加经费角度计算，其中小学三年累计增加约26 073人，初中三年累计增加大约6408人，高中增加约8599人。根据以上数据初步测算，2013～2015年，南海城镇中学、小学、幼儿园等教育设施方面需要新增投入 20.85 亿元，如下：

按照南海未来三年其中小学增加约 13 091 人，初中增加大约 3236 人，高中增加约 4133 人。按省义务教育标准，小学生均 19 平方米，初中 23 平方米，高中 30 平方米，南海区新建学校建设费用标准为 2000 元/平方米，设施投入 1000 元/平方米。那么，小学需要新建设校舍为 24.9 万平方米，初中为 7.4 万平方米，高中为 12.4 万平方米，共 44.7 万平方米，共需要建设资金约 13.4 亿元。新校舍一般采用政府划拨土地方式建设，预计划拨价 2.9 亿元，加上建设资金约 16.3 亿元。由于幼儿园未纳入义务教育范围，因此参照小学标准的 50% 进行测算，幼儿园所需建设资金及土地划拨费用为 4.55 亿元。以上合计，南海区 2013 ~2015 年需要中学、小学、幼儿园等教育设施方面需要新增投入 20.85 亿元。

六、南海医疗卫生财政支出测算

据测算，2013 ~2015 年南海医疗卫生财政基础设施支出预算约 24 亿元。

截止到 2012 年年底，南海区一共 20 家医院，公立医院 15 家，民营 3 家，1 个公共卫生机构，社区中心 12 个（独立设置的社区卫生服务中心 1 家），社区卫生服务站 128 个。

2013 年已增设 2 家二级专科医院，各 150 张床位，拟于 2015 年增设 1 家三级综合医院，600 张床位，建筑面积、占地面积按专科设置规划。其中南海医院整体搬迁项目占地 240 亩，土地由政府无偿划拨，项目建筑面积 35 万平方米，设有床位 1500 张，总投资 15 亿元，其中“十二五”期间投资 12 亿元；南海区中医院扩建工程项目占地 98 亩，土地划拨价 7000 万元，建筑面积约 11 万平方米，总投资 6.25 亿元，其中“十二五”期间投资 4.5 亿元；里水医院迁建工程项目占地约 95 亩，土地划拨价 2578 万元，建筑面积约 16 万平方米，设有床位 1000 张，总投资 7.5 亿元，其中“十二五”期间投资 7.5 亿元。以上合计投资 24 亿元（见表 4）。

表4　佛山市南海区“十二五”时期城镇医疗卫生设施建设重大项目表

项目名称	内　容	总投资（亿元）	“十二五”期间投资（亿元）	占地面积（亩）	土地划拨价（万元）
南海医院整体搬迁项目	南海区人民医院（南海医疗中心）三甲标准，床位1500床，占地240亩，建筑面积约35万平方米。	15	12	240	土地政府无偿划拨
佛山市南海区中医（广东省中西院结合医院）扩建工程项目	建设门诊住院楼、后勤楼等，建筑面积共107 523平方米。	6.25	4.5	98	7000
南海区里水医院迁建工程项目	建筑面积约16万平方米，设有床位1000个，按三甲医院标准设计建设。	7.5	7.5	95.44	2577.72
合计		28.75	24	433.44	9577.72

七、南海保障性住房投资测算

根据测算，2013～2015年南海保障性住房投资预算约6.5亿元。

南海已开工建设的保障性住房情况。2008～2012年，南海区及各镇（街道）通过政府新建、改建、收购、承租、公房，以及企业自建等方式，共筹集保障性住房12 358套（南海区的保障性住房只租不售，且按照省文件精神，廉租房、经适房、公租房等已统称为公租房）。

在货币补贴方面，在2008～2010年期间，南海区对符合廉租房保障条件，且未实物配租的家庭进行了货币补贴，其中，2008年补助了1164户，2009年补助了386户。从2010年起，南海区的保障房房源基本满足申请家庭的入住需求，所有符合条件的保障家庭均以实物配租进行保障，不再发放货币补贴。

2013年，佛山市下达南海区的保障房建设任务为2155套；按照《佛山市南海区“十二五”住房保障规划（2011－2015）》的规划目标，2014年和2015年计划均建设1200套（具体数据以市下达的任务为准），初步预算2013～2015年一共建设4555套。

根据《佛山工程造价信息（2013年第2季度）》，南海区商住楼7层以下的造价指标为1273.87元/平方米，8～18层1478.15元/平方米，19～25层为1840.59元/平方米；宿舍楼6层以下为1505.75元/平方米（以上指标均不含电梯安装费用）。政府新建或园区配建的保障房项目的工程造价也参考此造价标准建设。可以取平均值，每平方米造价1525元，假设造价成本每年提高20%，即2014年为每平方米造价1830元，2015年为每平方米造价2196元。每套保障房建筑面积大概80平方米。

同时，由于南海区保障房多使用存量集体建设用地以及镇属存量国有建设用地，无新增的向村集体征收的土地，因为暂没产生征地费用。

因为南海区在保障房方面已经有明确的建设计划（2013年2155套，2014年和2015年均1200套），故在此项的预算中不按照人口数量与增量进行，按照的是项目数量预算。所以按照的是初步测算，2013~2015年，南海区保障性住房方面的投资需求合计6.5亿元。

八、南海群众体育公共服务支出需求测算

根据测算，2013~2015年南海群众体育公共服务财政支出预算0.35亿元。

发展群众体育是城镇化发展到一定水平的体现。依据《广东省体育事业十二五规划》和《佛山市体育事业发展“十二五”规划》指标，南海区群众体育方面需达到的指标和预计投入指标及须达到或预计要完成的各项人均投入指标见表5。

表5　　佛山市体育事业发展“十二五”规划各项指标与投入

类项	各级指标要求		南海区现指标		
	省指标	市指标	目前指标	欠缺数	预计投入
体育场地指标（区级）	70%以上的区建有体育馆（或使用面积3000平方米以上室内全民健身中心、游泳池、体育场，或占地1万平方米以上的全民健身广场）	建有体育场（设座位）、体育馆、游泳池和2万平方米的全民健身中心	建有体育馆、游泳池和2万平方米的全民健身中心	体育场（设座位）	80万元

续表

类项	各级指标要求		南海区现指标		
	省指标	市指标	目前指标	欠缺数	预计投入
体育场地指标（镇级）	100%的乡镇建有3000平方米以上的全民健身广场	配备一定数量可供使用的体育活动器材	83%的乡镇建成3000平方米以上的全民健身广场	西樵镇未建成3000平方米以上的全民健身广场	2500万元
体育场地指标（街道）	60%以上的街道建有占地1500平方米以上的健身小广场		100%街道建有占地1500平方米以上的健身小广场	桂城街道未建（但区全民健身体育公园在其辖区内）	2500万元
体育场地指标（行政村）	社区和有条件的自然村建有便捷、实用的体育健身设施	1个灯光篮球场、两张乒乓球台、1条有10件以上健身器械的路径	100%的行政村建有1个灯光篮球场、2张乒乓球台、1条有10件以上健身器械的路径	达标	
体育场地指标（社区）			100%的社区建有1个灯光篮球场、2张乒乓球台、1条有10件以上健身器械的路径	达标	
社会体育指导员服务体系	80%的区建有社会体育指导员协会； 60%以上的镇（街道）建有社会体育指导员站	各镇（街）建有体育健身指导站 一批体育健身团队 一项特色体育健身项目	建成社会体育指导员协会 25%的镇（街道）建有社会体育指导员站 100%的镇（街）建有社会体育指导员服务点	35%的镇（街道）建立社会体育指导员站	8个镇街管理处×5000元/个×3年=12万元 每年服务站点资助15 000元，由省、市、区级体育部门按1∶1∶1比例资助
社会体育指导员数量	广东省区技术等级证书的人数达15万以上	每万人拥有社会体育指导员30人以上	每万人拥有社会体育指导员15人	2015年前完成4069名社会体育指导员培训	（100人/期）40期×8000元/期＝32万元

续表

类项	各级指标要求		南海区现指标		
	省指标	市指标	目前指标	欠缺数	预计投入
国民体质监测	《国民体质测定标准》合格水平以上人数比例超过90%，其中达到良好以上水平的人数占45%以上	2012年各区成立国民体质监测站 2015年前南海80%的镇（街道）成立国民体质监测站	建立区国民体质监测站	2015年前80%的镇（街道）成立国民体质监测站	1. 建站点：8个镇街管理处×150 000元/个＝120万元 2. 每年运作： A. 区监测中心15万元/年 B. 8个镇街管理处×5万元/个、年＝40万元/年
全民健身组织	90%以上的乡镇（街道）建有体育组织； 80%以上的农村（社区）建有体育健身站（点）		90%以上的乡镇（街道）建有体育组织；	80%以上的农村（社区）建有体育健身站（点）	
承办比赛	每年举办“体育节”活动和省级单项群众体育比赛	要积极组织开展相对应的综合性运动会和有关单项群众体育活动	每年举办3次以上“体育节”活动和省级单项群众体育比赛		1. 举办百村赛、广佛群众体育交流等120万元/年 2. 承办上级比赛30万元/年
				合计	5449万元

综上表，“十二五”期间预计投入0.55亿元，2013～2015年预计投入0.35亿元。

九、南海城镇基础设施建设测算

根据测算，2013年至2015年南海城镇基础设施建设的测算投入约160.4亿元。预计人口新增22.5万人，每万人标准见表6。

表 6　南海城镇基础设置投资情况表

项目类别	配置项目指标（每万人或1平方公里）			单方造价指标			投资总额（万元）			
	数量、标准	用地面积（亩）	建设工作量（亩、千米、平方米）	征地费用（万/亩）	拆迁安置（万/亩）	建筑安装（万元）	合计（万元）	征地费用	拆迁安置	建筑安装成本
合计							71 285.9	12 161.2	20 847.8	38 276.8
道路	（总长度349.342公里，总人口20.63万人）:16.93公里/万人	245.53亩/万人	245.5	35.0	60.0	33.4	31 513.8	8593.6	14 731.8	8188.4
公园	人均占有公园面积为14.5平方米	217亩/万人	217.5	3.5	6.0	90.3	21 706.5	761.3	1305.0	19 640.3
排水	管道长度平均值2.5千米/平方千米	0.0	2.5	0.0	0.0	300.0	750.0	0.0	0.0	750.0
污水处理	布置中型污水处理厂	1处/万人	1.0			450.0	450.0			450.0
供水	管道长度平均值2.5千米/平方千米	0.0	2.5	0.0	0.0	100.0	250.0	0.0	0.0	250.0
供气	主要管道长度2千米/平方千米						0.0			
供暖	主要管道长度1千米/平方千米						0.0			
街道环卫设施	垃圾转运站1.6处/镇（街道）（全区共7个镇（街））	0.05处/万人	0.05	0.0	0.0	3300.0	165.0	0.0	0.0	165.0
其他设施（按20%估算）							10 957.1	1871.0	3207.4	5878.7
不可预见费（按以上投入的10%估算）							5478.5	935.5	1603.7	2939.4

注：公园按10%需要征地拆迁测算，污水处理厂直接按1万人设1处，每处500万元测算。

十、南海城镇化支出新增需求测算总结

综合以上测算，按未来三年新增22.5万人测算，2013~2015年新型城镇化支出的新增需求是：经常性财政支出预算累计增加约18.9亿元，公共教育基础设施财政支出预算累计约20.85亿元，医疗卫生基础设施财政支出预算约24亿元，保障性住房投资预算约6.5亿元，群众体育公共服务财政支出预算约0.35亿元，城镇基础设施建设测算投入约160.4亿元，合计231亿元，人均城镇化成本约为10.3元。

后　记

中共十八大报告把推进城镇化建设放在突出重要的位置，提出了“四化同步”的要求：“坚持走中国特色新型工业化、信息化、城镇化、农业现代化道路，推动信息化和工业化深度融合、工业化和城镇化良性互动、城镇化和农业现代化相互协调，促进工业化、信息化、城镇化、农业现代化同步发展”。同时，把推进城镇化作为“着力解决制约经济持续健康发展的重大结构性问题”的重点之一，并把“城镇化质量明显提高”列入全面建设小康社会目标之一。

财政在推进新型城镇化进程中担负着重要责任。当前，人们对于中国城镇化进程中的种种误区开始有了越来越深入的认识，提高城镇化质量、真正实现人的城镇化已经成为各方面的共识。党的十八大报告要求“有序推进农业转移人口市民化，努力实现城镇基本公共服务常住人口全覆盖”。可见，基本公共服务均等化是衡量城镇化质量的重要标准之一，而要达到这一目的，就必须充分发挥财政的职能作用，特别是加快财税体制改革，健全政府间事权与财政支出责任相匹配的体制。

为此，近年来我们围绕新型城镇化与政府财政的关系展开了系列研究工作，包括以财政部财政科学研究所区域财政研究室为基础，组织专门的课题组，以及策划、协调地方财政科研部门组成协作课题组等多种形式开展研究。旨在科学认识我国现阶段城镇化建设基本特征、功能定位与内在要求，准确把握政府在推进城镇化进程中应有职能与作用的基础上，明确界定政府财政在城镇化建设中的作用范围和支出责任，特别是根据城镇化的基本规律和现阶段中国国情，在明晰中央与地方财政支出责任方面提出较为系统的设想与建议。本书正是在这些研究项目成果的基础上汇编而成。

这些课题的研究工作，前后跨越三四年时间，而这几年正值我国推动全面深化改革之际，中央相继召开了十八届三中、四中全会，全面深化财税体制改革的方案也已推出。文中涉及的一些提法和概念可能出现前后不完全一致的情况，在不影响正常理解的情况下，我们在本书编辑中一般不做大的调整，以保持研究工作的原貌。

感谢相关课题参与单位领导和专家的合作与支持，感谢财政部科研所王志刚博士等在我们研究中提出的建议，感谢经济科学出版社高进水编审对本书出版的大力帮助！

编者

2014 年 11 月

图书在版编目（CIP）数据

新型城镇化中的财政支出责任／刘尚希主编．—北京：经济科学出版社，2015.1
ISBN 978-7-5141-5450-4

Ⅰ.①新… Ⅱ.①刘… Ⅲ.①城市化进程-财政支出-研究-中国 Ⅳ.①F812.45

中国版本图书馆 CIP 数据核字（2015）第 020712 号

责任编辑：高进水 刘 颖
责任校对：曹 力
责任印制：潘泽新

新型城镇化中的财政支出责任
主 编 刘尚希
副主编 傅志华
经济科学出版社出版、发行 新华书店经销
社址：北京市海淀区阜成路甲 28 号 邮编：100142
总编部电话：010-88191217 发行部电话：010-88191522
网址：www.esp.com.cn
电子邮件：esp@esp.com.cn
天猫网店：经济科学出版社旗舰店
网址：http://jjkxcbs.tmall.com
北京汉德鼎印刷有限公司印刷
华玉装订厂装订
710×1000 16 开 19.5 印张 280000 字
2015 年 1 月第 1 版 2015 年 1 月第 1 次印刷
ISBN 978-7-5141-5450-4 定价：38.00 元
（图书出现印装问题，本社负责调换。电话：010-88191502）